한 단계 높은 대한민국

환桓의 자손 대한민국

한 단계 높은 대한민국

桓

환의 자손
대한민국

저자 김도반

국가의 능력이 한 단계 더 높아지고
기업의 능력, 개인의 능력이 한 단계 더 높아지면

대한민국은 세계 초일류 국가가 될 수 있다.

바른북스

머리글

　국가의 능력이 한 단계 더 높아지고 기업의 능력, 개인의 능력이 한 단계 더 높아지면 대한민국은 세계 초일류 국가가 될 수 있다. 한 단계 높아진 국민의 의식, 한 단계 높아진 정치행정이면 족하다.

저자 김도반

머리글

第一部

제1부

대안정치시대

附
부록 錄

집필을 마치며

정쟁 정치는 국가 발전만 저해하는 것이 아니다.
국민들의 마음까지도 멍들게 한다.
이제 지긋지긋한 정쟁 정치를 끝내야 한다.
그래야만 창틀에 갇힌 대한민국이 비상하고
상처받은 국민들의 마음이 치유될 수 있다.

第一部

제 1 부

대안
정치시대

정쟁 정치는 절망을 낳고
대안 정치는 희망을 낳는다

대한민국의 새로운 국회, 국회의원제도

❖ 국회의 간판부터 바꾸어 달자

대한민국국회 간판을 들여다보고 있다 보면 여야 정치인들의 대립하는 모습이 그려진다. 우리나라 여야의 정치사는 대립과 투쟁의 역사다. 어떤 세력이든 야당이 되면 정부 여당의 발목을 잡는다. 이렇게 야당으로부터 발목을 잡혀 본 여당은 자신들이 야당이 되면 똑같은 방법으로 여당의 발목을 잡는다. 마치 다람쥐가 쳇바퀴를 돌듯 그렇게 굴러온 것이 대한민국의 정치사다.

그렇다면 우리의 정치가 왜 이렇게 안 좋은 방향으로만 흘러온 것일까. 그것은 일제의 영향이 크다고 봐야 한다. 우리 민족은 일제식민통치 35년 동안 주인의식을 잃어버렸다. 열심히 노력해 봐야 일본제국주의만 좋아지는 결과가 나온다는 의식이 밑

바탕에 깔려 있었기 때문이다. 그렇게 살다가 갑자기 해방을 맞았고 그 과정에서 공산주의와 민주주의로 양분되어 동족상잔의 비극인 6.25를 겪었다. 이런 어려운 환경이 우리의 정치가 바로 서지 못하고 오늘에 이르렀다는 생각이다. 물론 친일청산이 제대로 이뤄지지 않은 탓도 있다. 이것만 제대로 정리가 되었어도 우리의 정치는 지금보다 훨씬 더 발전된 모습을 보였을 것이다.

필자는 무신론자이기 때문에 미신을 잘 믿지 않는다. 그러나 대한민국국회의 간판을 보면 국회 안에 두 개의 나라가 들어 있다는 느낌을 지울 수 없다. 국회 안에 두 개의 나라가 들어 있다면 대한민국국회는 필연적으로 싸울 수밖에 없는 형국이 된다. 그러한 것은 차치하고라도 나라 국國자가 서로 겹치는 것은 보기가 좋지 않다.

그렇다면 어떤 간판을 걸어야 할까. 우리나라 의회가 걸어야 할 간판은 따로 있다. 그것이 대한의정원, 곧 대한민국 의정원大韓民國 議政院이다. 이 명칭은 과거 임시정부에서 쓰던 의회 명칭이다. 독립운동의 고통 속에서 조국 광복의 날을 고대하며 대한민국 의회의 얼굴이 될 날만을 손꼽아 기다렸다.

그러나 불행하게도 이 의회 명칭은 아직까지 우리 곁에 돌아오지 못하고 있다. 광복과 함께 이 의회 명칭이 우리 곁에 돌아왔다면 친일청산은 자연스럽게 이루어졌을 것이고 대한민국의 역사도 바로 섰을 것이다. 이 의회 명칭은 대한민국국회 명칭보다 모든 면에서 낫다. 대한민국국회가 '나랏일을 위해 모인다'는 뜻을 가진 반면 대한민국 의정원은 '나랏일을 의논하는 큰 집'이라는 뜻을 지녔다. 또한 선대들의 숭고한 애국정신이 깃들어 있으니 대한민국 의회 명칭은 당연히 대한민국 의정원이 되어야 한다.

늘 입던 옷을 벗어 던지고 새 옷으로 갈아입으면 마음도 새로워지는 것이 인간의 심리다. 우리 의회가 '대한민국 의정원'이라는 새로운 옷을 입고 세계를 향해 힘차게 비상할 그 날을 소망해 본다.

❖ 정치전문가시대

지금은 전문가의 시대다. 정치라고 해서 예외가 될 수는 없다. 탤런트를 하다가, 가수를 하다가, 변호사를 하다가, 혹은 돈이 많아서 정치판에 뛰어들어 정치를 하는 것이 아니라, 정치에 뜻을 가지고 오랜 기간 그 분야의 공부를 해 온 사람들이 정치를 해야 한다.

그러려면 새로운 정치텃밭이 필요하다. 국가의 발전을 가로막고 있는 기존의 정치텃밭을 갈아엎고 새로운 씨앗이 자랄 수 있는 새로운 정치텃밭을 만들어야 한다. 그것이 의정원 고시다.

의정원 고시議政院 考試란 응시하고자 하는 분야의 전문 지식과 창안 능력을 갖춘 인재들을 선발하는 제도다. 1차 시험은 공통 과목 및 응시 분야의 전공과목이고 2차 시험은 창안(문제해결) 능력시험, 3차는 의·과학을 통한 인성검증과 국제 문제를 대하는 안목 및 문제해결 능력시험(면접)이다. 이렇게 해서 응시자의 국가관, 애국심 등을 참작하여 최종 합격 여부를 결정한다. 이렇게 탄생된 인재들을 바탕으로 대한민국 의정원 구성의 밑그림을 그리면 다음과 같다.

◇ 의결의원

입안 및 의결권을 가지며 의정원 고시를 통해 선발한다.

의결의원으로 선발된 사람은 업무 관련 행정기관에서 1년간 민원처리체험을 거쳐야만 의결의원으로 선임될 수 있다. 임기는 5년이며 입안 및 의결 실적이 일정 기준에 미달되면 재시험을 봐야 한다. 자격검증 과정에서 과거 비리나 범죄 사실이 드러나면 자격이 취소됨은 물론이다.

◇ 준의원

2차 창안능력시험을 제외한 시험에 합격한 사람이다. 평상시엔 의결의원을 보좌하고 비상시엔 의결의원을 대신하여 의결권을 행사한다.

◇ 참여의원

현행 국회의원 선거 방식으로 선출된 사람이다. 입안권과 의결중지권만 있고 의결권은 없다. 지자체장 선거 때 함께 선출한다. 주요 업무는 의회감시, 국정조사 등이다. 무보수 명예직이며 의정활동에 참여한 날엔 실비를 지급받는다.

참여의원들은 무보수 명예직이지만 자신들의 의정활동 실적에 따라 세금감면, 자녀들의 학자금 지급 등 다양한 혜택이 주어진다. 양(의결 및 참여) 의원의 통칭은 의정의원이다.

◇ 원로의원

의결의원이나 참여의원으로 활동 중 자신이 입안한 기획안으로 국가발전에 크게 기여한 사람이다. 이러한 업적이 있는 사람은 심사를 통해 자동 위촉된다.

원로의원으로 위촉되면 의정활동 중 국가발전 기여도에 따라 평생 공훈연금을 받는다.

◇ 원로회의

서로 의견이 충돌되는 법과 제도 등을 최종적으로 의결하는 기구이다. 여기서 의결된 안건은 이의를 제기할 수 없다.

의결의원들이 의결할 안건에 문제가 있다고 판단되면 참여의원들은 자신들에게 주어진 의결중지권을 행사하여 의결을 중지시키고(이 경우 안건의 제목 및 의결을 중지시킨 사유서를 원로회의로 제출) 재검토 및 시정을 요청할 수 있다.

이때 의결의원들은 그 안건을 강제로 통과시킬 수 없고 원로회의로 보내서 이 기구의 최종 결정에 따라야 한다.

※ 원로회의가 정상적으로 자리를 잡을 수 있도록 사회의 덕망 있는 인사들로 구성된 임시 원로회의를 통해 원로의원들이 배출될 때까지 원로회의를 이끌게 하는 것이 바람직하다.

◇ **의정활동평가원**

사회 각계각층의 전문가들로 구성되어 의정의원들의 의정활동을 평가하고 점수를 매기는 기구다. 의정의원들이 입안한 법과 제도가 국가발전과 국민들의 삶에 얼마나 많은 영향을 주었는가를 평가한다.

이들 평가단에 의해 의결의원들의 재임용 여부, 원로의원들의 위촉 등이 결정된다.

◇ **정당**

정당 설립은 자유지만 국고 지원은 없다. 대신 중앙 및 지방 의정원, 행정관청 등에 참여의원들이 사용할 수 있는 사무실을 국가가 무상으로 제공한다.

현행 여야 및 국회의원 제도로는 100년이 지나도 정치가 획기적으로 발전할 수 없다. 이것은 사람만의 문제가 아닌 시스템의 문제다. 정치가 발전하지 못하면 국가가 발전할 수 없고, 국가가 발전하지 못하면 국민들의 삶은 그만큼 더 고달파진다.

위에 적은 의정원 고시 제도는 돈이 없어도 누구나 정치에 참여하여 국가와 국민을 위해 자신의 능력을 펼칠 수 있는 제도이다. 또한 의결의원들은 입안 및 의결활동에, 참여의원들은 의회 감시 및 국정감사 활동에 전념케 함으로써 여야의 대립으로 국회가 멈춰 서는 것을 근본적으로 차단할 수 있는 제도이기도 하다. 이제 정당 정치는 막을 내려야 한다. 정쟁 정치를 일삼는 정당 정치가 계속되는 한 대한민국의 발전은 한계에 부딪힐 수밖에 없다. 능력 있는 대통령과 지역에 밝은 지자체장을 선출하기 위해서도 여야가 대립을 일삼는 정당 정치는 하루빨리 종식되어야 한다. 여야의 정치가 정쟁을 일삼으면 국민을 좌절시켜 절망 정치가 되고, 대안 제시로 토론을 일삼으면 국민이 꿈을 키우는 희망 정치가 된다. 이렇듯 '정치'라는 직업은 한시도 소홀히 다룰 수 없는 공익의 자리이다. 이제 이 직업에 대한 인식을 새롭게 해야 한다. 정치는 결코 정쟁으로 시간을 소비할 그런 자리가 아니다. 정치는 성직聖職이다. 자신이 입안한 법과 제도로 국가가 발전하고 국민들의 얼굴에서 행복한 웃음이 흘러나온다면 이것을 어찌 성직이라 아니할 수 있는가. 현 국회의원들이 우국충정의 마음으로 의정원 고시 제도를 도입하여 입안 능력이 뛰어난 사람들에게 정치 입문의 길을 열어준다면 국민들로부터 존경받는 정치인으로 남을 것이다.

※ 의정원 고시 제도는 정치가 발전해야 국가가 발전할 수 있다는 필자의 소신에서 비롯되었다. 그 후 우리 민족의 역사에 눈뜨면서 정치가 바로 서야 나라가 바로 서고, 나라가 바로 서야 역사가 바로 설 수 있다는 확신을 갖게 되었다. 우리 국민 대부분이 우리 민족의 국조國祖가 누구인지도 모른 채 살아가고 있는 것은 우리의 정치가 바로 서지 못했기 때문이다. 이런 현실을 대할 때면 필자의 생각이 그르지 않았다는 것을 절감하게 된다. 따라서 의정원 고시 정치시대는 반드시 열어야 한다. 이런 정치시대가 열리면 정당정치가 힘을 잃게 되어 국세를 축내연서 여야가 대립하는 정치 행태를 더 이상 보지 않아도 된다. 우리나라의 정당정치는 국가발전을 가로막는 절망 정치다. 이것을 끝내기 위해서는 의정원 고시가 하루빨리 자리를 잡아야 한다. 국회의원이 갖추어야 할 두 가지 덕목은 첫째가 국가와 국민을 생각하는 마음이고, 둘째가 입안 능력이다. 이 두 가지 덕목은 겸비할 때만 효력이 발생한다.

즉, 아무리 국가와 국민을 생각하는 마음을 가지고 있어도 입안능력이 없으면 뜻한 바를 이룰 수가 없고, 아무리 뛰어난 입안능력을 가지고 있어도 국가와 국민을 생각하는 뜨거운 열정이 없으면 무용지물이 되고 만다. 위에 적은 의정원 고시 제도는 국회의원이 갖추어야 할 두 가지 덕목을 겸비한 의결 의원을 선발할 수 있는 제도이다. 다른 나라에 없는 정치 제도라고 해서 주저할 필요는 없다. 선진 정치의 문을 열기 위해서는 다른 나라가 가보지 못한 정치의 길을 가야 한다. 그래야만 대한민국이 세계 초일류 국가가 될 수 있다. 그때쯤이면 정치 한류의 바람이 거세게 몰아칠 것이다. 필자가 창안한 의정원 고시 제도에 각계각층의 전문가와 국민들의 의견을 보태서 대한민국의 정치가 세계 정치의 모범이 되는 정치로 거듭났으면 하는 바람이다.

대통령
무한 연임제

능력 있는 대통령이 계속해서 국정을 이끌어야 하는 것은 만고의 진리다. 그런데도 우리의 정치는 그러한 것을 전혀 반영하지 못하고 있다.

요즘 셀프 주유소에서 디젤 자동차에 요소수를 힘들게 주입하는 광경을 보면 문득 과거의 기억이 떠오른다. 과거 정권이 추진했던 사업이 성공을 거뒀다면 저런 고생은 하지 않아도 된다는 생각에서다.

특히 뛰어난 제품을 생산해 놓고도 탄소 배출권이 없으면 제품을 팔 수 없는 시대가 다가오고 있다는 점에서 과거의 일들이 더욱 아쉽게 느껴진다.

만약 그때 그 사업이 성공을 거뒀다면 힘들게 요소수를 주입할 필요도, 돈을 주고 탄소 배출권을 사 올 필요도 없다는 마음에서다. 김대중 정권 말기에 대기질을 혁신적으로 개선시키기 위해 야심 차게 벌였던 사업이 있다. 그것이 '2080 바이오디젤' 사업이다. 주유소 지하탱크에 기존의 경유 80드럼을 삽입하고 바이오기름 20드럼을 같은 탱크에 삽입하면 2080 바이오디젤이 된다.

바이오디젤의 원료는 콩이다. 그런 까닭에 이 연료를 주입하고 배기구에 코를 대면 고소한 냄새가 난다. 배기가스를 맡으면 눈이 따갑고 숨이 막히는 기존의 경유와는 차원이 다른 연료이다. 아무리 오래된 디젤 자동차도 바이오디젤을 넣고 정밀검사를 받으면 한 번에 통과될 정도로 효과가 좋았다.

그런 이유로 자동차 정밀검사를 통과하기 위해 강원도에서 수도권까지 드럼통을 싣고 바이오디젤을 사러 오는 일까지 있었다.

그러나 이 사업은 1년을 넘지 못했다. 가을에 시작해서 다음 해 여름에 멈춰 섰다. 이유는 소형 디젤차에서 갑자기 멈춰 서는 일이 발생했기 때문이었다.

그 후 원인이 밝혀졌는데 완벽하게 정제되지 못한 미세한 콩 기름의 입자가 브란자에 눌어붙어 발생한 사고였다. 그러는 사이에 정권이 바뀌면서 이 사업은 흐지부지되고 말았다.

이것은 현행 대통령 단임제의 폐단이 불러온 악습이다. 만약 그때 기존의 정권이 계속해서 국정을 이끌었다면 바이오디젤 사업이 흐지부지되는 일은 없었을 것이다.

그 당시 바이오디젤을 생산했던 업체는 중소기업이었다. 연구자금이 부족한 중소기업의 기술력이 부족한 건 예견된 일일 수도 있다. 이때 그 사업을 추진했던 기존의 정부라면 자금을 지원해서 문제점을 해결하도록 했을 것이다. 더 나아가 4대 정유사가 공동으로 바이오디젤 생산업체를 인수하여 청정연료를 생산하도록 할 수도 있는 일이었다.

하지만 바이오디젤 사업은 정권이 바뀌면서 미완의 사업으로 사라지고 말았다. 이처럼 대통령 단임제는 국가의 중요 사업을 꾸준히 추진할 수 없게 만들고 정권 말기 때마다 공무원들의 근무기강 해이로 국민들에게 불편을 주고 국가 경쟁력까지 저하시키는 안 좋은 제도이다. 독재가 염려된다고 대통령 무한 연임제를 채택하지 않는 것은 핑계에 불과하다. 능력 있는 대통령을 계속해서 선택할 수 없도록 만든 현행 대통령 단임제야말로 유능한 대통령을 배출할 수 없게 하는 독재 중의 독재다.

※ 대통령 무한 연임제는 국가발전을 위해서만 필요한 제도가 아니다. 무능한 후보가 대통령에 당선되는 폐단을 막기 위해서도 필요한 제도이다. 무능한 후보가 대통령이 되면 중산층 이하 국민들의 삶이 더 어려워질 가능성이 있다. 대표적인 것이 전기·가스나 대중교통의 요금 인상이다. 이러한 성격의 요금은 시장원리에 맡겨 두면 대부분의 국민들이 고통을 겪게

된다. 따라서 이런 기업들은 민영화를 해서는 안 되고 정부의 특별한 관리가 필요하다. 이를테면, 버스나 지하철 같은 대중교통은 중앙정부의 지원을 통해 요금 인상을 최소화하고, 전기나 가스 요금도 미수금 제도를 활용해 인상 폭을 최소화하여 요금을 일정하게 유지시키는 것이 중요하다. 이렇게 해야 국민들의 삶이 덜 어려워지고 경기 위축도 최소화할 수 있다. 미수금 제도란 원유나 가스 가격이 오를 때 그 인상분을 바로 국민에게 부담시키지 않고 한전과 가스공사에 미수금 계정을 만들어 인상분을 묶어 놓는 제도이다. 그런 다음 국제 유가와 가스 가격이 내릴 때 손실분을 채워 넣으면 된다. 이런 과정에서 정부의 역할이 중요한데, 한전과 가스공사의 경영이 어려워질 때마다 정부가 적극 개입해서 두 기업이 문제없이 돌아가게끔 도와주어야 한다. 즉, 국민들로부터 못 받은 인상분을 정부가 보증해 주는 것이다. 이런 기조를 계속 유지하기 위해서는 능력 있는 대통령이 계속해서 국정을 이끌어야 한다. 대통령 무한 연임제가 필요한 것은 이 때문이다.

※ 국가와 국민을 위해 열심히 뛰는 대통령을 만들기 위해서는 대통령의 능력을 평가할 수 있는 기구가 필요하다. 이를테면, '대통령국민평가단' 같은 것이다. 이런 기구를 통해 대통령의 국정업무 수행능력을 매년 평가하고 점수를 매겨 퇴임할 때

총점 100점 이상을 받은 대통령은 국민훈장 수여와 함께 현역 때 받았던 연봉의 100%를 연금으로 지급하는 등의 제도를 마련해야 한다. 50점을 받으면 50%만 지급하는 것은 당연한 일이다. 또한 임기 중 대통령이 지출한 비용은 모두 공개하고 대통령을 했다는 이유만으로 훈장을 받아 혜택을 누리는 일은 없게 해야 한다. 이러한 장치를 마련해 놓으면 부와 권력을 좇아 대권에 도전하는 무능한 후보들의 난립을 막을 수 있다.

대통령 국민탄핵제,
국가번영법

대통령 국민탄핵제는 대통령의 임기가 5년 단임제에서 4년 무한 연임제로 바뀌는 것에 대한 조치이다. 이에 따라 대통령의 독단과 독선, 무능 등으로 나라가 위태로울 조짐을 보이면 국민투표를 실시하던가, 아니면 국민탄핵 청원에 의하여 대법원이 파면을 결정하게 되는 것이다.

국가번영법도 대통령의 독단과 독선을 막기 위한 장치이다. 지금까지는 앞선 정권이 추진하던 사업이 아무리 뛰어난 것이라도 뒤에 들어서는 정권이 시행을 안 하거나 폐지시켜도 제재를 가할 방법이 없었다. 그러나 국가번영법을 제정하여 대통령의 독단과 독선을 막는 조항을 만들어 놓으면 이와 같은 폐단은 발생하지 않게 된다. 이를테면, '국가발전과 관련된 중요한 법, 제도, 정책, 사업 등은 정권 교체와 관계없이 시행되어야 한다.'와 같은 법조항이다. 따라서 이러한 것을 어기면 탄핵, 파면의 대상이 된다. 이러한 법적 제도와 함께 제왕적 대통령으로 군림하는 것을 막고 검찰과 경찰이 정권의 하수인으로 전락하는 것을 방지하기 위해 경찰청장과 검찰총장, 대법원장은 국회의원 선거 때 국민의 손으로 뽑아야 한다. 이에 따라 대통령의 인사권은 국가발전과 관련된 정부 각 부처의 장과 기관장에 국한된다. 이런 시대를 맞게 되면 경찰과 검찰이 권력으로부터 독립되어 어떠한 독재정권이 들어서더라도 국민을 함부로 억압하는 폐단을 막고 부패한 정권을 철저히 수사하여 단죄할 수 있게 된다.

이들 3개 기관장은 TV토론 등을 통해서만 자질을 검증하고 국회의원과 같은 선거운동은 금하는 것이 바람직하다. 단, 범죄 취약지역 등을 시찰하는 것은 가능하도록 해야 한다. 국가번영법에 포함되어야 할 것을 더 적으면, 능력 없는 사람이 대통령으로 선출되었을 때를 대비한 국민탄핵 청구권 발동에 관한 내용이다. 이를테면, 대통령의 지지율이 20%대로 떨어지고 4주가 지나도 지지율이 오르지 않으면 국민에게 대통령 국민탄핵 청구권이 주어지도록 하는 것이다. 이런 법조항을 만들어 놓으면 시간을 소비하며 대통령 탄핵집회를 하거나 정치권의 눈치를 볼 필요 없이 개인이나 단체가 헌법재판소에 탄핵청구를 하면 된다. 더 나아가 대통령의 지지율이 10%대로 떨어지면 대통령 국민탄핵 청구권이 자동으로 발동되어 헌법재판소의 판결로 대통령의 파면을 선고하는 법조항이 마련되어야 한다. 아울러 지지율의 공정성을 기하기 위해 국내 여론 50%, 국외 여론 50%를 반영한 종합 지지율로 탄핵의 기준을 삼아야 한다. 이런 법적 제도를 만들어 놓으면 능력 없는 후보의 난립을 막고 대통령에 당선된 후에는 국가와 국민을 위해 좀 더 분발하는 대통령을 만들 수 있다. 대한민국헌법 제1조 2항은 '대한민국의 주권은 국민에게 있고, 모든 권력은 국민으로부터 나온다.'고 규정하고 있지만 실제로 국민이 행사할 수 있는 권한은 선거 때 행사하는 투표권밖엔 없다. 따라서 나라가 잘못된 길로 가면 주권자인 국민이 바로잡을 수 있도록 대통령 탄핵 국민 청구권이 국가번영법을 통해 명문화될 수 있도록 특별법으로 제정해야 한다.

이와 같은 법적 장치와 함께 선거 때 표를 얻기 위한 선심 공약도 법으로 금지하는 것이 옳다. 특히 정부기관 및 산하기관 등의 이전 공약은 지역 갈등의 원인과 행정의 난맥상으로 이어질 가능성이 있으므로 선거 공약으로 내세울 수 없도록 해야 한다. 어떤 기관을 어느 지역으로 옮기든, 선거가 끝나고 취임과 함께 업무 파악에 전념한 뒤 지역 발전과 국익을 고려하여 결정하면 된다.

청와대 및 대통령 집무실의 이전도 선거 공약으로 내세워서는 안 된다. 청와대나 대통령 집무실을 옮기는 일은 국가의 중대사이므로 반드시 주권자인 국민의 의견을 듣고 결정해야 한다.

일부에서 청와대의 터가 안 좋아서 역대 대통령들의 말로가 안 좋다는 주장을 하는데 이는 잘못된 생각이다. 역대 대통령들의 말로가 좋지 않은 것은 대통령과 참모들의 자질 때문이지 청와대 터가 문제가 있는 것이 아니다. 이러한 것은 현 대한민국의 위상이 잘 말해 주고 있다. 청와대 터가 정말 안 좋다면 세계가 주목하는 나라로 성장할 수 없었을 것이다. 이런 이유로 청와대나 대통령 집무실을 함부로 옮겨서는 안 된다. 한 인간의 삶도 꼬이기 시작하면 추락의 길을 걷는 것이 세상의 이치다. 이와 같은 것은 국가라고 해서 다르지 않다. 따라서 대한민국의 발전을 이끌어 온 청와대는 대통령 집무실로 계속 써야 하고 구조상 업무의 효율이 떨어진다면 태극 모양으로 업무기능형 공간을 청와대 안에 마련하면 된다. 그러나 굳이 대통령 집무실의 이전을 고집한다면 국토의 균형발전을 이룰 수 있는 지역으로 가야 한다.

그곳이 대전시와 세종시이다. 이 두 도시는 국토의 중앙 부근에 위치해 있어 국토의 균형발전을 위한 최적의 장소이다. 이곳에 대통령 집무실을 두고 국토의 균형발전에 대한 의지를 불태운다면 대한민국은 새로운 모습으로 변모해 갈 것이다.

대부분의 정부 부처가 가까운 곳에 위치해 있으니 국정 업무의 효율성을 위해서도 대통령 집무실은 대전시나 세종시에 두는 것이 맞다. 문제는 멀쩡한 청와대를 놓아두고 대전 또는 세종에 대통령 집무실을 따로 만들 필요가 있느냐인데, 이 문제는 청와대를 의미 있는 공간으로 만들면 된다. 국민의 건강을 연구하는 최첨단 연구시설과 부강한 대한민국을 만들기 위한 시설들이 들어서서 여기에서 나오는 결과물들이 훗날 국민에게 돌아가도록 하는 것이다. 청와대를 관람용으로만 쓰기엔 너무도 아까운 국고의 낭비다.

대통령 집무실을 대전이나 세종으로 옮긴 후 먼저 해야 할 일은 세종, 대전, 청주를 하나로 연결하는 일이다. 전철의 건설이 가장 적합한 대안이 될 것이다. 세종, 대전, 청주를 전철로 연결하게 되면 수도권과 비슷한 형태가 되어 인근 지역이 함께 발전하는 상승 효과로 이어지게 된다. 이것을 바탕으로 부산을 주축으로 하는 부울경 메가시티(인구수와 관계없는 지역발전형 메가시티), 대구를 주축으로 하는 메가시티, 광주를 주축으로 하는 메가시티, 전주를 주축으로 하는 메가시티, 원주를 주축으로 하는 메가시티, 강릉을 주축으로 인근 도시를 전철로 연결하는 장기적인 지역발전 프로젝트가 추진되어야 한다. 이와 함께 지방의 소멸을 막기 위해 소도시 간의 전철 연결 사업도 추진되어야 한다. 이를테면 김천남부 내륙선역발−김천경부선역−상주−함창−문경(점촌)−예천−안동−청송행·영주(봉화)행 전철을 격차제로 운행하는 일이다. 아울러 부발−충주선을 문경−점촌역까지 연장하고 청송행을 영덕까지, 봉화행을 울진까지 연장하면 내륙관광 활성화로 지역경제에 많은 기여를 하게 될 것이다. 특히 김천−

점촌 구간의 전철은 훗날 은폐된 고령가야의 고분이 복원되고 세계문화유산으로 지정되면 세계적인 문화유적 관광지로 부상하는 데 큰 역할을 하게 될 것이다. 이곳의 고분이 1,500기가 넘는다고 하니 세계문화 유산으로서 손색이 없어 보인다. 이러한 유적을 잘 보존하면 상주-함창 지역이 세계적인 문화유적 관광지가 될 수 있다는 점에서 정부와 경상북도는 이것에 특별히 관심을 갖고 추진할 필요가 있다.

※ 메가시티 구축사업은 지방소멸 방지에 역점을 두어야 한다. 즉 대전, 청주, 세종의 전철연결 사업의 경우 단순히 세 도시를 연결하여 발전을 꾀하는 전철 사업이 아닌 인근 소도시가 연결되어 인구감소 방지와 관광 활성화를 염두해서 건설하는 일이다. 이를테면 청주발 조치원-세종행 전철과 대전서부권 순환전철의 건설이다. 예, 대전-세종-공주-계룡-대전. 이와 함께 구암발(차량기지) 대덕-신탄진-문희 · 청남대-청주(청주-세종선 연결)-청주공항-오송 KTX역을 전철로 연결하면 활력 있는 충청권 시대를 열 수 있다. 서천발 공주행 경전철을 건설하여 백제 문화를 발굴하고 홍보하면 백제역사 관광의 활성화로 지역 경제에 많은 도움이 될 것이다.

김치조합

김치는 우리 민족의 대표적인 음식이다. 제대로 된 김치 하나만 있어도 밥 한 공기를 비우는 것은 어려운 일이 아니다.

김치는 거의 모든 음식과 잘 어울리지만 특히 라면을 먹을 때와 삼겹살을 즐길 때는 없어서는 안 되는 음식이다. 그런데 언제부턴가 국내의 식당에서 국산 김치를 보기가 힘들어졌다. 이유는 가격이 비싸다는 것인데, 이 때문에 건강에 이로울 것 같지 않은 저품질 중국산 김치가 국내 식당가를 점령한 지 오래다. 문제는 아무 생각 없이 먹은 저품질 김치로 인해 건강에 어떤 영향을 미칠지 알 수가 없다는 점이다. 더욱 중요한 건 맛있고 건강에 좋은 국산 김치를 맛보기 위해 대한민국을 찾아온 한류팬들이 겪을 실망감이다. 이로 인해 대한민국의 국격이 실추되는 것은 불을 보듯 뻔한 일이다.

그렇다면 김치 종주국다운 행동을 보여야 한다. 정부와 지자체, 전국의 식당 대표들이 힘을 모으면 그리 어려운 일이 아니다. 전국의 식당에서 맛있고 건강에 좋은 국산 김치를 하루빨리 보기를 소망하며 그 방안을 적는다.

우선 전국의 식당 대표들이 결의하여 식당연합회를 설립한다. 그런 다음 정부 및 지자체로부터 자금을 지원받아 지자체별로 식당연합회 김치조합(공장)을 설립한다.

운영 방법은,

1. 식당연합회는 조합 가입 회원들로부터 월 회비를 받아 배추 및 고추, 파, 무 등의 재배 농가와 김장재료 공급 계약을 맺고 김치를 제조하여 회원들이 운영하는 식당에 저렴한 가격으로 김치를 공급한다.
   회원들의 월 회비는 해당 식당의 월 매출액 증감에 따라 차등을 둔다.

2. 식당 출입구에 식당연합회 김치조합에서 공급하는 안전한 국산 김치 사용업소라는 것을 고객들이 알 수 있도록 스티커로 제작하여 붙인다. 김치를 직접 담가서 사용하는 업소는 "자가 김치 사용업소"라는 스티커를 해당 지자체에서 붙여주고 수

시로 점검한다.

3. 식당연합회 김치조합이 건전하게 운영될 수 있도록 해당 지자체는 정기 또는 수시 감사를 실시하여 회비의 불법 사용, 김장재료의 국산 사용 여부 등을 철저히 점검한다.

위에 적은 방안을 기반으로 정부와 지자체, 전국의 식당 대표들이 힘을 모으면 우린 예전처럼 맛있고 몸에 좋은 우리 김치를 전국의 어느 식당에서나 먹을 수 있다. 한 가지 덧붙이자면 회원들이 운영하는 식당 내에서 1만 원~2만 원 단위의 포장용 김치를 판매하는 일이다. 대한민국을 찾아온 한류팬들이 손에 손에 포장용 김치를 들고 자국으로 돌아가 대한민국에서 맛본 삼겹삼합(삼겹살+김치+소주), 더 나아가 마늘을 추가하여 삼겹사합을 즐길 생각에 발길을 재촉하는 날이 하루빨리 왔으면 한다. 이와 같은 현상은 훗날 온라인 구매로 이어져 팬데믹 시대를 살아가는 식당 업주들에게 큰 도움이 될 것이다.

여기서 간과해선 안 될 것이 있다. 전통시장에서 일정 범위 내에 있는 식당에서는 포장용 김치 판매를 할 수 없도록 하는 일이다.

안전! 대한민국

우리는 안전하게 살고 싶은 생각은 가지고 있지만 안전하게 살려는 노력은 부족한 것 같다. 여기서 파생된 것이 안전불감증이다. 사고가 나면 그때뿐이고 시간이 지나면 금방 잊어버린다. 어떤 사고가 나면 그와 관련된 법을 하나 제정해서 문제를 해결해 보려고 하지만 그렇게 해서는 안전사고를 획기적으로 줄일 수 없다. 각종 사고를 획기적으로 줄이려면 국민 각자가 가지고 있는 "안전장비"가 잘 작동되도록 해야 한다. 그것이 "안전의식"이다. 이 안전장비가 제대로 작동되지 않아서 해마다 엄청난 재물적 손실과 소중한 생명을 잃고 있다. 그렇다면 어떻게 해야 국민 각자가 가지고 있는 안전장비를 잘 작동되게 할 수 있는 것일까? 이를 위해서는 안전에 대한 정부의 확고한 의지가 선행되어야 한다.

그 의지의 출발은 관련 부처의 명칭부터 바꾸는 일이다. 행정

안전이 아닌 국민안전, 곧 "국민안전행정부"다. 여기에는 자연재난이 아닌 인재人災는 철저히 막겠다는 강한 의지가 내포되어야 한다. 이런 체제를 갖추게 되면 국민 각자가 가지고 있는 안전장비인 안전의식이 잘 작동될 수 있는 방법을 알게 된다. 그것이 안전에 관한 적극적인 홍보와 교육이다. 대부분의 사고는 이것의 부재로 인해 발생한다. 제조 및 건설, 기차, 선박, 자동차 등등의 사고가 안전지식 부재로 인한 안전의식 결여에서 발생하고 있다. 그렇다면 답은 이미 나와 있다. 나와 있는 답을 답안지에 적어 넣으면 된다. 그 답의 시작은 "국민안전교육원"을 설립하는 일이다. 그런 다음 이 기구를 통해 각종 안전사고 예방 및 대처법을 연구하여 보급하고 안전 전문가인 안전교수, 안전교사, 안전대원 등을 양성해야 한다. 특히 사고다발자들을 철저히 교육하여 사고가 재발되지 않도록 하는 것이 중요하다.

이런 식으로 안전체계가 갖추어지면 그에 맞게 현 소방조직도 개편할 필요가 있다. 소방개념에서 국민안전 개념으로 전환하는 것이다. 따라서 소방청은 국민안전청, 소방경찰은 안전경찰, 소방관은 안전관, 119구급대 및 소방대는 119국민안전대로 개칭하여 각종 화재 및 사고에 대한 인식을 새롭게 해야 한다. 아울러 안전경찰에게 안전사고에 대한 수사권을 부여하여 각종 사고의 과실을 철저히 규명하는 것이 필요하다. 이와 함께 행정구역별로 "119 국민안전 교육센터"를 설치하고 전국의 통반장 및 이

장들을 대상으로 안전교육을 실시하여 지역의 "안전계도요원"으로 활용해야 한다. 또한 직장을 갖지 않은 65세 이상의 고령층을 대상으로 화재 및 각종 사고 예방에 관한 교육을 실시한 뒤 매월 "마을안전 지킴이 수당"을 지급하고 "마을안전 지킴이"로 활용하는 방안도 필요하다. 이들의 활동으로 위험이 예상되는 시설을 발견하면 곧바로 행정관청에 통보하고 주민들에게 안전계도를 펼치면 각종 사고를 획기적으로 줄일 수 있다. 특히 산불이 자주 발생하는 지역의 "산불안전 지킴이"로 활용하여 바람 부는 날 논두렁과 밭두렁, 쓰레기 등을 태우는 것을 막게 되면 산불예방에 많은 도움이 될 것이다. 더불어 산불경계 기간에는 라이터 등의 인화성 물질을 소지하고 입산할 수 없도록 하는 엄한 법적 제도도 마련되어야 한다.

그러나 각종 사고를 예방하고 국민의 생명을 지키기 위해서는 119 국민안전 교육센터가 "움직이는 국민안전교실"이 되어야 한다. 즉, 대표적인 화재취약 시설인 전통시장과 물류센터 같은 곳을 정기적으로 방문하여 그곳 현장 관리자들을 대상으로 현장 안전교육을 실시하는 일이다(필요에 따라 전 직원을 대상으로 교육이 실시되어야 한다). 교육 내용은 안전사고 및 화재예방, 소화기 사용법, 심폐 소생술 등으로 하면 될 것이다. 그렇게 교육을 받은 현장 관리자, 전통시장의 점주는 같은 내용을 종업원들에게 숙지시켜 안전사고 및 화재예방에 만전을 기해야 한다.

특히 소화기 사용법은 전 직원들이 숙지할 수 있도록 교육할 필요가 있다. 이런 것 하나만 제대로 교육해도 물류센터 및 전통시장은 화마로부터 안전할 수 있다.

화재가 발생하면 그것을 효과적으로 진압할 주체는 그 현장에 있는 사람, 그 불길을 최초로 목격한 사람이다. 따라서 그 사람이 소화기를 제대로 사용할 줄 아느냐 그렇지 않느냐에 따라 화재 현장의 불길의 강도는 달라진다.

그러므로 화재 진압의 첨병은 소방대원도 아니고, 그 어떤 전문가도 아니며, 화재 현장을 최초로 목격한 사람, 소화기를 제대로 사용할 줄 아는 사람이다.

요즘 산업 재해가 많이 발생하고 있는데 산업 현장에도 안전경찰을 활용할 필요가 있다. 수시로 공사현장을 순찰하게 하는 것이다. 이렇게 전문지식을 가진 안전경찰이 수시로 공사현장이나 산업현장을 방문하는 것만으로도 사업주나 작업 관계자들에게 안전사고에 대한 경각심을 심어줄 수 있다.

또한 사고유발 사업주에 대한 처벌을 강화하고 사고다발 사업주는 정부의 어떤 지원도 받을 수 없고 정부와 지자체가 발주하는 공사에도 참여할 수 없도록 해야 한다. 이와 함께 인력업체를 쓰지 않고 정규직 사원으로 구성된 사업체에 대해서는 세금감면의 혜택을 줘서 산업현장의 근로환경을 새롭게 바꿀 필요가 있다.

거듭 강조하지만 안전사고는 어떤 법을 하나 제정한다고 해서 획기적으로 줄어드는 것이 아니다. 국민 각자가 안전사고 예방에 필요한 지식과 의식을 갖춰야 한다. 이것은 선택이 아닌 필수다. 그런 의미에서 가정마다 직장마다 "국민안전 생활노트"의 작성을 생활화할 필요가 있다. 작성할 내용은 안전사고 예방지식, 소화기 사용방법, 심폐소생술, 우측 보행의 생활화, 사고발생 일자 및 원인, 피해 규모 등이다. 이렇게 하면 안전의식이 높아져 각종 사고를 예방하는 데 도움이 된다. 국민안전 생활노트를 앱으로 개발하여 보급하고 국민 안전과 관련된 내용을 업데이트하여 지속적으로 싣는다면 "전국민 안전교육 효과"가 있어 각종 사고 예방에 많은 기여를 하게 될 것이다.

정부의 확고한 국민안전 정책으로 국민 각자가 가지고 있는 안전장비가 잘 작동되어 국민의 재산과 생명을 지키고 K안전체계를 세계로 수출하는 자랑스러운 대한민국이 되었으면 한다.

※ 안전사고 예방을 위해 시·읍·면의 소재지, 기타 시설물이 밀집된 곳에서는 핼러윈 축제를 전면 금지시켜야 한다. 더불어 어린이들에게 이와 관련된 선물을 강요하는 것도 단속해야 한다. 이러한 축제 및 풍습은 어린이들 정서에 악영향을 줄 수 있고 주술적으로도 좋지 않다. 또한 산업화가 진행될수록 기업들의 이윤 추구로 젊은이들의 소비 심리를 부추겨 언제든지 대형 참사를 부를 수 있다.

우리가 진정으로 즐겨야 할 것은 핼러윈 축제가 아닌 개천開天 문화 축제다. 개천은 우리 민족이 처음으로 나라를 연 날이다. 이런 날을 서로 축하하고, 갖가지 떡을 선물하고, 그 시대에 걸맞은 의복까지 갖춰 입는다면 뜻깊은 축제의 날이 될 것이다.

※ 우리는 안전의식의 결여로 이태원 핼러윈 축제에서 많은 젊은 이들을 잃었다. 오래전부터 국가발전에 남다른 관심을 가져온 필자로서는 대한민국의 미래를 열어 갈 젊은이들을 잃은 슬픔과 아쉬움, 필자의 무능함에 대한 죄책감이 겹쳐 착잡한 마음 금할 길 없었다. 그 과정에서 앞으로는 이처럼 어처구니없는 대형 참사가 대한민국, 더 나아가 전 세계에서 일어나서는 안 된다는 마음에 이번 사고에 관한 것을 적게 되었다.
이제 우리가 해야 할 것은 젊은이들의 죽음을 헛되지 않게 하는 일이다. 그러려면 똑같은 사고가 반복되지 않게 해야 한다. 앞으로 이와 같은 참사가 발생하지 않기를 바라며 그 방안을 적는다.

우선 참사가 발생한 골목의 폭을 양분하여 중앙에 차선 형태로 적색 선을 긋는다. 이 선은 생명 보호선이다(군중 밀집 시엔 안전요원들의 이동로가 된다). 그리고 그 선의 양쪽에 황색선을 굿는다. 이 선은 충돌 주의선이다. 이때 중앙의 적색선은 굵게, 양쪽의 황색선은 가늘게 굿는다. 이러한 선을 골목 입구에서 출구까지 굿고 양방향 보행로에 다음과 같은 문구를 일정한 간격으로 입구에서 출구까지 바닥에 적는다.

"우측 보행 원칙을 지켜 주세요"

이 보행로는 2022년 10월 29일 대형 압사 사고가 발생한 장소입니다. 이곳을 통행할 때 우측 보행 원칙을 지키는 것은 군중 밀집 시 당신과 타인의 생명을 지키는 수단이 됩니다.

필자가 볼 때 압사 사고가 난 이태원 골목길은 구조상 군중 밀집 시 사고가 발생할 수 있는 위험 구역이다. 이런 곳을 왜 특별히 관리하지 않고 방치했는지 억장이 무너진다. 이 골목길에 우측 보행의 원칙을 적용하기 위해서는 추가적인 조치가 뒤따라야 한다. 즉, 막다른 골목의 T자형 통로는 한쪽은 입구, 한쪽은 출구로 정해서 일방통행로로 만들어야 혼잡을 피할 수 있다. 이태원 사고 골목의 경우 진행 방향으로 우측이 출구, 좌측이 입구가 된다. 입구 쪽엔 큰 글씨로 바닥에 "입구 표시"를, 출구 쪽에도 똑같은 방법으로 "출구표시"와 "진입금지"를 큰 글씨로 바닥에 써야 한다. 군중 밀집 시 이 통로 양쪽에 안전요원 2인 이상을 각각 배치하는 것은 필수다.

큰 축제가 있으면 주최 측이 있건 없건 안전요원을 배치하여 거리를 통제하고 보행 지도를 해야 한다. 그러나 그보다 먼저 해야 할 것은 위험 지역에 생명 보호선을 긋고 우측 보행을 생활화하게 하는 일이다. 이러한 조치는 평상시엔 충돌방지 연습이 되고 군중 밀집 시엔 압사 사고를 막는 생명보호 수단이 된다. 아무쪼록 이것을 모델로 전국 도심의 위험지역을 철저히 점검하여 다시는 똑같은 사고가 반복되지 않기를 바란다.

K교통문화

❖ 도로의 휴머니즘

딱딱한 자동차가 오가는 도로에 따뜻한 배려가 오가는 우리들의 마음을 새겨 보자. 그리고 이것을 도로의 휴머니즘! 대한민국의 새로운 교통문화라 부르자.

휴머니즘(Humanism)이란 인간다움을 존중하는 넓은 범위의 사상적 태도다. 인본주의, 인문주의, 인간주의 등으로도 쓰인다. 따라서 대한민국 도로의 휴머니즘은 상대방 운전자, 상대방 자동차를 존중-배려해 주자는 대한민국의 새로운 교통문화다. 이러한 교통문화를 정착시키기 위해서는 운전하는 태도와 방법에 변화가 있어야 한다.

첫째, 도로에서 타인에게 불편 주는 행위 일체 안 하기.

둘째, 도로는 개인의 소유물이 아닌 다중이 이용하는 공공의 통로라는 것을 깊이 인식하고 운전하기.

셋째, 특별한 사유가 없는 한 주도로에서는 소통속도(50km) 이상으로 운전하기.

넷째, 고속도로에서는 쾌적-경제속도(80~100km)로 운전하기.

다섯째, 어린이 및 노약자 보호 구역에서는 주의하며 30km 이하로 운전하기.

여섯째, 클래식, 국악 같은 음악을 잔잔하게 틀어 놓고 운전하기.

일곱째, 본의 아니게 상대방 운전자에게 불편 주는 행위를 했을 경우 손을 들어 미안함을 표시하기.

여덟째, 도로가 교차하는 지점을 주행할 때는 앞선 차에 우선 양보하기 등등.

이와 같은 내용을 깊이 인식하고 운전하면 상대방 운전자와 시비가 붙을 일도 싸울 일도 생기지 않게 된다. 이것이 도로의 휴머니즘이다.

※ 배려 운전은 자신과 타인의 생명을 지키는 보호 장비다. 서로 독려하고 본받아서 대한민국의 교통 문화로 만들어야 한다.

자동차는 딱딱한 물체지만 다루는 사람의 마음과 행동에 따라 얼마든지 부드러운 물체로 바뀔 수 있다. 그 마음, 그 행동이 배려 운전이다. 이 편리한 도구를 잘 활용하면 돈 한 푼 안 들이고 소중한 생명과 재산을 지킬 수 있다. 배려 운전보다 더 좋은 교통사고 예방책은 없다는 점에서 운전면허 발급 단계부터 배려 운전의 중요성을 일깨워 주어야 한다.

❖ 교통안전 운전면허

인간의 심리상 대부분의 사람들이 운전면허를 빨리, 그리고 쉽게 따기를 원한다. 그러나 이것은 크게 잘못된 생각이다. 자신의 생명과 직결된 운전면허야말로 좀 더 천천히, 어렵게 따야 한다.

그런 의미에서 운전면허 필기시험에 안전운전과 관련된 내용을 강화하고 실기시험도 실제 운전시험과 가상 운전시험으로 양분하여 실시해야 한다.

실제 운전시험은 주행능력시험을 좀 더 강화하고 가상 운전시험은 가상운전 시스템을 도입하여 실시하면 될 것이다.

가상 운전시험을 실시하는 이유는 강풍, 폭우, 눈길 및 빙판길, 짙은 안개 시의 운전능력을 평가하기 위해서다. 이러한 시험을 하찮게 생각하고 실시하지 않게 되면 악천후 환경에서 운전할 때마다 생명의 위협을 받게 된다.

◇ 강풍 시의 운전

과속은 금물이다. 자동차의 속도가 빨라질수록 차체가 가벼워지기 때문이다. 이때 과속을 하면 자동차가 쉽게 전복될 위험이 있다.

◇ 강우 시의 운전

자동차의 속도가 빨라질수록 수막현상이 강하게 발생한다. 이 때문에 자동차가 물 위에 떠서 가는 현상이 되어 과속을 하면 위험을 초래할 수 있다.

◇ **강설 시의 운전**

눈길이나 빙판길에서는 오토기어를 수동으로 전환하고 운전하는 것이 안전하다. 특히 내리막길에서는 기어를 저속으로 전환하여 적절한 속도를 유지해야 한다. 급정거는 하지 않는 것이 철칙이다.

※ 오토기어를 수동으로 전환하려면 기어스틱의 버튼을 누른 상태에서 좌 또는 우로 당기면 된다. 이때 앞으로 밀면 저속, 뒤로 당기면 고속으로 변환된다.
수동기어는 한 번씩 밀고 당길 때마다 속도가 변하므로 비상시를 대비해 평소에 한 번씩 연습해 두는 것이 좋다.

◇ **강무 시의 운전**

짙은 안개가 끼었을 때는 전조등과 비상등을 켜고 안전거리를 충분히 유지하며 운행해야 한다. 특히 앞차가 바로 보일 정도로 운행하면 대형사고로 이어질 수 있다.

앞으로는 이와 같은 내용을 숙지하고 가상 운전시험에 합격한 사람에게만 운전면허증을 발급해야 한다. '교통안전 운전면허증'이라고 쓰인 면허증을 발급하면 교통사고의 경각심을 일깨우는 데 도움이 될 것이다. 더불어 70세부터는 2년에 한 번, 80세부터는 1년에 한 번씩 운전능력시험에 합격해야 운전할 수 있는 법적 제도도 마련되어야 한다.

"쉽게 딴 운전면허는 생명도 쉽게 잃는다."

이러한 표어가 대한민국 운전면허시험의 확고한 신념이 되어야 한다.

대한민국의 기본교육

교육의 창가에 서서 대한민국의 기본 교육을 생각해 본다. 가르쳐야 할 것을 가르치지 않으니 배우고 싶어도 배울 수 없는 것이 오늘의 현실이다.

지금은 영어가 필수인 시대다. 아니, 생존이라고 말하는 사람도 있다. 그러나 필자의 생각은 다르다. 지금이야말로 우리가 잊어버렸던 소중한 가치를 꺼내서 가르쳐야 한다.

그 첫 번째가 안전 교육이다. 지금은 물질만능주의가 팽배해 있어 영어가 제일인 줄 알고 초등생은 물론 유치원생까지 영어 배우기에 혈안이 되어 있지만 영어보다 더 중요시하고 영어보다 먼저 가르쳐야 하는 것이 안전이다.

안전을 영어보다 먼저 가르쳐야 하는 것은 천명이 다하는 날까지 가급적이면 다치지 않고 불구가 되지 않고 안전하게 살아갈 방법을 가르치는 교과목이기 때문이다.

인간을 비롯한 모든 생명체는 태어나는 순간부터 각종 위험에 노출될 수밖에 없다. 인간이라고 해서 예외가 될 수는 없는 것이다.

집에서는 가스사고, 전기사고, 그로 인한 화재사고. 산업 현장에서는 각종 산업재해. 거리에 나가면 교통사고, 밀집된 공간에선 압사사고, 물가에 가면 물놀이사고, 산에 가면 등산사고, 바다에선 익사사고, 선박사고 등등….

이처럼 위험으로부터 자신을 지킬 수 있는 방법은 안전지식밖엔 없다. 따라서 초등학교만이라도 국민안전교사 제도를 두어 안전과 관련된 내용을 철저히 가르쳐야 한다. 이러한 교육은 안전의식으로 무장된 안전장비가 되어 평생 자신을 지켜줄 것이다.

두 번째는 인성 교육이다. 인성 교육은 한 인간이 인간답게 참되고 올바르게 살아갈 방법을 가르치는 교육이다. 지금 같은 첨단시대에 뒤떨어지는 교육이라고 치부할 수도 있지만 요즘 발생하고 있는 성범죄나 아동학대, 강력 사건 등이 인성 교육의 부재에서 온다는 것을 명심해야 한다. 또한 유능한 글로벌 인재를 양성하기 위해서도 인성 교육은 반드시 필요하다.

인성 교육에서 가장 중점을 두어야 하는 것은 충효와 인정,

칭찬 교육이다. 국가를 사랑하고 부모님을 공경하는 일은 가정과 사회와 국가가 올바른 방향으로 나아가는 기본 요소다. 이것이 결여된 교육은 아무리 뛰어난 내용을 담아도 언젠간 빛을 잃고 퇴보하게 된다.

인정, 칭찬 교육은 바른 것을 인정하고 잘하는 것을 칭찬해주는 교육이다. 이 교육이 별것 아닌 것 같아도 이것이 결여된 개인, 기업, 국가는 퇴보할 수밖에 없다는 것을 간과해선 안 된다.

세 번째는 적성능력 개발 교육이다. 이 과목은 한 인간이 인생을 성공적으로 사느냐 그렇지 않느냐를 결정짓는 매우 중요한 교육이다. 담당 교사와 학부모가 상호 유기적인 관계를 유지하며 아이들의 적성이 잘 개발될 수 있도록 최선을 다해야 한다.

네 번째는 한자 교육이다. 초등학교 900자, 중학교 1,800자, 고등학교 3,000자를 필수적으로 가르쳐야 한다. 한자를 알면 국어를 이해하기가 쉽고 중국어나 일본어를 못해도 필기를 통해 의사소통이 가능해진다. 무엇보다 한자는 우리 민족의 글이기 때문에 반드시 배워야 한다. 특히 익히기 교육보다는 탐구 교육에 중점을 둬서 한자를 통해 한자를 창제한 선조들의 숨결을 느끼고 지혜를 배우도록 해야 한다.

다섯 번째는 우측 보행 교육이다. 함께 지키면 편리한 생활 문화이기 때문에 초등학교부터 적극적으로 가르치고 홍보해야 한다.

우리나라는 우측통행을 생활화해 온 민족이다. 그랬던 것이 나라를 빼앗기고 일제의 식민통치가 시작되면서 좌측통행, 좌측 보행으로 바뀌었다. 1921년 조선총독부가 사람과 자동차 모두 왼쪽으로 다니도록 하면서부터다.

그 후 1961년 제정된 현행 도로교통법이 '보행자는 보도와 차도가 구분되지 않은 도로에서는 도로의 좌측으로 통행해야 한다.'는 규정을 두었다. 이러한 내력 때문인지 언제부턴가 정부에서 우측 보행을 장려하고 있지만 좌측통행의 습관이 좀처럼 개선되지 않고 있다.

실제로 우측 보행을 해보면 좌측 보행을 할 때보다 맞은편에서 오는 사람과 서로 지나칠 때 편한 느낌을 받는다. 그런데도 여전히 많은 사람들이 좌측 보행을 고집하고 있어 보행 시에 불편함이 많다. 하루빨리 청산해야 할 일제의 잔재다.

우측 보행 원칙이 별거 아니라고 생각하고 무시해 버리면 군중이 밀집된 골목일수록 생명의 위협을 받게 된다. 반대로 어릴 때부터 우측 보행의 편리함과 중요성을 교육하면 평상시엔 교차 보행 시 서로 부딪치는 것을 막을 수 있고 군중이 밀집된 골목 등에서는 압사 사고를 막을 수 있는 자신과 타인의 생명 보호 수단이 된다. 따라서 어릴 때부터 우측 보행 원칙을 철저히 가르쳐야 한다.

여섯 번째는 환경 교육이다. 이것도 초등학교 때부터 적극적으로 가르쳐야 한다. 가정에서, 직장에서, 거리에서, 우리가 어떻게 해야 환경을 잘 지킬 수 있는지를 철저히 가르치고 배달 음식을 하나 시키더라도 재활용이 가능한 포장으로 해 달라고 요구할 수 있을 정도로 환경의 중요성을 일깨워 주어야 한다.

환경이 죽으면 인간 또한 살 수 없다는 점에서 환경에 대한 인식을 새롭게 하지 않으면 안 된다.

일곱 번째는 상생 교육이다. 이것도 초등학교 때부터 가르쳤으면 한다. 어떻게 하면 인간과 인간이 서로 도우며 함께 잘 살 수 있는가를 생각해 보는 시간이다. 특히 착하고 정직한 사람들이 열심히 살아오다 좌절의 순간을 맞았을 때 여유 있는 사람들이 적극 도와야 한다는 것을 가르쳐야 한다. 이러한 교육이 대수롭지 않은 것 같지만 절대로 그렇지 않다. 이런 운동이 대한민국을 넘어 전 세계로 확산되면 인류는 지금보다 훨씬 더 평화롭게 살아갈 수 있다. 타인으로부터 도움을 받은 사람은 자신이 성공을 하게 되면 자신과 비슷하게 좌절의 순간을 겪는 사람을 그냥 놓아둘 리가 없다. 이러한 마음이 새끼 치고 새끼 치면 인류는 전쟁의 포성까지 멈추게 할 수 있다. 그러한 마음을 가진 사람이 이끄는 나라는 약소국을 무력으로 점령하지 않는다는 것은 어렵지 않게 짐작해 볼 수 있는 일이다.

여덟 번째는 기초천문 교육이다. 이것도 초등학교 때부터 가르쳤으면 한다. 대한민국은 대대로 천손天孫 민족이다. 우리 선조들은 하늘과 태양을 대하는 마음이 남달랐다. 그런 민족의 자손들에게 기초 천문을 가르치는 것은 전혀 이상한 일이 아니다. 우리가 사는 지구 및 재미있는 별 이야기, 태양이 우리에게 주는 고마운 점 등을 가르치면 될 것이다. 이런 교육을 받고 자라면 세상을 보는 눈이 넓어지고 무분별한 맹신주의에 쉽게 빠지지 않아 자신을 망치고 가족까지 곤경에 빠뜨리는 것을 줄일 수 있다.

추석을 태양감사절로 지정하여 조상과 태양에게 감사하는 마음을 표하는 것도 천손 민족다운 행동일 것이다.

아홉 번째는 올바른 역사 교육이다. 지금 대부분의 국민들은 우리 민족의 역사가 몇 년이 되는지, 국조는 누구인지 잘 모른다. 이는 일제가 35년 동안 왜곡해 놓은 일제의 역사를 가르쳤기 때문이다. 상황이 이렇다 보니 국민들, 특히 젊은 세대일수록 우리 민족의 정체성을 잃어버리고 안 좋은 외래문화에 쉽게 휩쓸리게 된다. 이러한 우리의 젊은이들을 이대로 계속 방치하면 우리 민족은 내일이 없는 민족으로 전락하고 만다. 이것이 올바른 역사를 하루빨리 가르쳐야 하는 이유다.

마지막으로 대한민국의 기본 교육이 되어야 하는 것은 온라인 대학교육이다. 이 교육을 실시하는 이유는 학부모들의 학비 부담을 덜고 누구나 빈부격차와 관계없이 대학교육을 받을 수 있게 하기 위해서다.

이에 따라 수능시험은 폐지되고 자신이 지원하는 대학의 입학시험만 치르면 된다. 교육 기간은 2년이고 졸업 시험에 합격해야 졸업장을 받을 수 있다. 이러한 교육을 실시하기 위해서는 통합교육 플랫폼이 필요하다. 전국의 대학들이 공동 출자하거나 정부의 재정지원으로 사이버대학을 설립해야 한다. 이런 온라인 교육 체계를 갖추면 수강생들은 통합 사이트에서 자신이 지원한 대학의 강의를 들을 수 있다. 주 1~2회의 오프라인 교육은 필요에 따라 실시하면 될 것이다.

이와 같은 교육 과정으로 졸업한 사람은 신중한 선택을 해야 한다. 곧바로 사회에 진출해 경력을 쌓던가, 아니면 3년제 대학원에 진학하여 오프라인 교육을 받는 일이다. 이런 교육 체계가 갖추어지면 대학원 교육은 학문 연구와 직업 전문으로 나누어 진행되어야 한다.

즉, 석박사 학위를 취득하여 학문 연구를 하거나 연구소 같은 곳에서 근무를 희망하는 사람은 학문연구 대학원에 진학하여 관련 학문을 3년간 공부하게 되는 것이다.

같은 방법으로 취업을 목적으로 하는 사람은 직업전문 대학원에 진학하여 자신이 갖고자 하는 직업과 관련된 학과를 선택해 3년간 수강하면 된다. 중요한 것은 직업전문 대학원을 졸업하면 각 분야의 관리자로 취업할 수 있도록 이론과 실무를 철저히 교육해야 한다.

이상으로 대한민국의 기본 교육에 대하여 적어 보았다. 모든 일이 그렇듯 교육도 첫 단추를 잘 끼어야 한다. 그래야만 어떤 어려움에 처했을 때 쉽게 흔들리지 않고 올바른 판단을 할 수 있다. 이제 영어가 능사인 시대는 변곡점을 지났다. 언젠가는 한국어가 그 자리를 대신할 것이다. 그런 날을 위해 한국어를 깊이 들여다보고 연구하는 자세가 필요하다. 한국어의 구성과 특성, 한국어가 얼마나 위대한 언어 문자인가를 어릴 때부터 가르쳐야 한다. 특히 태극기에 담긴 뜻과 잘못된 우리 역사를 바로잡아 자라나는 2세들에게 올바른 우리의 역사를 가르쳐야 한다.

이것이 진정한 대한민국의 기본 교육이다.

예방의약 의료체계

나이가 들고 몸이 나빠지면서 현 의료체계에 대해 생각해 보게 된다. 과연 현재 우리가 채택하고 있는 의료체계가 최선책일까 하는 점이다. 지금의 의료체계는 치료 중심으로 되어 있다. 그렇다 보니 호미로 막을 병을 가래로 막는 일이 비일비재하다. 예방의약 의료 체계의 도입이 절실한 이유다. 물론 예방 행정은 의료분야뿐이 아닌 전 국가 행정의 기본이 되어야 한다.

❖ 한방의약 의료체계

한방의약 의료체계는 오랜 세월 동안 국민과 함께했으면서도 왠지 거리감이 느껴진다. 이렇게 된 데에는 정부의 정책 탓이 크다. 한약은 건강보험 적용이 대부분 안 되기 때문에 건강을 생각해 약을 지어 먹고 싶어도 형편이 되지 않으니 멀리하고 있는 것이다. 그러나 국민의 건강을 위해서는 한방의약 의료는 늘 국민들 곁에 있어야 할 우리 민족의 보배로운 존재이다.

한방의약은 예방의약의 성격이 강한 의료분야다. 그런 까닭에 일정 부위를 치료하기 위해 약을 복용하면 다른 부위도 좋아지는 경향이 있다. 이런 점 때문에 한방의약은 늘 국민들 곁에 있어야 한다.

한약재 생산을 대폭 늘려서 소비를 증가시키면 농가의 소득 증가와 한약재값을 크게 낮출 수 있다. 이러한 정책을 편다면 한약을 건강보험 미적용 항목으로 묶어 둘 이유가 없다. 병이 들어 끙끙 앓다가 치료를 받는 것보다 병이 걸리지 않게 하는 것이 상책이다. 작은 병이 큰 병이 되지 않게 하기 위해서는 한방의약이 예방의약 의료체계의 중심이 되어야 한다.

❖ 양방의약 의료체계

양방의료는 치료의 개념이 강한 의료분야다. 그런 이유로 이러한 성격을 잘 살려서 좀 더 발전된 치료의약 의료체계로 자리 잡아야 한다. 그것이 치료의 완성이다. 이것은 완치의 개념과는 조금 차이가 있다. 좀 더 정확히 말하면 어떤 부위를 치료했거나 그와 관련된 약을 복용했을 때 완치는 아니더라도 그 부위 혹은 다른 부위가 치료 후에 더 나빠지는 현상은 없어야 한다는 얘기다.

그 대표적인 것이 비수술 치료의 척추-관절 분야다. 이 부위를 치료하기 위해서는 신경주사라는 치료법이 동원되는데 이 주사를 맞는다고 해서 치료가 되는 것이 아니다. 통증만 줄여 줄 뿐이다. 의사의 입장에서도 관절 부위가 수술할 정도가 아니기 때문에 신경주사로 통증을 감소시켜 줄 수밖에 별다른 방법이 없을 것이다. 이렇게 치료를 받고 약을 복용한 환자는 활동 과정에서 나빴던 관절 부위가 더 나빠질 수 있다. 신경주사는 치료제가 아닌 통증 완화제이기 때문이다. 이러한 것이 치료의약 의료체계가 풀어야 할 과제다. 관심을 갖고 연구하다 보면 언젠가는 통증 완화와 치료가 함께 이루어질 수 있는 시대가 열릴 것이다. 이것이 치료의 완성이다.

❖ 질병예방 보건소

앞으로는 보건소가 예방의약 의료체계의 첨병이 되어야 한다. 그래야만 국민들이 각종 질병의 고통으로부터 벗어날 수 있다. 이를 위해서는 질병예방 관리사를 양성해야 하는데, 인원이 충원될 때까지 보건소 직원들에게 이 자격을 부여해서 각종 질병 예방 홍보를 적극 펼쳐야 한다.

이를 위해 두 가지 정도만 예를 든다면 첫째, 구강질환 분야다. 이 분야의 질환은 치료비가 높은 항목일수록 건강보험 적용이 안 된다. 그런 이유로 치료를 미루게 되고 그렇게 하다 보면 치과질환은 더욱 나빠질 수밖에 없다. 그러나 보건소가 '국민가글 3~5수칙' 같은 것을 정해서 대국민 홍보를 적극 펼친다면 치과 질환을 많이 줄일 수 있다.

'국민가글 3~5수칙'이란 아무리 작은 양의 음식을 섭취한 경우라도 물로 최소한 3~5회 가글하여 음식물 찌꺼기가 입 안에 남아 있지 않게 하는 구강건강 국민행동 수칙이다. 가글은 인간이 양치법을 터득하기 전의 양치법이라고 할 수 있으므로 철저히 지키면 구강질환을 많이 줄일 수 있다.

둘째는 대상포진이다. 이 병은 면역력이 떨어지면 쉽게 걸리는 피부질환이다. 증상은 포도 알갱이 같은 작은 물방울 모양의 염증이 빨갛게 나타난다. 이때 이것을 대수롭지 않게 생각하고 방치하게 되면 신경세포가 파괴되어 참기 힘든 고통이 찾아온다.

오죽하면 대상포진을 치료하기 위해 병원 복도에서 대기 중이던 환자들이 고통을 참지 못하고 괴성을 지른다고 하니 보건소가 예방의약 의료체계의 첨병이 되어야 하는 것은 이 시대의 소명이다.

❖ 국민건강연구센터

국민건강 연구센터는 예방의약 의료체계의 실현을 위해 꼭 필요한 기구다. 국민의 건강증진, 각종 질병예방, 이를 위한 실험, 국민건강 앱을 통한 건강정보 알림, 바이러스 및 백신연구, 잦은 백신 접종이 자연면역 및 치유력에 미치는 영향 등을 연구하고 홍보하기 위해서다. 이와 함께 해열−진통, 소염제의 과다 복용 시 인체에 미치는 영향, 좌식의자 사용 시 척추−관절에 미치는 영향, 부채가 온열질환 예방에 어떤 영향을 주는지 등을 연구한다.

실제로 해열−진통, 소염제를 과다 복용하면 인체에 안 좋은 것으로 알려져 있지만 그것이 인체에 어느 정도의 악영향을 주는지 구체적으로 밝혀져 있지 않다. 필자의 생각으로는 인체의 저항 및 면역력 약화인데, 이것이 맞는다면 바이러스 창궐시대를 대비해 적극적인 연구와 실험이 뒤따라야 한다.

좌식 의자의 사용도 척추−관절 질환을 악화시키는 것으로 생각되는데, 이것도 어느 정도로 악영향을 끼치는지 밝혀진 게 없다. 이러한 것도 철저한 연구와 실험을 통해 데이터를 확보하고 다중이 이용하는 식당 같은 시설은 50% 이상을 입식 의자로 설치하도록 법과 제도를 마련해야 한다. 또한 섬유 분진이 인체에 미치는 악영향 등을 적극 연구하여 섬유 분진이 발생하지 않는 의류와 수건을 생산하도록 해야 한다. 이러한 것을 바탕으로 면역력 강한 국민 만들기 프로젝트를 진행한다면 바이러스 시대에 아주 유용한 보호막이 될 것이다.

❖ K방역 플랜

앞으로 닥쳐올 바이러스 시대에 효과적으로 대처하기 위해서는 좀 더 간편하고 강력한 매뉴얼이 필요하다. 이를테면 바이러스 예방체계, 대응체계, 폐쇄체계 같은 것이다.

◇ 예방체계

이 체계는 바이러스 발생, 혹은 감염이 우려될 때, 즉 국내에서는 바이러스가 발생하지 않았지만 타국에서 바이러스 감염이 발생했을 때 내려지는 행정조치이다.

이 체계에서는 손 씻기와 마스크 착용, 사람 간 거리 두기가 규제가 아닌 자율적으로 이루어진다. 이때 정부는 바이러스 예방수칙을 독려하고 그 방법을 수시로 알려야 하며, 대응체계로 가게 되면 행정적인 규제로 인한 불편과 강력한 처벌이 뒤따르게 된다는 것을 국민들에게 널리 인식시켜야 한다.

◇ 대응체계

이 체계는 감염자 수가 일정 수치에 도달하면 자동으로 내려지는 행정명령이다. 경제적 손실은 최소화하고 방역 효과는 최대화하기 위한 조치이다. 따라서 어떤 바이러스가 발생하면 임기응변식 대응이 아닌 평소에 대응체계를 세우고 "방역은 최대, 불편은 최소"라는 확고한 원칙하에 무리한 방역행정으로 일상생활에 불편을 겪게 해서는 안 된다. 이런 원칙하에 바이러스 감염과 관련된 단속은 강화하고 70세 이상과 병약자에겐 외출 자제령이 내려진다.

개인의 공간이 아닌 곳에서 마스크를 쓰지 않거나 바르게 착용하지 않으면 50만 원 이상의 벌금이 부과되고 정부에서 지급하는 각종 복지혜택이 일정 기간 동안 정지된다. 이때 단속 공무원에게 폭언, 폭행 등을 하게 되면 즉시 입건되고 벌금도 두 배로 내야 한다. 단, 실외에서 3m 이상의 거리가 유지될 때에는 예외이다.

모든 시설은 개방을 원칙으로 하되, 마스크를 쓰기 어려운 목욕탕이나 수영장 같은 시설 등은 폐쇄된다. 단, 자체적으로 소독과 방역을 철저히 지키는 시설과 업소는 예외지만 확진자가 나오면 즉시 폐쇄되고 일정 기간 영업정지 처분이 내려진다.

이 체계에서는 국민들은 각자 면역력 증진에 힘써야 한다. 규칙적인 생활, 운동의 생활화, 면역력 증진에 도움되는 음식물 섭

취 등, 이런 과정을 통해 면역력 강한 국민, 즉 면역인간으로 거듭나게 되는 것이다. 정부는 이러한 것들이 잘 이루어질 수 있도록 적극적인 홍보와 계도를 펼쳐야 하고 지원책도 뒤따라야 한다.

이에 따라 이 체계 기간 동안은 활성 비타민에 한해 한 달에 일정 수량까지 보험급여가 적용되도록 하는 것이 바람직하다.

또한 감염 확산과 백신 접종자와 미접종자를 효율적으로 관리하기 위해 업종 별로 분리하여 이용하게 할 필요가 있다. 이를테면 일정 거리, 일정 구역마다 백신 접종자와 미접종자가 서로 격리되어 이용할 수 있는 업소를 지정하는 것이다. 이와 같은 것은 한시적으로 운영되어야 하며 정부의 지원으로 같은 공간을 격리벽을 설치하여 함께 이용할 수 있도록 하는 방안도 검토해 볼 만하다. 더불어 대응체계에서 예방체계로 전환하여 일상생활을 회복하고자 할 때에는 요양병원과 경로당, 마을회관 등 고령자 시설에 대한 방역을 철저히 한 후 예방체계로 전환해야 감염으로 인한 피해를 줄일 수 있다.

예방체계에서 대응체계로 전환할 때에도 같은 방법을 통해 대응체계로의 전환을 늦추면 된다. 백신패스 제도를 도입할 경우에도 무작위로 전 국민을 대상으로 실시할 것이 아니라 65세 이상 고령층을 대상으로 백신패스를 의무화하고 나머지는 철저한 방역수칙을 기반으로 확진자가 다중시설에 들어가는 것을 막으면 된다. 대기질이 혁신적으로 개선되지 않는 한 바이러스는 언제든지 우리의 생명을 위협할 수 있다. 급한 불 끄기에 연연한 방역행정이 아닌 상시대응을 위한 방역체계가 필요하다. 따라서 업소의 방역패스 의무화는 65세 이상의 고령층으로 하고 업소의 인원이나 시간제한 등으로 피해를 보게 해서는 안 된다. 어차피 정부의 재정으로는 자영업자 및 소상공인들의 영업손실을 충족시킬 수 없음으로 고령층의 특별관리와 고령층을 제외한 건강한 사람의 감염은 재택치료를 원칙으로 하고 특별한 상황이 발생하면 입원치료를 실시하면 된다. 이에 따라 각 업소의 업주들에게도 방역수칙이 강화되고 어기면 일정기간 업소 폐쇄와 벌금이 부과되도록 해야 한다.

이것을 정리하면, 1. 전 국민의 방역수칙 준수(나와 내 이웃, 국가를 위해 의무감을 가져야 한다). 2. 65세 이상 고령층의 특별관리로 위중증자 최소화(백신접종 독려. 방역패스 의무화 등). 3. 일반 국민의 백신접종 독려(건강한 국민은 자연 면역으로 대응하는 것이 중요한 만큼 이에 따른 연구가 필요하다). 4. 각 업소의 업주들에 대한 방역수칙 및 책임 강화(방역수칙을 위반하여 확진자가 나오면 업소 폐쇄로 인해 막대한 손해를 볼 수 있다는 인식을 가질 수 있도록 행정조치 강화). 4. 정부는 직장이나 업소에서 방역이 원활하게 이루어질 수 있도록 적극 지원(방역장비 및 물품 등). 이와 함께 질병관리청 내에 "바이러스 상시대응 연구팀"을 두어 철저히 대응해야 한다. 이런 방역체계를 갖추게 되면 인원이나 시간 제한 없이 일상적인 경제활동을 영위할 수 있다. 여기서 간과해선 안 될 것이 있다. 코로나가 종식되어도 바이러스 상시대응 연구를 계속하는 일이다.

◇ **폐쇄체계** ─────────────────────────

이 체계는 바이러스 창궐 시에 내려지는 행정명령이다. 대응체계로 도저히 감당이 안 될 때 어쩔 수 없이 내려지는 극약처방인 것이다. 이에 따라 모든 업무는 비대면과 재택근무로 이루어지고 약국, 병원, 생필품 마트 등 필수 업종을 제외한 시설은 폐쇄되고 국민들은 집에서 쉬면서 바이러스가 진정될 때까지 대기 상태에 놓이게 된다. 이 기간 동안은 정부의 재정이 허용되는 범위에서 전 국민에게 재난지원금이 지급되어야 한다.

앞으로 닥쳐올 바이러스 시대엔 자연 면역력이 큰 힘이 된다. 바이러스에 감염되지 않는 것이 최선책이지만 피치 못 해 감염이 되었을 때 국민 각자가 가진 자연 면역력은 자신의 생명을 보호하고 국가 경제를 지키는 큰 무기가 될 수 있다. 따라서 예방의약 의료체계의 도입은 선택이 아닌 필수가 되어야 한다.

바이러스 시대에서는 대응체계가 핵심이 되어야 한다. 섣부른 폐쇄 조치로 생계에 어려움을 겪는 일이 있어서는 안 된다. 이 체계에서 가장 중요한 것은 3강 정책이다. 인체의 저항 및 면역력 강화, 단속 강화, 처벌 강화다. 이 과정에서 감염자 수와 위중증자 수를 줄여 폐쇄 단계로의 진입을 막아야 한다. 폐쇄 체계는 급한 불 끄기에 불과한 정책이므로 섣불리 선택해서는 안 된다.

바이러스 시대엔 백신 접종이 중요하지만 이것이 여의치 않을 경우를 위한 대비책도 필요하다. 백신이 전혀 듣지 않는 바이러스에 대한 대비가 필요하다는 얘기다. 그것이 바이러스 살균 물질의 개발이다. 이러한 것이 개발되면 강력한 살균력을 갖춘 바이러스 살균기로 바이러스를 퇴출시키는 시대를 맞이할 수 있다. 레이저나 빛, 음파, 등을 이용한 에어컨과 공기 정화기의 원리에 바이러스 살균 기능을 첨가한 제품이다. 이런 제품이 개발된다면 백신 없이도 경제적 충격 없이 일상 생활을 영위할 수 있다. 직장이나 식당 등의 실내에서는 마스크를 벗고 외출 시에만 마스크를 쓰는 시대가 열리게 되는 것이다. 바이러스 살균 기능을 스마트폰으로 옮겨 오는 일은 전 세계가 함께 연구해야 할 과제다.

※ 바이러스 살균기는 단순히 공기를 살균하는 것이 아닌 바이러스를 사멸시킬 수 있는 기능을 갖추어야 한다. 이러한 바이러

스 살균기를 마스크를 벗을 수밖에 없는 공간, 이를테면 식당이나 실내수영장 같은 곳엔 반드시 바이러스 살균기를 설치하도록 하는 법적 제도가 필요하다. 이와 함께 바이러스 살균기의 개발비 지원은 물론 식당 등의 설치비 지원을 통해 상시 바이러스 시대를 준비해야 한다.

국민건강연금보험
(대한민국의 노후생활 설계도)

"2057년 국민연금 기금 고갈, 2023년부터 건강보험 적자 시작, 2060년 388조 원 적자 예상".

　이런 신문기사를 접하는 국민들의 마음은 불안의 농도가 짙어지고 있는데 정부는 어떤 대책을 세우고 있는지 참으로 궁금하다. 혹시라도 '더 내고 덜 받는 방향'으로 국민연금의 개혁을 시도하고 있다면 당장 멈춰야 한다. 그와 같은 정책은 국민연금의 존재를 위협할 수 있는 발상이다. 만약 이런 정책을 끝까지 고집하고 싶다면 국민연금을 의무 가입이 아닌 임의 가입으로 바꿔야 한다. 그러지 않고 밀어붙이면 국가에 대혼란이 올 수 있다. 더 내고 더 받는 정책도 결코 좋은 정책이 아니다. 작게 내고 많이 받는 국민연금이 되어야 한다. 인구 감소로 인한 연금 납부자의 감소 문제는 공공임대주택을 활용하여 두 명 이상 아이를 낳은 가정은 임대료 부담 없이 무료로 살게 해주면 국민연금 납부자 감소는 크게 걱정하지 않아도 된다. 문제는 국민연금의 개혁인데 수익을 내는 쪽으로 방향을 잡아야 한다. 연금의 고갈 시점을 늦추는 쪽으로의 개혁은 국민에게 믿음을 줄 수 없다. 기업이 자생할 수 있도록 정책을 펴고 특별한 경우에만 국가재정을 투입하는 방향으로 기획을 세워야 한다.

예방의약 의료체계를 입안한 후 바이러스 시대를 맞게 되면서 대한민국의 노후생활 설계도를 다시 세워야 한다는 생각이 들었다. 이름하여 "대한민국 노후생활 국책사업"이다. 바이러스 시대에 노년을 건강하게 보내면 국가 경제에도 큰 도움이 될 수 있다는 취지에서다.

현 요양병원의 실태를 이대로 계속 방치했다간 바이러스 창궐시대엔 무덤이 될 수도 있다는 생각이다. 사람은 누구나 건강하고 안정된 노후생활을 원한다. 하지만 현실은 그러한 것을 제대로 반영하지 못하고 있다. 이 문제는 모든 국민에게 해당되는 사안이므로 다 함께 생각해 보는 시간을 가졌으면 한다.

이 문제를 근본적으로 해결하기 위해서는 현 국민연금의 명칭부터 바꿔야 한다. 가칭, "국민건강생활연금"이다. 그런 다음 명칭에 걸맞은 사업을 펼쳐야 하는데, 이를 함께 할 사업 파트너가 필요하다. 그 주체는 국민건강보험이다. 이 두 조직을 통합하여 가칭, "국민건강생활사업부"를 발족한다. 이 두 조직을 통합하면 두 조직 모두 훗날 재정 고갈에 대한 위험을 줄일 수 있다.

그 세부 방안은 첫째, 전국에 방치되어 있는 폐교나 폐가를 활용하여 시골은 "국민건강마을", 도시는 "국민건강마을 주택, 빌라, 아파트" 등을 설립한다. 이것의 설립으로 기존의 요양병원은 치료전문 및 바이러스 감염 위중증자 치료병원으로 전환하고 수술이 필요치 않은 고령자는 국민건강마을 자체 의료진으로 치료가 이루어지도록 한다.

둘째, 이곳의 입주자격은 국민건강 생활연금 수령자(65세)로 한다. 이곳에 입주하면 취미활동을 통해 자신이 먹을 채소를 심고, 좋아하는 꽃을 가꾸고, 동식물을 키우면서 남은 여생을 의식주에 구애받지 않고 보낼 수 있다. 사후 장례 서비스까지 제공됨은 물론이다.

셋째, 이곳의 운영은 동일 입주금에 동일 서비스 제공이 원칙이다. 단, 주거시설을 공동이 아닌 단독을 원할 경우 추가비용이 발생한다.

넷째, 입주금의 납부는 매월 내는 분납식과 연금 수령일까지 낼 것을 한꺼번에 납부하는 일시금 납부제를 병행한다. 분납제를 예로 들면, 매월 100만 원의 연금 수령자가 있을 때, 매월 납부할 입주금이 70만 원이라면 매월 30만 원을 연금으로 받게 되는 것이다. 물론 국민건강마을에 입주하지 않으면 100만 원을 모두 받게 되고, 입주를 한 경우에도 여윳돈이 있어서 입주금을 일시금으로 납부하면 매월 100만 원을 연금으로 받게 된다. 일시금 납부제도를 잘 활용하면 건강하고 안정된 노후생활을 보낼 수 있다. 즉, 여윳돈이 있을 때 부모님 몫은 물론 자신의 것까지 납부를 함으로써 노후생활의 안정을 보장받는 것이다. 일시금의 납부는 입주자의 나이가 만 40세부터 적용하는 것이 바람직하다. 더불어 연금 미가입자라도 가입 시기부터 수령일까지의 금액을 일시금으로 납부하면 국민건강마을에 입주할 수 있도록 해야 한다. 문제는 저소득층의 연금 완납인데, 소득 불균형의 해소 차원에서 1년간 성실 납부한 저소득층에게 월 납입액의 50%를 정부가 지원해 주는 정책이 뒤따라야 한다. 이런 정책을 펴면 생활이 넉넉지 않은 사람은 대부분 국민건강마을에 입주하기 때문에 국민들은 노년을 건강하게 보낼 수 있고, 국민연금은 연금 지급액이 줄어서 기금의 고갈을 막을 수 있으며, 정부는 각종 바이러스 대응 능력이 쉬워져 국가경제에 큰 도움이 된다.

이상으로 대한민국의 노후생활 설계도를 그려 보았다. 이것을 잘 활용하면 바이러스 감염으로 인한 위중증자를 크게 줄일 수 있고, 감염취약 시설인 요양병원이 치료전문병원으로 바뀌게 되어 방역체계를 세우고 관리하기가 쉬워진다. 필자의 식견으로 볼 때 인간은 움직이지 않으면 죽음에 이른다는 결론이다. 고령 자들이 취미 삼아 농사를 짓고 함께 어울려 생활하는 것만으로도 있던 병도 나을 수 있다는 점에서 대한민국의 노후생활 설계도는 하루빨리 다시 세워야 한다.

여기서 간과해선 안 될 것이 있다. 독립 및 국가유공자와 그 유가족들은 연금수령 자격과 상관없이 무료로 국민건강마을에 입주할 수 있도록 하는 일이다. 나라가 어려울 때 나라를 위해 헌신하신 분과 그 유가족들을 보살피는 일은 그 어떤 복지정책보 다 우선시되어야 한다. 국민건강마을 영구 입주사업 외에 치료를 위해 일정기간 동안 거주하는 치유생활 임시거주 사업도 함께 펼 쳤으면 한다. 더 나아가 "국민의 꿈 교육원"을 국민건강마을 내 에 설치하여 국민의 꿈 사업을 펼친다면 세계에서 가장 건강하고 경쟁력 있는 노년층을 만들 수 있다.

❖ 국민건강생활연금

◇ 국민건강보험공단

이 두 조직을 하나의 조직, 약칭 "국민건강연금보험"으로 하여 위에 적은 내용을 바탕으로 "노년을 건강하게, 인생을 행복하게"라는 슬로건을 내걸고 새롭게 출발한다면 기금 고갈을 걱정할 필요가 없는 튼튼한 대한민국의 노후생활 설계도가 되리라 믿는다.

현 의료체계는 치료 중심으로 되어 있기 때문에 거동이 불편한 상태가 되어서야 요양병원에 입원시키는 시스템이다. 그렇다 보니 대부분의 시간을 누워 있게 되고 그것은 면역력을 저하시켜 몸을 더욱 망치게 된다. 국민건강마을은 요양병원에 입원하는 것을 근본적으로 차단하여 국민들의 노후생활을 좀 더 건강하고 활기차게 보내게 하기 위한 사업이다. 정부는 이런 점을 깊이 인식하고 이 사업을 반드시 실현시켜야 한다. 따라서 국민건강연금보험이 자리를 잡을 때까지 부족한 기금을 지원해 주고 독자적으로 생존할 수 있도록 관심을 갖고 지속적으로 컨설팅을 해주는 것이 중요하다. 아울러 국민건강마을에 노래교실, 서예교실, 탁구장, 당구장, 테니스장 등의 부대시설을 설치하면 고령자들이 더욱더 건강한 삶을 영위할 수 있어서 국민건강보험의 의료비 지출을 크게 낮출 수 있다. 또한 국민건강마을에 남아도는 정부미 등을 저렴한 가격으로 공급하면 국민연금의 재정을 더욱더 튼튼하게 할 수 있다. 필자가 입안한 예방의약 의료체계와 K의료체계를 활용하면 국민연금과 건강보험이 흑자 기업으로 성장하는 것은 그리 어려운 일이 아니다. 국민들이 건강한 생활을 하게 되면 각종 의료비 지출이 줄어들고, 장기요양 보험금의 지급도 줄어드니 기금의 고갈은 걱정할 필요가 없게 된다.

기금과 관련하여 덧붙이면, 두 조직 모두 기금을 주식에 투자하는 것을 금지시켜야 한다. 주식은 귀신도 못 맞춘다는 말이 있을 정도로 어려운 투자이다. 기금을 주식에 투자하면 할수록 연금 수령 대상자들에게 불안감만 안겨 줄 뿐이다.

아무쪼록 필자가 입안한 노후생활 설계도를 통해 우리 국민들이 좀 더 건강하고 행복한 생활을 할 수 있는 날이 하루빨리 왔으면 하는 바람이다.

"노년을 건강하게
인생을 행복하게"

"국민건강연금보험"

위의 슬로건 중 "노년을 건강하게"는 건강보험의 역할이고, "인생을 행복하게"는 건강연금의 사명을 표현한 것이다. 이런 시대를 맞이하기 위해서는 정부조직부터 거듭나야 한다. 단순히 주어진 예산을 집행하는 정부가 아닌 불필요한 예산집행을 막아 예산집행으로 수익을 내는 주식회사 대한민국으로 거듭나야 한다. 이것의 실현은 아이디어 행정을 펴면 된다. 혹시라도 공무원을 감축하여 수익을 내겠다는 발상을 한다면 그것은 잘못된 생각이다. AI 시대에서 그런 정책을 펴면 펼수록 만물의 영장인 인간이 정말 서글퍼진다. 이는 AI라는 문명 때문이 아닌 우매한 인간의 발상 탓이다. 따라서 유능한 정부, 유능한 기업은 함부로 사람을 내쫓지 않는다. 결국 큰 수익을 낼 수 있는 건 사람이지 AI가 아니다. 능력 있는 사람이 낸 아이디어 하나가 정부나 기업을 평생 먹여 살릴 수도 있다. AI의 발달로 많은 기업들이 인원 감축을 하려고 하는데 이는 좋은 방법이 아니다. 너도나도 그런 식으로 기업을 운영하게 되면 일정 시점까지는 이익을 내겠지만 그런 발상은 사원도 기업도 망하는 결과를 초래하게 된다. 원인은 상품을 소비할 주체가 사라지기 때문이다. 실업의 기간이 길어질수록 상품의 소비 주체는 감소할 수밖에 없다. AI를 이용해 상품의 생산 단가는 낮출 수 있지만 소비 주체가 사라짐으로 해서 결국 망하게 되는 것이다. 이런 점을 감안하면 AI의 도입은 인원감축이 아닌 활용의 극대화 쪽으로 생각해야 한다. 즉, 시간적으로 여유로워진 사람들을 교육하여 자사 상품의 홍보요원 등으로 활용하면 기업의 매출 증대에 기여하게 될 것이다. 이런 맥락에서 국민연금과 건강보험의 통합으로 인원을 감축하는 무능한 발상이 있어서는 안 된다. 두 조직의 직원들은 각 조직의 운영 노하우를 가진 인적 자원들이다. 이들을 국민연금과 건강보험을 흑자 기업으로 만드는 인적 자원으로 적극 활용해야 한다. 이런 생각을 가지고 두 조직을 통합하면 "국민건강연금보험"이라는 한 건물 안에 "연금부"와 "보험부"를 두고 운영하면 된다. 그렇게 되면 두 조직이 업무를 한 공간에서 처리하게 되므로 국민들의 입장에서도 한 곳에서 필요한 일을 볼 수 있어서 시간 낭비를 줄일 수 있다. 아무쪼록 두 조직이 하루빨리 통합되어 국가와 국민에게 이익이 되는 기업으로 거듭났으면 한다.

국민의 꿈

국민의 꿈은 대국민 능력개발 프로젝트이자 일자리 창출 프로그램이다. 이것 하나만 성공시켜도 국가와 국민의 능력을 한 단계 더 높일 수 있다.

누구나 어릴 때 한 번쯤은 꿈을 갖게 된다. 의사, 변호사, 연애인, 작가, 기업인 등등. 그러나 그 꿈을 이루면서 사는 사람은 그리 많지 않다. 이러한 꿈은 나이가 들어서도 아련한 기억 속에 아쉬움으로, 또는 한으로 남는다. 이처럼 못 이룬 국민들의 꿈, 새롭게 이루고자 하는 국민들의 꿈을 국가가 나서서 도와주었으면 한다. 국민의 꿈은 이러한 사업을 위한 기구다. 사회적 기업 형태로 운영되면 국가지원기업 국민의 꿈이 된다. 국가가 운영하면 국민의 꿈 희망센터 ○○본부, ○○지부 등으로 하면 될 것이다.

국민의 꿈은 전 국민이 꿈과 희망을 가지고 살아갈 수 있도록

하기 위한 제도이므로 자신이 하고 싶은 일, 자신이 못 이룬 꿈을 이루면서 살아갈 수 있도록 국가가 적극 도와야 한다. 이 사업이 성공하면 국민들의 능력이 한 단계 더 높아져서 노숙자로 전락하는 불행을 크게 줄일 수 있다. 또한 앞에서 언급한 국민건강 생활연금의 가입자는 증가하고 미가입 및 탈락자는 감소하는 효과가 있어 1인가구 시대에 고독사를 크게 줄일 수 있다. 따라서 이 기구를 지자체별로 설치하여 적극적으로 사업을 펼칠 필요가 있다.

명칭은 국가지원기업 국민의 꿈 청년센터, 중년센터, 노년센터. 또는 국민의 꿈 청년부, 중년부, 노년부 등으로 하면 될 것이다. 구성은 취업그룹, 창업그룹, 프리랜서그룹 등이다.

10~40대까지는 청년의 꿈, 50~70대까지는 중년의 꿈, 80대부터는 노년의 꿈에 입사하여 각자 못 이룬 꿈을 이루기 위해 도전하면 된다. 작가, 미술가, 음악가를 꿈꾸는 사람. 자신의 적성에 맞는 직업을 갖거나 창업을 꿈꾸는 사람들이 언제든지 방문하여 상담을 받을 수 있도록 해야 한다.

이렇게 적성능력 소질상담을 받고 그에 걸맞는 교육을 받으면 입사 자격이 주어져 하루 4시간 정도씩 일하면서 자신의 꿈을 펼칠 수 있다. 고아, 소년-소녀 가장 등 생활이 어려운 사람은 일정 기간 동안 무료로 숙식을 제공한다.

이런 식으로 해서 국민의 꿈을 잘 정착시키면 국민의 행복지

수와 정부의 세수稅收가 함께 상승하는 효과를 거둘 수 있다. 훗날 이들이 창업을 하게 되면 일자리가 창출되고, 각자 적성에 맞는 일을 하게 되면 일터마다 활력이 넘쳐 국민의 건강지수까지 높아지게 된다.

좌절하는 국민은 있어도 절망하는 국민은 없는 나라, 대한민국은 그런 나라가 되어야 한다.

※ 지방 및 지역마다 "국민의 꿈 희망마을"을 두었으면 한다. 설치 목적은 지역민의 능력개발과 지역경제 활성화다. 인구감소로 증가하고 있는 폐교나 폐가들을 정부가 매입하여 리모델링 작업을 거친 뒤 국민 각자의 소질을 살려 일할 수 있는 교육 및 작업장으로 활용했으면 한다. 더불어 기존의 폐가 및 차후 발생되는 폐가를 매입하여 리모델링 후 휴양주택 및 주거주택으로 개발하여 저렴하게 공급하면 휴양이나 주거를 희망하는 사람들에게 많은 도움이 되리라 본다. 더 나아가 농사체험과 맛집 거리 등을 조성하면 지역경제 활성에 큰 도움이 될 것이다.

아무쪼록 '국민의 꿈 희망마을'이 전국적으로 설치되어 주저앉은 지역민의 삶을 일으켜 세우는 희망이 되었으면 한다.

긴급국민대출

지금은 한류가 대세인 시대다. 그런 까닭에 세계의 많은 사람들은 대한민국 국민의 대부분이 행복한 줄 알고 있다. 과연 그럴까? 중산층 이상이라면 맞는 말이긴 하다. 돈 있는 사람들이 살기 좋은 나라로 치면 대한민국만 한 나라도 드물다.

그러나 중산층 이하, 특히 서민층이라면 얘기는 달라진다. 사회 복지 제도가 어느 정도 갖추어져 있긴 하지만 선정되기가 쉬운 일이 아니다. 제1 금융권이 나서서 어려운 사람들을 대상으로 과감하게 대출을 좀 해주면 좋으련만 금융권은 자기 몸 사리기에 바쁘고 정부도 이렇다 할 대책 없이 바라만 보고 있는 실정이다. 서민 금융이라는 것이 있어도 문턱이 높아 그림의 떡일 수밖에 없다. 하나같이 소득이 있어야 한다는 조건을 내걸기 때문이다.

상황이 이렇다 보니 생활이 어려워서 급히 돈이 필요한 사람은 어디에 가서도 대출받을 길이 없다. 이런 이유로 십수 년간 제1 금융권에서 신용 1등급을 유지해 온 사람도 제2 금융권을 찾아가 고금리에 자동차를 담보로 대출을 받을 수밖에 없다. 이런 과정을 거친 사람은 신용 등급이 현격히 낮아져 빚은 빚대로 지고 고금리의 이자를 갚느라 생활은 더욱 어려워진다.

사람이 한평생을 살다 보면 어려운 일은 수시로 찾아온다. 갑자기 몸이 아파서 잠시 직장을 잃은 사람, 학교는 졸업했지만 당장 취업이 막막한 사람, 사회보장 제도를 알아봤지만 선정되지 못해 도움받을 수 없는 사람 등등. 이때 이들을 도와줄 주체는 정부밖에 없다. 민간 업체는 이익을 목적으로 하기 때문에 소득이 없는 사람들에겐 대출을 해주지 않는다. 이런 상황에서 정부마저 외면해 버리면 이들은 고금리의 늪으로 빠져들 수밖에 없다. 한 번 빠져들면 정상적인 경제활동이 쉽지 않다는 것은 이미 알려진 사실이다.

정부는 이러한 현실을 직시하고 사회 안전망 구축에 적극 나서야 한다. 그렇게 하지 않으면 언제 어느 순간에 우리 사회는 급격히 무너질 수 있다. 직장도 소득도 없는 사람들에게 정부가 무슨 수로 돈을 빌려줄 수 있냐고 반문하며 체념한다면 이 문제는 영영 풀 수가 없다. 국민들이 사채의 늪에 빠진 뒤 회생 절차를 강구하는 것은 후진 행정의 전형이다. 안 된다는 생각을 버리고 적극 나서면 이 문제는 반드시 해결할 수 있다. 사회 안전망 구축의 실현을 위해 그 방안을 적는다.

긴급국민대출
(사회 안전망 금융대출제도)

시행주체: 대한민국 정부

운영주체: 대한민국 국민

시행기관: 보건소 · 고용노동부 · 고용복지센터 · 시중은행

감리 · 감사: 기획재정부 · 금융감독원

대출재원총액: 3조 원(일반재원 2조 원. 비상재원 1조 원)

◇ **대출신청 절차**

대출신청자격: 1. 대한민국 국적의 국내 거주자로서 재산 및 소득이 일정 기준 이하인 사람(이 경우 선지급 후심사). 2. 제1금융권의 대출신청 자격이 없는 사람.

대출한도: 최저 50만 원. 최대 500만 원(1가구 2인 이하).

대출이자: 1년제 연 1%. 2년제 연 2%. 3년제 연 3%.

미상환 시의 제재: 대출상환 기간 안에 대출금을 상환하지 못했을 경우 대출금을 상환할 때까지 모든 금융거래 불가(사용 중인 통장, 주식을 포함한 모든 계좌 개설 불가). 특별한 사유가 있는 경우 대출금 상환연기 신청을 하면 심사를 통해 1년간 대출금 상환이 연기된다. 그러나 대출금을 기간 안에 갚게 되면 전에 받은 대출금의 한도 내에서 대출승인서 없이 바로 대출을 받을 수 있다. 이때 받는 대출은 성실 상환자의 자격으로 받는 것이므로 일반 대출 신청자의 대기 순번과 관계없이 대출을 받게 된다.

대출금 계좌의 운용: 대출금 통합계좌의 주인은 국민이다. 그런 까닭에 계좌에 잔고가 없으면 신청자가 아무리 적어도 대출을 받을 수 없다. 따라서 대출받은 사람은 이자와 원금을 매월 성실히 납부해야 다른 사람들이 대출을 받을 수 있다. 이때 대출금 이자는 정부의 대출재원 환수 및 관련 은행의 수수료(대출자가 많은 은행일수록 수수료 증가)로 쓰인다. 훗날 정부의 대출재원이 모두 환수되면 그때부터 발생되는 이자는 긴급국민대출 계좌로 입금되어 더 많은 국민들이 대출을 받도록 해야 한다.

긴급국민대출은 직장 소득 관계없이 대출받을 수 있는 사회 안전망 대출제도이다. 그러나 대출을 받기 위해서는 두 가지 조건이 충족되어야 한다. 그 첫 번째가 정상적인 근로를 할 수 있는 신체적 건강 능력이고, 두 번째는 일 또는 장사 등을 할 의사가 확고해야 한다.

이와 같은 조건을 갖춘 사람은 가까운 보건소를 방문하여 무료로 신체검사를 받고 근로능력 적합 진단서를 발급받아 인근 고용복지센터에 대출 신청서와 함께 제출하면 된다. 대출 신청서에는 전직과 앞으로 하고 싶은 일, 대출금의 용도를 반드시 기재해야 한다.

대출 신청서를 접수받은 대출 심사관은 대출 신청자의 외관상 신체적 결함과 일할 의사 등을 확인한 뒤 신청한 금액이 신청자가 갚기 힘들다고 판단되면 일정액을 감액한 금액으로 대출 승인서를 발급하게 된다. 이때 대출 신청자가 무직자인 경우 본인의 희망에 따라 취업상담도 함께 진행된다.

대출을 신청한 사람은 대출 승인서를 가지고 정부가 지정한 은행에 가면 즉시 대출받을 수 있다.

이렇게 해서 긴급국민대출 제도가 마련되면 정부는 적극적으로 홍보를 해야 한다. 직장, 소득 관계없이 대출받을 수 있다는 것과 성실하게 상환하지 않을 경우 받게 되는 불이익, 성실 상환을 하게 되면 대출승인서 없이도 바로 대출받을 수 있는 이점,

긴급국민대출 계좌의 주인은 정부가 아닌 국민이라는 점 등등. 이와 함께 정부가 신경 써야 하는 것은 대출 수요를 봐 가면서 2조 원 정도의 대출 재원을 더 투입하는 일이다.

이런 식으로 해서 이 대출 제도가 성공적으로 정착되면 갑자기 생활이 어려워진 국민들에게는 든든한 버팀목이 될 수 있다. 사채의 늪에 빠지는 사람들의 대부분이 소액 대출이라는 점을 감안하면 정부가 적극 나서야 한다. 정부가 이 제도를 성공시키면 보다 많은 국민들이 정상적인 경제활동을 할 수 있어 세수가 증가하고 긴급 생계비나 기초수급 같은 복지비 지출을 줄일 수 있다.

정부는 이러한 것을 깊이 인식하고 고금리에 시달리는 국민들을 위해 사회 안전망 구축을 위한 대출제도의 시행을 서둘러야 한다.

지금은 한류에 들떠 있을 때가 아니다. 한류의 빛에 가려 고금리에 고통받는 국민들이 계속 늘어난다면 한류의 열기도 서서히 식어 갈 것이다.

아이디어로 꿈을
키우게 하자

현대 사회에서 입신立身할 수 있는 길은 좋은 대학을 나오고 좋은 직장에 들어가는 것이 정설로 되어 있다. 이렇게 되기 위해서는 기본적으로 부모가 재산이 있어야 한다. 이런 풍토이다 보니 부모가 재산이 없는 자녀들은 이와 같은 꿈을 키우기가 매우 어렵다. 그런 관계로 이러한 현실을 계속 방치하면 소득 불균형이 더욱 심화되어 극단적인 선택을 하는 사람 또한 증가하게 된다. 따라서 이런 폐단을 없애기 위해서는 또 다른 입신의 길이 마련되어야 한다. 즉, 참신하고 뛰어난 아이디어의 개발—등록으로 많은 사람들, 특히 청년들이 꿈을 키우게 해 주어야 한다. 그러기 위해서는 3개 정도의 기구 설립이 필요하다. "아이디어 등록 연구센터"와 "아이디어 개발 교육실", "아이디어뱅크"가 그것이다.

아이디어 등록 연구센터는 개발된 아이디어를 등록하기 위해 좀 더 다듬는 곳이다. 아이디어 개발자가 일정기간 동안 머무르며 각종 장비 등을 무료로 이용할 수 있게 해야 한다. 아이디어 개발 교육실은 어떻게 하면 좋은 아이디어를 개발할 수 있는지를 교육해서 아이디어 개발을 활성화하는 데 목적이 있다. 이 기구는 별도로 설치하는 것보다 아이디어 등록 연구센터 내에 두는 것이 바람직하다. 아이디어뱅크는 개발된 아이디어의 꿈을 실현시키기 위한 전초기지다. 기능과 운영은,

참신하고 뛰어난 아이디어를 개발한 사람은 이곳에 등록을 신청하면 된다. 신청 비용은 무료다. 절차는 신청-전문가 심사-선정-등록순이다. 이곳에 자신의 아이디어가 등록되면 준특허를 취득하게 되어 일정기간 동안 특허를 취득한 것과 같은 효력을 갖게 된다.

운영은, 아이디어 개발자가 창업을 원하면 투자자를, 매도를 원하면 매수자를 연결해 준다. 이때 거래가 성사되면 아이디어뱅크는 거래 당사자로부터 수수료를 받고 공증을 대행해 준다. 일정기간 동안 투자자나 매수자를 찾지 못한 아이디어는 정부가 적극 검토하게 되는데, 등록된 아이디어가 국가경제에 많은 도움이 된다고 판단되면 정부가 투자자나 매수자 역할을 맡게 된다. 아이디어 개발자가 창업을 원하면 자금지원을, 매도를 원하면 정부

가 매수하여 제품을 생산할 기업을 지정하게 되는 것이다.

이런 식으로 아이디어뱅크를 운영하면 많은 사람들에게 꿈과 희망을 심어 줄 수 있다. 또한 이들의 창업으로 일자리가 창출되고 경제발전에도 일조할 수 있으니 이러한 기구의 설립을 망설일 이유가 없다. 좋은 대학을 나오지 못하고 좋은 직장에 들어가지 못해도 참신하고 뛰어난 아이디어 개발로 입신立身할 수 있는 대한민국! 꿈을 잃어 가는 젊은이들을 위해 곱씹어 봐야 할 일이다.

행정도 전략이다

어떤 행정을 어떻게 펴느냐에 따라 국가의 흥망성쇠가 달려 있는 만큼 모든 공직자, 특히 관리직에 있는 공직자들은 행정도 전략이라는 생각을 가지고 업무에 임해야 한다. 그러나 그런 생각만으로 그쳐서는 안 되고 구체적인 실천방안을 마련해야 한다. 그것이 "행정전략실"의 설치다. 이것으로 탁상행정의 병폐를 막아 행정의 효율성을 높이면 국가는 한 단계 더 발전하고 국민들의 삶도 더 행복해질 수 있다.

행정전략실은 별도의 부서로 두는 것보다 국무총리 직속 기구로 두는 것이 바람직하다. 인원 구성은 정부 각 부처의 공무원 중 창의력과 논리력, 냉철한 판단 능력을 갖춘 사람들을 선발하여 구성하면 된다. 특별한 경우를 제외하곤 정부 부처의 근무 경험이 있는 사람들로 구성해야 업무의 효율성을 높일 수 있다. 따라서 특별채용을 할 경우에도 특채된 사람의 전문지식에 부합하는 정부 부처에서 행정경험을 쌓도록 해야 한다.

이렇게 인원이 확보되면 창의력을 갖춘 사람들은 "예방행정팀"으로, 냉철한 판단 능력을 갖춘 사람들은 "상황대응팀"에 배치하여 부서 명칭에 부응하는 일을 하면 된다. 즉, 예방행정팀은 정부 부처에서 시행 중인 법과 제도의 문제점을 도출시켜 개선하고, 새로 도입할 법과 제도를 가상행정 시스템을 통해 단점을 보완한 뒤 국회의 의결이 필요한 법과 제도는 국회로 보내고 국회의 의결이 필요치 않은 법과 제도는 바로 시행하면 된다.

상황대응팀은 국내에서 발생된 각종 상황에 능동적으로 대처하고 앞으로 닥칠 상황을 예측하여 미리 대비하는 일을 주업무로 한다. 이를테면, 비상시 식량의 자급자족, 각종 원자재난, 물가 및 부동산 가격의 폭등 등이다. 특히 수시로 전략물자를 점검하여 물자대란을 사전에 차단해야 한다. 전략물자 확보는 수입의 비중을 줄이고 국내 생산시설을 유지하는 것이 중요하다. 즉, 국내의 전략물자 생산업체가 저가 수입품으로 인해 폐업 위기에 몰리면 시장경제 원리에만 맡겨 두지 말고 정부가 적극 개입하여 전략물자 생산시설의 폐업을 막으라는 얘기다. 그런 다음 정부 및 지자체가 그 시설에서 생산한 제품을 의무적으로 사용하도록 하면 된다. 이것이 전략물자를 수입하지 않고 비축하는 방법이다.

예방행정팀과 상황대응팀의 기능을 극대화하기 위해서는 두 조직이 상호보완 협력적인 관계를 유지하는 것이 중요하다. 이와 같은 기능은 정부 각 부처와 지자체로 연계되어야 한다. 여기서 간과해선 안 될 것이 있다. 국무총리 행정전략실의 기능을 계속 유지시키는 일이다. 이를 위해 정권교체와 관계없이 두 조직을 항구적으로 존속시킬 수 있는 법적 장치가 필요하다. 이와 함께 정권교체 후 1년 내에는 두 조직의 인원을 교체할 수 없도록 하는 법적 장치도 마련되어야 한다.

행정은 어떻게 펴느냐에 따라 부채가 될 수도 있고 자산이 될 수도 있다. 따라서 국가지도자와 행정관리자는 "행정은 자산"이라는 생각을 가지고 국가를 운영해야 한다. 이런 시각을 가지고 국가를 운영하게 되면 저출산과 고령화, 정년퇴직과 각종 연금문제 등이 눈에 보이게 된다. 이러한 것들은 먼 미래의 얘기가 아니다. 지금부터 철저히 준비해야 한다. 국무총리 행정전략실 자체의 인력으로 해결할 수 없으면 외부 전문가들을 초빙하여 저출산, 고령화, 정년퇴직 연령, 국민연금, 군인연금 등 미래에 닥칠 문제점을 도출시켜서 철저히 대비해야 한다. 이런 노력이 뒤따라야 대한민국의 행정이 부채가 아닌 자산이 될 수 있다.

행정전략실을 잘 운영하면 단순히 예산을 집행하는 "예산집행 소비형 정부"가 아닌 적재적소에 예산을 투입하여 예산집행 수익을 내는 "예산집행 수익형 정부"가 될 수 있다. 이러한 행정은 "고효율 정부"로 이어져 나라는 부강해지고 국민들은 좀 더 행복한 삶을 영위할 수 있게 된다. 고효율 정부란 단순히 정부 조직을 축소하는 것이 아닌 행정을 잘 펴서 수익을 내고 그 혜택이 국민에게 돌아가게 하는 정부를 말한다.

※ 전국의 지자체(도와 광역시)별로 "국민노사조정위원회" 같은 기구를 두어 수시로 발생하는 노와 사, 지자체와 지역민의 현안을 합리적으로 조정하여 시위나 파업 등을 사전에 차단해야 한다. 접수된 현안은 노사의 경우 회사의 이익 상태와 동종 업종의 임금 수준 등을 조사하여 조정하고, 지역 현안의 경우는 그 지역의 행정관청에서 시행하고 있는 행정이 지역민에게 어떤 피해를 주고 있는지를 파악하여 합리적으로 조정하면 된다. 이유야 어떻든 파업이 발생하면 파업 당사자는 물론 국가와 국민도 피해를 보게 된다. 또한 파업이 장기화될 경우 국가가 위기에 빠질 수도 있다. 따라서 국민현안 합리적 조정제도 같은 기구는 하루빨리 마련되어야 하고, 조정기간 안에 시위나 파업 등을 하면 강력한 처벌이 뒤따르는 법적 장치도 필요하다. 이런 제도를 잘 활용하여 파업을 사전에 차단하면 사측은 작업중단으로 인한 피해를 막을 수 있고, 노측은 손해배상 청구소송 비용이 발생하지 않아 노사 양측에게 도

움이 된다. 이러한 제도의 행정이 수익을 내는 고효율 행정, 고효율 정부다.

보건주택

지금은 다양성의 시대다. 그런 만큼 주택 건설에도 변화가 필요하다. 주택의 견고성의 차원을 넘어 건강과 편안함을 생각하는 쪽으로 바뀌어야 한다. 그러려면 현행 건축법은 당연히 '보건 건축법'이 되어야 한다. 보건 건축법의 체계에서는 다세대 주거용 건물(주상복합, 오피스텔)은 층간, 벽간의 소음 방지를 위해 천장의 위층과 아래층 사이, 옆집 방과의 벽과 벽 사이에 방음-방화제를 의무적으로 설치하도록 해야 한다. 층간 소음 문제로 칼부림까지 나고 있는 현실을 이대로 방치할 수는 없다. 추가적인 건축비용이 발생할 수 있지만 정부가 자금을 지원하여 방음-방화제의 생산을 늘리는 방향으로 적극 대응해야 한다. 이런 식으로 건축행정을 펴면 주거용 주택의 층간, 벽간 소음이 완화되어 진정한 휴식의 공간이 될 수 있다. 또한 화재 발생 시 화재의 확산을 막을 수 있어 국민의 생명을 지키면서 막대한 재산적 손실까지 막을 수 있으니 추가 건축 비용의 문제는 거론의 대상이 될 수 없다. 여름엔 좀 더 시원하고 겨울엔 좀 더 따뜻하게 보낼 수 있는 점은 부가적인 혜택이다. 한 가지 덧붙이면 부득이한 경우를 제외하곤 창문 있는 화장실 건축이 이루어져야 한다. 창문 없는 화장실의 환기는 대부분 옥상에 설치된 통합 환기구를 통해 배출된다. 그런데 이것이 오래되어 노후되면 환기가 제대로 되지 않아 나쁜 공기가 다른 집의 화장실로 스며드는 현상이 발생한다. 이때 화장실에서 담배를 피우게 되면 담배 연기가 역류하여 다른 집에 간접흡연 피해를 주게 된다. 앞으로 건축행정을 세울 때는 이런 부분을 반드시 점검해야 한다.

다음은 재개발에 관한 문제이다. 재개발이 진행된 곳을 보면 대부분 대단위 아파트가 들어서 있는 것을 볼 수 있다. 인구가 감소하는 시대에 이런 건축행정이 적합한가 하는 의문을 갖게 한다. 물론 내 집 마련의 기회를 제공하기 위한 정책이긴 하지만 아파트만 들어서다 보면 과거의 동네 정서가 사라지는 것 또한 아쉬운 일이다. 한 번 지은 건물을 예전의 것으로 되돌리기가 쉽지 않다는 점에서 앞으로의 재개발은 원형 복원의 건축행정을 폈으면 한다. 즉, 재개발될 지역이 아파트 지역이면 아파트를, 단독 및 다세대 지역이면 단독 및 다세대 주택을 건설하는 원칙이다. 재개발을 통한 비리가 끊이지 않고 있는 상황에서 이러한 원칙만 잘 지켜도 비리 차단은 물론 쓸만한 주택을 철거하는 재원의 낭비도 막을 수 있다. 이러한 건축행정과 함께 서민용 임대주택의 가격 상한제를 두어 훗날 임대주택 입주자들이 주택을 명도받을 때 현 시세의 50% 이하의 가격으로 임대주택을 취득할 수 있게 하는 법적 제도가 뒤따라야 한다.

마지막으로 거론하고 싶은 것은 '1세대 1주택, 실소유 실거주제'다. 이 제도가 제대로 서지 않아 주거용 주택의 가격이 수시로 폭등하여 국민들의 삶이 점점 더 고달퍼지고 있다. 따라서 이 문제를 보건 건축법에 명시하여 주거용 주택에 대한 인식을 새롭게 할 필요가 있다. 이를테면 "주거용 건물은 실거주자만 소유할 수 있다"와 같은 명문의 규정이다. 이에 따라 실제 거주 여부를 수시로 점검하고 적발 시엔 고액의 벌금과 함께 정부 고시 가격으로 강제 처분이 이루어져야 한다.

정부가 주택은 거주 목적이 되어야 한다는 확고한 의지를 가지고 이 제도를 추진하면 국민들의 삶이 그만큼 좋아진다는 것을 깊이 인식했으면 한다.

※ 부득이 오랜 기간 집을 비울 때에는 주민센터에 신고하여 1세대 1주택자들의 피해가 발생하지 않도록 해야 한다.

실소유 실거주를 수시로 점검해야겠지만 적발 시 고액의 벌금과 정부 고시 가격으로 강제 처분될 수 있다는 것을 적극 알리는 것만으로도 시세 차익을 노리는 주택 소유를 막을 수 있다.

공매 처분 시 일정 규모의 재산과 소득 이하의 무주택자만 공매에 참가하도록 하는 법적 장치도 필요하다.

금연 도전

금연율 100%, 흡연율 0%의 나라 대한민국! 지금으로써는 꿈의 수치다. 그러나 국가와 국민이 힘을 모으면 결코 불가능한 수치가 아니다. 이제 흡연은 건강 문제의 차원을 넘어 인간의 자존심 문제다. 만물의 영장인 인간이 나약한 모습을 보이며 담배에게 계속 끌려다닐 수는 없다. 자신과 타인의 건강마저 해치는 담배와의 결별을 위해 새로운 결단이 필요한 시점이다.

흡연은 우리나라만의 문제가 아니다. 우리가 담배를 피우는 만큼 우리의 건강이 망가지고 지구도 병들어 가기 때문이다.

따라서 우리가 금연을 하는 것은 자신과 타인의 건강을 지키고 지구 환경도 보호하는 결과가 된다.

그렇다면 어떻게 해야 금연율 100%, 흡연율 0%의 대한민국을 만들 수 있는 것일까. 이를 위해서는 몇 가지의 확고한 조치가 필요하다.

그 첫 번째가 간접흡연 체험 교육이다. 이 교육은 흡연자의 발생을 원천적으로 봉쇄하기 위한 조치이다. 초등학교 3학년에서 6학년까지의 학생들을 대상으로 한다. 흔한 현상으로 어릴 때 무엇에 질리거나 충격을 받으면 평생 그것을 기피하는 경향이 있다. 이러한 원리를 이용해 평생 담배를 기피하는 인간으로 만드는 것이다.

두 번째는 공무원들의 금연 운동이다. 공무원들이 담배를 피우면서 국민들에게 담배를 끊으라고 하는 것은 이치에 맞지 않다. 그런 의미에서 앞으로는 비흡연자만 공무원 임용시험에 응시할 수 있도록 해야 한다. 따라서 재직 중인 공무원들은 1년 안에 담배를 끊어야 하고 그러지 못했을 경우 해마다 일정액씩 강봉 처분의 조치가 필요하다.

세 번째는 공중 화장실에 흡연 경고기의 설치다. 공중 화장실은 대부분 칸막이로 되어 있어 옆 칸에서 담배를 피우면 어쩔 수 없이 뿜어대는 담배 연기를 그대로 마셔야 한다. 이런 이유로 공중 화장실 천장에 흡연 경고기를 설치하여 화장실 내에서의 흡연

행위를 근절해야 한다. 더불어 시내 곳곳에 간이 흡연소를 설치하고 흡연장소 이외의 장소에서는 담배를 피우지 못하도록 벌금을 올리고 단속도 강화해야 한다.

네 번째는 비흡연자 우대 정책이다. 이 정책을 시행하기 앞서 흡연자들을 차별하기 위한 것이 아닌 흡연자들을 건강한 삶으로 이끌기 위한 것임을 인식시켜야 한다.

비흡연자들의 우대 정책으로는 건강보험료와 자동차 보험료의 할인 등을 실시해 볼 만하다. 두 보험 모두 비흡연자보다는 흡연자들의 보험금 지출이 많을 것이므로 논란의 여지는 별로 없어 보인다.

이와 함께 공채 시 가산점을 부여하고 특히 군생활 중 금연에 성공한 사람에게는 가산점을 더 주고 금연 휴가를 주는 등의 정책을 편다면 금연에 성공하는 사람들이 더 늘어날 것이다.

마지막으로 펼칠 것은 금연성공 축하운동이다. 가정에서, 직장에서, 군대에서, 금연에 성공한 사람에게 금연성공 축하케익을 선물하고 격려해 주는 운동이다. 이렇게 하면 흡연자들로부터 부러움을 사게 되고 그것은 금연을 결심하는 결과로 이어질 것이다.

바이러스 시대에 흡연은 독약과도 같다. 그런 이유로 대한민국의 금연 도전은 흡연자와 비흡연자가 함께 해야 한다. 흡연자들은 끝없는 도전을, 비흡연자들은 격려와 응원을 아껴서는 안 된다. 이렇게 국가와 국민이 함께 뛴다면 금연율 100%, 흡연율 0%의 시대는 머지않아 우리 앞에 다가오리라는 것을 믿어 의심치 않는다. 그때쯤이면 세계 각국에서 담배를 끊기 위해 한국행 비행기에 몸을 싣는 금연 한류의 바람이 거세게 불어올 것이다.

※ 해외에서 산업인력 수입 시 비흡연자들을 우선적으로 선발해야 한다. 그렇게 되면 한국에서의 취업을 위해 담배를 끊는 일이 벌어져 글로벌 금연 운동으로써의 효과도 기대해 볼 수 있다. 더불어 도심 곳곳에 간이 흡연소를 설치하여 거리에서 담배를 피우고 아무 데나 담배꽁초를 버리는 행위를 철저히 단속하여 많은 비가 내릴 때 하수구가 막혀 수해로 이어지는 것을 막아야 한다.

산림보호 프로젝트

오늘날 우리나라의 산림은 육이오의 폐허 속에서 일구어낸 보물 같은 존재이다. 산업화로 병들어 가는 공기를 살려내고 도시생활에 지친 우리들의 몸과 마음을 치유해 준다. 그러나 산림보호 대책의 부재로 해마다 전국의 산림이 잿더미로 변해 가고 있다. 이젠 폐허 속에서 산림을 일구어낸 정신으로 산림보호에 적극 나서야 한다. 이름하여 산림보호 프로젝트다. 자연발화 외엔 산불발생 건수 0%를 목표로 한다. 이는 인재로 인한 산불은 철저히 막겠다는 강한 의지의 표현이다.

산림보호 프로젝트는 산불발생 전과 후로 나누어 진행하는 것이 바람직하다. 이와 같은 것을 진행하기 위해서는 산불발생 요인들을 찾아내는 것이 급선무이다. 굳이 순위를 매긴다면 담뱃

불이 첫 번째이고, 봄철 논두렁 및 밭두렁 태우기와 쓰레기 태우기가 두 번째, 취사행위가 세 번째가 될 것이다. 이와 같은 행위로 인해 발생되는 산불을 예방하기 위해서는 초등학교 때부터 산림보호의 중요성을 일깨워 주어야 한다. 간접흡연 체험교육을 통해 이들을 평생 비흡연자로 살게 하는 것은 물론 이들을 금연홍보 요원으로 활용하여 학부모들의 금연을 유도하는 것이다. 이런식으로 금연활동을 펼쳐서 성공을 거두게 되면 가족의 건강과 산림을 동시에 지킬 수 있다.

두 번째와 세 번째 항목은 산불예방 특별관리 기간제를 도입하여 해결해야 한다. 매년 12월 초부터 다음 해 4월 말까지를 산불예방 특별 기간으로 정하고, 지역주민 중에서 저소득층을 대상으로 산불예방과 관련된 교육을 실시한 뒤 산불예방 감시 관리 요원으로 활용하면 된다. 이와 함께 행정지침을 마련하여 바람이 세게 부는 날에 논두렁이나 밭두렁, 쓰레기 등을 태우다 적발되면 엄한 처벌을 받게 해야 한다. 이런 식으로 정책을 펴면 산불예방과 일자리 창출, 지역민의 재산과 생명을 함께 지킬 수 있다. 더불어 산림과 근접해 있는 주택은 산림과 떨어진 곳으로 이주시키고 기존의 집터를 텃밭으로 전환하여 산불 발생 시 방화지대 역할을 하게 하는 정책이 필요하다.

산불발생 후를 위한 대책으로는 방화지대 구축을 추진해 볼 필요가 있다. 이를테면 산불 다발지역의 산, 주택과 근접해 있는 산을 선정하여 산 곳곳에 방화지대를 구축하고 산불 발생 시 산불의 확산을 막는 것이다. 임도 개설이 가능하면 임도를 방화지대로 활용하면 된다. 방법은 1. 바람이 불어오는 쪽의 산 곳곳에 실선(가로 방향) 형식으로 공간을 마련한다. 이때 방화지대 내의 나무 제거는 현장 여건과 산불확산 예방효과를 감안하여 결정하면 된다. 2. 구축된 방화지대를 따라 대형 비닐튜브를 가로 방향으로 설치한다. 이와 함께 적당한 거리를 두고 빗물받이통을 설치하여 비닐튜브에 연결한다. 이런 식으로 방화지대 블록을 일정한 거리를 두고 계단 형태로 3개 이상 구축한다. 즉, 한자의 석 삼三자 형태이다. 여기서 더 발전하여 방화수통에 열감지 장치를 설치하고 산불 발생 시 분수대 기능을 하게 하면 금상첨화가 될 것이다. 이와 함께 인공위성과 드론으로 산불을 감시하는 체계를 구축하고 '드론 산불 진화대'를 창설하여 산불 발생 시 신속하게 대응해야 한다.

이상으로 산불 방화지대 구축 및 진화방법을 적어 보았다. 이것 못지않게 사후 관리가 중요한 만큼 수시로 비닐튜브 물의 양을 점검하고 갈수기 때에는 드론이나 헬기를 활용하여 저수통과 비닐튜브에 물을 채워 넣어야 한다. 그러나 산불예방을 위해선 금연이 매우 중요하다. 금연은 마음만 굳게 먹으면 별다른 비용을 들이지 않고 충분히 할 수 있는 일이다.

흡연율 0%의 나라 대한민국, 한 해 산불발생 건수가 0%인 대한민국을 꿈꾸어 본다.

산림보호의 주체는 국가도 관리 기관도 아닌 국민 각자이다. 좀더 정확히는 산 주위에 사는 주민과 산에 오르는 사람이다. 이들이 어떤 행동을 하느냐에 따라 우리의 산림은 푸르를 수도 있고 잿더미로 변할 수도 있다. 따라서 이러한 것을 깊이 인식하고 산에 오를 때에는 라이터 등의 인화물질을 소지해서는 안 된다. 특히 바람이 세게 부는 날엔 논두렁이나 쓰레기 등을 태워서는 안 된다. 더불어 바람이 세게 부는 날엔 산림 근처에서 용접 등의 작업을 해서는 안 된다. 이러한 것의 준수가 진정한 산림보호 프로젝트다.

산림은 생명이라는 것을 감안할 때 산불을 낸 사람의 처벌이 강화되어야 한다. 이를테면, 산불 피해의 규모에 따라 기존의 처벌과 함께 산불을 낸 사람의 재산 중 50%까지 징수하는 법적 제도가 필요하다. 이러한 것을 마을 이장을 통해 전 주민에게 알리고 산불예방 계도를 펼치면 담뱃불, 논두렁 및 밭두렁 태우기, 쓰레기 소각으로 인한 산불을 막을 수 있다.

산불예방의 효과를 높이기 위해서는 중앙정부와 지방정부의 역할을 양분할 필요가 있다. 이를테면, 중앙정부는 산불예방 기획과 장비 및 재정지원을, 지방정부는 산불예방 활동을 실천하는 주체가 되게끔 하는 일이다. 그런 다음 전국의 산 인근 마을을 "산불 지킴이 마을"로 지정하여 마을 이장과 통장을 산불예방 수장으로 임명하고 바람 부는 날엔 일체의 소각 행위를 못 하게 하면 산불발생을 효과적으로 차단할 수 있다. 이런 식으로 운영하여 각 마을에 꼭 필요한 숙원사업 등을 해결해 주면 마을 주민 모두는 산불예방 요원이 되어 산불예방에 큰 성과가 있을 것이다. 특히 산불예방 활동이 뛰어난 마을을 "산불예방 모범마을"로 지정하고 그 마을이 오지에 위치해 있는 경우 마을에 태양광(열)을 통한 "마을공동목욕탕"을 만들어 주면 마을 주민들의 산불예방 활동이 더욱더 활발하게 전개되리라 본다. 이와 함께 전국의 산 인근에 산불감시 CCTV를 설치하면 산불발생 원인 파악과 각종 범죄 예방에도 도움이 될 것이다.

산불예방 대책의 기본은 산불발생이 실화인지 방화인지를 파악하는 일이다. 이를 위해 CCTV와 산불감시용 드론을 활용해 산불발생 상시 감시체계가 구축되어야 한다.

산 가까이에 있을 때에는, 산에 오를 때에는, 누구나 산불 지킴이가 되어야 한다. 그래야만 50여 년간 가꾸어 온 푸르른 숲을 지킬 수 있다. 숲은 우리 모두의 생명이다.

관광대국 교통망

대한민국의 지도를 바라보면 대한민국의 지형은 매력 그 자체다. 삼면이 바다이고 통일만 되면 유럽까지 철도가 연결될 수 있다는 점에서 관광대국의 꿈을 펼치기에는 천혜의 조건을 갖추고 있다. 그런 이유로 대한민국의 지형을 보면 볼수록 철도망(전철) 구축의 그림이 그려진다.

서해안선(인천-진도 간)

인천-당진-서산-보령-군산-부안-고창-영광-무안-목포-진도.

남해안선(진도-부산 간)

진도-해남-강진-장흥-고흥-여수-남해-사천-통영-거

제-부산.

동해안선(부산-삼척 간)
부산-울산-경주-포항-영덕-평해-울진-원덕-삼척.

동해북부선(삼척-고성 간)
삼척-동해-강릉-주문진-양양-속초-거진-대진-고성 전망대.

동해내륙선(철원-속초 간)
철원-김화-화천-양구-인제-속초.

경기북부선(순환)
의정부-송우리-포천-일동-이동-김화-철원-신탄리-전곡-연천-동두천-양주-의정부.

북부내륙선(원주-화천 간)
원주-횡성-홍천-춘천-화천.

경기충북선(이천-청주 간)
남청주-청주공항-오송 KTX역-진천-광혜원-죽산-모가-

이천(이천역–이천 중앙역–이천 북부역).

강원내륙선(태백–동해 간)

태백–정선–동해.

내륙횡단선(서천–울진 간)

서천–보령–예산–아산–천안–진천–증평–괴산–영주–봉화–울진.

※ 내륙횡단선은 천안발 진천–증평–괴산–수안보행 전철을 건설하여 부발–문경선과 연결하는 것이 여러 가지 면에서 타당성이 있어 보인다.

목포–제주선(목포–제주 간 해저터널)

목포–해남–완도–제주.

〈충청권 메가시티 구축을 위한 전철망〉

—충청권의 전철망 구축은

지방의 발전과 수도권의 인구를 분산시키기 위해 매우 중요하다.—

대전서부권 순환전철

대전–세종–공주–계룡–대전.

구암오송선(구암–오송 간)

구암–대덕–신탄진–문희·청남대–청주(청주–세종선 환승)–청주공항–오송KTX역.

천안수안보선(천안–수안보간)

천안(경부선역)–독립기념관–병천–진천–증평–괴산–수안보(부발–문경선).

서천공주선(서천–공주간)

서천–부여–공주.

위와 같은 밑그림들이 실현되고 그에 걸맞는 지역의 관광 상품이 개발된다면 대한민국은 관광대국의 꿈을 이룰 수 있다.

특히 지방 소멸과 수도권의 과밀화를 막기 위해서도 관광대국의 꿈을 절대로 포기해선 안 된다. 한류의 발상지인 대한민국의 전 국토를 관광산업화하여 세계적인 관광지로 만드는 것은 결코 불가능한 일이 아니다. 국토의 균형발전을 이루고 수도권과 지방이 함께 잘사는 시대를 열기 위해서도 관광대국을 위한 철도(전철)망은 반드시 구축되어야 한다.

※ 관광대국 철도망이 구축되어 대한민국이 관광대국으로 부상하는 것도 중요하지만, 그것 못지않게 중요한 것이 이주민들의 충분한 이주대책이다. 훗날 관광대국의 실현으로 대한민국이 부국의 꿈을 이루었을 때 철도부지의 원주민들이 보람과 긍지를 가질 수 있도록 세심한 배려가 동반되어야 한다.

공멸의 시대

　서울과 수도권, 지방이 함께 소멸하는 시대가 다가오고 있다. 이것은 먼 미래의 얘기가 아니다. 지금부터 정신 똑바로 차리지 않으면 대한민국은 속이 텅 빈 이름뿐인 나라가 되고 만다. 지금 이대로의 정치행정이라면 그 시기가 더 빨라질 수도 있다. 최선책은 서울과 수도권의 개발을 멈추는 것이다. 지금과 같은 서울과 수도권의 인구집중 현상이 계속되는 한 서울과 수도권, 지방이 공멸하는 시대를 피할 수 없다. 그렇다면 하루빨리 대책을 강구해야 하는데, 지금의 국회의원 제도, 정쟁을 일삼는 정당정치로는 이러한 문제를 해결할 수가 없다. 대안은 필자가 제안한 의정원 고시 제도를 도입하는 일이다. 이러한 제도를 이 땅에 정착시켜야 수도권 인구집중과 인구소멸을 막을 수 있다. 따라서 의정원 고시를 현 정치권이 스스로 도입하지 않을 경우 국민투표를 통해 대한민국의 새로운 국회, 국회의원 제도를 도입해야 한다.

현재 서울과 수도권은 지방의 인구를 빨아들이는 블랙홀 같은 역할을 하고 있다. 대한민국 인구의 50% 정도가 서울 경기 지역에 집중되어 있으니 가히 공룡 서울 경기라고 할 만하다. 사람으로 치면 최고도 비만을 넘어 몇 차례의 사망진단을 받고도 남았을 것이다. 이런 현상은 지방의 인구를 감소시켜 지방 소멸을 재촉한다. 반대로 서울과 수도권은 계속 비대해져서 전월세 가격이 폭등하고 그로 인해 살기가 점점 더 어려워진다. 상황이 이렇다 보니 결혼을 미루게 되고 결혼을 하더라도 주거비와 양육비 부담 때문에 아이 낳는 것을 기피하게 된다. 이와 같은 난제를 해결하기 위해서는 정부와 정치권의 중대한 결단이 필요하다.

첫째, 서울과 수도권의 개발을 멈춰야 한다.

서울과 수도권의 개발금지, 이것보다 더 좋은 인구분산 정책은 없다. 서울과 수도권 인구의 3분의 1 이상을 지방으로 내려보내려면 이와 같은 강경책을 써야 한다. 그러나 지금의 국회의원 선거제도로는 이런 강경책을 쓸 수가 없다. 이유는 국회의원 선출권이 지역 주민에게 있기 때문이다. 따라서 정권과 주민의 선출권으로부터 자유로운 의정원 고시로 선임된 의결의원이 필요한 것이다. 아울러 신축은 금지하고 재건축은 허용하는 강온책을 써서 신축이 필요한 기업은 지방에 공장을 짓게 하는 정책을 펴야 한다. 그렇게 되면 일자리를 찾아 서울과 수도권으로 몰리고, 그런 인구를 수용하기 위해 아파트를 짓고 또 짓는, 밑 빠진 독에 물붓기식 악순환의 고리를 끊을 수 있다. 이 악순환의 고리가 서울과 수도권, 지방을 소멸시키는 폐단의 주범이다.

둘째, 비정규직 없는 기업문화를 만들어야 한다.

비정규직 기업문화도 인구 소멸의 공범이다. 기업들이 비정규직을 늘리는 것은 기업의 이익 때문이다. 그러나 이런 방법으로 기업의 이익을 증대시키면 근로자들의 월급이 줄어들고 일자리가 불안해진다. 이런 근로환경은 결혼을 미루는 원인 되고 결혼을 하더라도 아이 낳는 것을 기피하게 된다. 그렇다면 정부가 할 일은 자명해진다. 비정규직 없는 기업이 더 좋은 제품을 생산하고, 더 많은 이익을 낼 수 있게 도와주는 일이다. 각종 세금감면, 정부와 지자체 사업의 우선 참여권 부여 등으로 해법을 모색하면 될 것이다. 기업들이 온라인 근무를 확대하여 특별한 회의가 있을 때만 서울 본사에 출근하게 하는 것도 서울과 수도권의 과밀을 막고 출산을 촉진시키는 방법이 될 수 있다.

셋째, 교육비 적게 들어가는 교육정책을 펼쳐야 한다.

결혼을 미루고 결혼을 해도 출산을 기피하는 가장 큰 원인이 주거비와 양육비 부담인 만큼 현재의 교육비 부담 문제를 해결하지 않고서는 출산 장려를 얘기할 수 없다. 필자는 앞장에서 대한민국의 기본교육에 대해 적었다. 그중에서 2년제 사이버대학을 통해 교육비 부담 문제를 풀어 보고자 한다. 2년제 사이버대학의 학제를 채택하게 되면 우리나라의 학제는 6-3-3-2-3제가 된다. 즉 초등교 6년, 중고등교 3년, 사이버대학 2년, 대학원 3년이다. 필자가 제시한 대한민국의 기본교육을 바탕으로 초등학교부터 사이버대학까지는 의무교육으로 무상교육을 실시하고 대학원 3년 과정만 학부모가 교육비를 부담하게 해야 한다. 이러한 정책이 뒤따르지 않으면 저출산 문제는 해결할 길이 없다. 지금까지 수조원의 출산지원금을 쏟아부었어도 효과가 없었다는 점에서 무상교육 확대를 적극 추진할 필요가 있다.

넷째, 자급자족 농업국가를 만들어야 한다.

식량의 자급자족은 식량안보 차원에서 매우 중요한 정책이지만 서울과 수도권의 과밀한 인구를 지방으로 분산시키기 위해서도 중요한 정책이다. 일단 정부가 식량 자급자족에 대한 의지를 보이는 것만으로도 농업인들의 입장에선 환영할 만한 일이다. 여기에다 각종 영농자금까지 지원하는 정책을 펴면 귀농 귀촌에 뜻을 가지고 있던 서울과 수도권 사람들이 지방으로 내려가는 효과가 있을 것이다. 여기서 정부가 특별히 신경 써야 할 것이 있다.

농산물의 수요와 공급을 적절히 조절하는 일이다. 농민들이 생산한 농산물을 합당한 가격을 받게 하는 일은 매우 중요하다. 빅데이터를 통한 과학농업에 좀 더 관심을 갖다 보면 농산물의 수요와 공급 조절은 충분히 가능하리라고 본다. 이 밖에 기후농업을 발전시켜 기후에 적합한 작물을 개발하여 보급하는 등의 정책을 펴면 농민들의 소득 증대에 도움이 될 것이다. 이와 함께 무분별한 농산물의 수입을 지양하고 기상청의 협조를 받아 한해 앞을 내다보는 농업정책을 편다면 귀농 귀촌하는 도시민의 수가 늘어날 수 있다. 아무튼 농산물 가격 폭락으로 수확을 포기한 채 밭을 갈아엎는 일이 되풀이되어서는 안 된다. 이러한 것은 귀농 귀촌을 막아 서울과 수도권의 인구 분산을 어렵게 하는 일이다.

　다섯째, 전 국토를 관광 산업화해야 한다.

　전 국토를 관광 산업화하는 것은 지역민의 소득을 높이고 서울과 수도권의 인구집중을 막는 방책이 될 수 있다. 필자가 제안한 관광대국 교통망을 참고로 관광대국의 꿈을 키워나간다면 지방의 소멸을 막고 서울과 수도권, 지방이 함께 잘 사는 시대를 열 수 있다.

　전 국토를 관광 산업화하기 위해서는 3개의 철도망이 구축되어야 한다. 동해에서 서해로, 서해에서 동해로 이동할 수 있는 남부축, 중부축, 북부축이다. 이 중 북부축은 동서 고속철이 이미 개통되어 있고 전철 사업도 계획되어 있어서 별문제가 없다. 남부축도 기존의 철도노선이 존재하는 데다 보완공사가 진행 중이어서 남부축 연결은 머지않아 완성될 것으로 보인다. 문제는 관광산업의 중추적 역할을 해야 할 중부축이 막혀 있는 점이다. 이 노선은 서천발 울진행인데 천안까지는 철도가 깔려 있으므로 천안발 진천–증평–괴산–수안보행 전철의 건설이 여러 가지 면에서 효과적이다. 수안보는 부발–문경선 전철이 지날 것이기 때문이다. 남은 과제는 김천 혹은 문경(점촌)발 영주–봉화–울진행과 안동–청송–영덕행 전철의 건설이다. 이 두 개 노선은 반드시 뚫어야 한다. 그래야만 전 국토의 관광 산업화를 이룰 수 있고 쇠퇴해 가는 경상북도 북부권의 지방 소멸을 막을 수 있다.

부국의 꿈은 기업의 이익을 통해서만 이룰 수 있는 것이 아니다. 전 국토가 관광 산업화되어 서비스업의 일자리가 늘어나고 식당과 숙박업 등의 매출이 높아지면 세수稅收가 증대되어 부국의 꿈을 이룰 수 있다. 따라서 앞으로 대한민국의 먹거리는 수출과 관광 산업이 되어야 한다. 이 두 개의 축은 정권 교체와 상관없이 꾸준히 추진되어야 하고, 이러한 것을 바탕으로 K의료체계와 K기본소득을 실시하면 굶는 국민이 없는 대한민국을 만들 수 있다.

이상으로 서울과 수도권의 과밀화를 막고 지방의 소멸을 최소화할 수 있는 방책을 적어 보았다.

　이제 우리 앞에 놓인 것은 양단의 선택뿐이다. 그중 하나는 현 정치권이 서울과 수도권의 개발을 금지시키는 입법을 추진하는 것이고, 나머지 하나는 의정원 고시 제도를 도입하여 의결의원으로 하여금 신축은 금지하고 재건축만 허용되는 서울과 수도권의 개발금지법을 통과시키는 일이다. 이 양단의 선택을 하지 않으면 서울과 수도권, 지방의 공멸을 피할 수 없다. 여야 정치인들이 진정으로 국가와 국민을 생각한다면 표에 연연하지 말고 하루빨리 결단을 내려야 한다.

식량안보

　미래의 전쟁은 무력보다는 식량 전쟁이 될 가능성이 크다. 아무리 경제적으로 부유하고 군사력이 강하다고 해도 식량이 없으면 무용지물이 될 수밖에 없다. 그런 까닭에 식량의 자급자족은 매우 중요하다. 식량의 으뜸은 쌀이다. 그런데 우리나라는 정권이 바뀔 때마다 쌀 수급 정책이 달라진다. 이런 정책으로 인해 쌀 생산 농민과 소비자의 입장에선 늘 불안할 수밖에 없다. 이는 쌀 관련 정책을 꾸준히 추진하지 못한 데서 오는 폐단이다. 그 주범은 대통령 단임제에 있다. 이와 같은 제도하에서는 생산된 쌀이 남아돌면 어떤 식으로 소비를 촉진시킬지에 대해 연구할 시간적 여유가 없다. 이런 폐단을 없애기 위해서는 하루빨리 대통령 무한 연임제가 도입되어야 한다. 더불어 국가번영법에 쌀 자급자족의 항구성을 해하는 쌀 생산 감축정책을 펼 수 없도록 하는 법제화가 필요하다. 그러나 지금 당장 해야 할 것은 전국에 보관되어 있는 쌀을 소비시키는 일이다. 그래야만 농민들이 생산한 쌀의 제값을 받을 수 있다. 쌀 소비를 촉진시키기 위해서는 국민들이 밥을 많이 먹어야겠지만 쌀국수, 쌀라면, 쌀과자, 쌀빵, 쌀케익 등을 통해 쌀 소비를 늘려야 한다. 그렇다면 고대의 우리 선조들은 쌀에 대하여 어떤 생각을 가지고 있었던 걸까?… 이와 관련된 것을 한자韓字를 통해 풀어 보고자 한다.

쌀의 전신은 벼禾이다. 이 벼 화禾라는 부수는 우리들 생활의 비중 있는 한자에는 어김없이 붙어 있다. 해 년季의 고자古字에도 벼禾가 붙어 있고, 시간 또는 각도의 단위인 초秒, 질서의 표본인 차례秩, 생활 형편상 옮겨 다닐 수밖에 없는 이사移, 작물의 기본인 종자種, 무덤까지도 따라온다는 조세租와 세금稅 등 벼가 우리 생활에 얼마나 소중한 것인가를 나타내고 있다.

다음으로 살펴볼 한자는 기운 기氣자이다. 이 글자의 개념을 지구에 한정해서 풀어 보면 기운 기氣는 길 또는 바닥에 사람이 비스듬히 누워 있고 새가 쌀을 물어 나르는 형상이다. 이는 쌀밥이 곧 기氣 음식이라는 것을 의미한다. 탄수화물의 과다 섭취를 걱정하기보다 쌀에 대한 좀 더 깊은 연구가 필요하다.

쌀과 관련하여 마지막으로 살펴볼 한자는 죽 죽粥 자이다. 이 한자의 형성은 쌀 미+강할 강이다. 죽은 대부분 몸이 안 좋은 사람들이 먹는 음식인데 왜 강하다는 뜻을 담고 있는 것일까?… 그 답은 몸이 몹시 허약해졌을 때 먹을 수 있는 음식이 죽이기 때문이다. 특히 장염을 앓고 난 후엔 반드시 죽을 먹어야 장에 부담을 덜 주고 기력도 빨리 회복할 수 있다. 죽은 쌀죽이 으뜸이다. 찹쌀은 몸에 좋은 곡식이지만 부작용이 있어 피하는 것이 좋다. 보리죽은 껄끄럽기 때문에 허약해진 장엔 맞지 않는다. 이리저리 살펴봐도 죽은 역시 쌀죽이다. 몸이 허약해진 후 죽을 먹고 기력을 되찾은 사람이라면 평소 자신이 쌀을 얼마나 섭취하고 있는지 되돌아볼 일이다. 한자에 나타난 쌀의 쓰임새로 볼 때 쌀은 인간의 생명을 연장해 주고 건강까지 지켜주는 고마운 곡식이다. 이는 쌀과 친해지면 친해질수록 건강해지고 쌀과 멀어지면 멀어질수록 몸이 안 좋아진다는 얘기가 된다. 아침밥을 해 먹기가 번거로우면 떡을 사 놓았다가 먹어도 되고 누룽지를 먹어도 된다. 누룽지는 아주 유용한 비상식량이 될 수 있어서 누룽지에 대한 인식을 새롭게 할 필요가 있다. 전기나 그 어떤 화력을 동원하지 않고도 숭늉밥을 만들어 먹을 수 있는 것이 누룽지이다. 누룽지에 물을 붓고 1시간 정도만 지나면 간단한 반찬으로도 한 끼가 해결된다. 따라서 평소 누룽지 한봉지쯤은 구비해 놓고 사는 것도 삶의 지혜가 될 것이다.

이제 식량 안보는 피할 수 없는 과제이다. 평소 문제없이 수입해 왔던 곡식도 식량이 부족해지면 자국민 우선 공급 정책에 따라 식량 위기를 맞을 수 있다. 지금 먹을 것이 넘쳐난다고 손 놓고 있으면 언젠가는 반드시 혹독한 고통의 대가를 치르게 된다.

기후재앙

기후재앙이 우리를 수시로 위협하고 있다. 폭설, 폭우, 대형 산불, 거기에다 태풍까지….

이런 현상 앞에서 환경 보호만을 강조하는 것은 별 의미가 없다. 우리나라도 해수 온도 상승과 집중 폭우로 어려움을 겪고 있다. 이제 환경 보호는 기본이 되어야 한다. 그리고 선택을 해야한다. 이대로 하늘만 쳐다보다 멸망하고 말 것인가, 아니면 기후재앙에 도전할 것인가의 선택이다. 대한민국은 인류시원문명의 주축 국가이다. 그런 만큼 당연히 도전을 해야 한다. 비록 도전에 실패하여 멸망의 시간을 맞이하게 될지라도 숨이 멎는 그 순간까지 도전을 멈춰선 안 된다.

기후재앙을 벗어나기 위해서는 '기후재앙연구센터' 같은 기구의 설립이 우선적으로 이루어져야 한다. 그런 다음 명칭에 걸맞는 인재들을 모집하여 상시 연구체계를 유지하면 된다. 다음으로 필요한 것은 '기후재앙 대응팀'의 결성이다. 이 조직의 인적 자원은 기후전문가는 물론 퇴역한 천체물리학자, 수학자, 각 분야의 기능장, 대기업의 가전 개발팀 등으로 하면 된다. 이러한 조직을 통해 폭우, 가뭄, 태풍 등의 피해를 막을 수 있는 방법을 모색해야 한다. 안 된다는 생각을 버리고 무모한 도전을 시작해야 한다.

첫째, 해수 온도의 관리

먼저 해수의 온도와 폭우, 태풍과의 관계를 연구하고 연관성이 드러나면 365일 관리체계로 들어가야 한다. 여기에는 임시적 조치와 항구적 조치가 있다. 해수의 온도를 낮추기 위한 임시적 조치로는 우박 크기의 쉽게 녹지 않는 냉각 물질을 개발하여 얼음덩어리와 함께 바다에 뿌리는 일이다. 항구적 조치로는 축구공 형태의 초강력 냉각기를 개발, 소형 태양전지판으로 작동하게 하고 냉각 온도까지 조절할 수 있게 하여 수온 상승이 심한 바다에 대규모로 띄워 놓아 온도를 낮추는 방법이다. 이런 식으로 해수의 온도를 관리할 수 있게 되면 폭우와 태풍 피해를 줄이고 바다 어족자원 관리에도 도움이 된다. 이 과정에서 해수와 대기의 온도차를 이용해 친환경적으로 비를 내리게 할 수 있다면 금상첨화가 될 것이다.

둘째, 비구름의 이동

폭우가 집중적으로 내릴 때 비구름이 정체되어 있으면 수해 피해가 크게 발생한다. 따라서 비구름을 이동시키는 일은 매우 중요하다. 이를 위해 초강력 풍력드론이 개발되어야 한다. 이것이 개발되면 전투기가 전투를 위해 편대를 형성하듯 대규모 풍력 드론이 편대를 이루어 바다 혹은 가뭄 지역으로 비구름을 이동시키는 것이다. 이런 작전이 성공을 거두면 수해 피해와 가뭄 문제를 동시에 해결할 수 있다.

셋째, 태풍의 약화

태풍도 수시로 발생하여 많은 피해를 일으키는 만큼 연구의 끈을 놓아서는 안 된다. 태풍을 약화시켜 피해를 줄이기 위해서는 인공태풍이 개발되어야 한다. 그런 다음 태풍이 오는 바다 한가운데서 태풍과 충돌시켜 태풍의 세력을 약화시키는 것이다. 또 다른 방법으로는 초강력 회전체 위성이 있다. 이러한 것이 개발되면 태풍의 눈 속으로 초강력 회전체 위성을 발사하여 태풍과 반대 방향으로 회전시키면 태풍의 세력을 약화시킬 수 있다. 같은 방법으로 초강력 냉풍탄을 개발하여 태풍의 눈 속으로의 발사를 통해 태풍의 온도를 낮추면 된다. 이러한 과업은 국내 방산업체의 기술력이면 가능하리라고 본다.

우리나라는 지정학적으로 태풍의 위험에 상시 노출되어 있다. 이것이 기후재앙에 투자를 서둘러야 하는 이유다. 무모한 도전이라는 사고방식에서 벗어나 과감한 투자를 통해 기후산업 선진국으로 발돋움해야 한다. 그것이 진정한 대한인의 모습이다.

우리나라는 인공태양이라 불리는 핵융합로 개발에 성공한 국가이다. 비록 상용화에는 많은 시일이 소요되겠지만 이 분야의 기술은 세계적으로 가장 앞서 있다. 핵융합 발전은 바닷물을 걸러 전자레인지에 넣고 가열한 뒤 그 열로 수증기를 발생시켜 터빈을 돌리는 원리라는데 이것이 상용화되면 전 세계가 전기료 걱정 없이 전기를 무한대로 쓸 수 있다고 한다. 그런 관계로 이러한 개발능력을 갖춘 대한민국이 기후재앙 대응에 적극 나서야 한다. 여기서 간과해선 안 될 것이 있다. 그것은 핵융합 발전에 지속적으로 투자하는 일이다. 근시일 내에 성과를 낼 수 없는 사업이라는 이유로 예산을 줄이는 어리석은 일이 있어서는 안 된다. 핵융합 발전의 상용화는 인류의 문명을 혁신할 수 희망의 등불이다. 처음엔 가정과 산업에 전기를 공급하는 일에 전념하겠지만 이 분야의 기술이 향상되면 자동차나 기차, 선박, 항공기까지도 핵융합 발전의 에너지로 움직이는 시대를 열 수 있다. 이렇게 되면 대기 공해가 거의 없는 지구환경이 조성될 수 있으니 미래 세대를 위해서도 핵융합 발전은 반드시 상용화가 되어야 한다. 미니 핵융합 발전기를 개발해 가솔린과 디젤차를 대체시키고, 현 전기차의 저장 전기를 사용하여 구동하는 방식을 직접 생산한 전기를 바로 쓰는 방식으로 바꾸는 것이다. 이런 식으로 핵융합 발전기를 대형화하면 기차나 선박, 항공기도 핵융합 발전기의 힘으로 구동시킬 수 있다.

이러한 프로젝트를 완성하기 위해서는 한반도에서 전쟁이 일어나서는 안 된다. 한반도가 다시 잿더미가 되면 이러한 인류의 꿈도 함께 무너지고 만다. 그런 까닭에 전 세계가 대한민국의 수호자가 되어야 한다. 이런 것을 떠나서 현재 대한민국이 전 세계를 상대로 펼치고 있는 선한 영향력은 적지 않다. 과거 우리나라에서 성공한 새마을운동을 후진국들에게 보급하고, 황무지나 다름없는 아프리카 땅에서 각종 곡물과 채소의 재배를 성공시켜 식량의 자급자족을 돕고 있으며, 문자가 없는 부족에게 한글을 보급하여 문맹률을 낮추는 등 인류애적인 사업을 적지 않게 펼치고 있다.

이러한 소식을 접할 때면 유전자의 힘이 참으로 대단하다는 생각을 갖게 된다. 과거 일본제국주의의 역사 왜곡으로 홍익인간의 이념이 무엇인지 잘 모를 텐데 그처럼 장한 일을 하고 있으니 역시 피는 속일 수 없는가 보다.

이제 기후재앙은 특정 국가만의 문제가 아니다. 전 세계가 함께 고민해야 할 문제이다. 그렇다면 당연히 전 세계가 합심하여 공동으로 기후재앙에 대응해야 한다. 그러기 위해서는 '세계기후재앙대응연합'과 같은 기구의 설립이 필요하고 이러한 기구를 통해 전 세계가 공동으로 기후재앙 대응에 나서야 한다. 지금은 전쟁을 벌이고 있을 때가 아니다. 지금 이대로 정신 못 차리고 계속 흘러간다면 전쟁보다 더 가혹한 죽음을 맞이할 수도 있다. 기온 상승으로 인한 대형 산불, 화산폭발, 지진 등등…. 전 세계가 힘을 모아 함께 해야 할 일이 너무 많다. 그러므로 지금 당장 총성을 멈추고 전 세계가 공동으로 기후재앙 대응에 적극 나서야 한다. 이것을 무모한 도전이라 여기며 체념하면 인류의 공멸을 피할 수 없다.

※ 기후재앙의 대응이 중요하지만 그것만큼 중요한 것이 있다. 바로 탈 탄소 정책이다. 이것은 기후 위기 예방을 위한 필수 요건이다. 따라서 시멘트나 철강 등을 생산할 때는 탄소 발생을 최소화할 수 있는 방법을 적극 모색해야 하고 그런 노력을 통해 탄소 수입국의 지위를 획득해야 글로벌 경쟁시대에 살아남을 수 있다. 그러려면 풍력과 태양광 발전의 비중을 높이고 원전을 소형화하여 보조 수단으로 활용하는 정책이 필요하다. 이와 함께 핵융합에너지 상용화의 도전은 정권 교체와 관계없이 꾸준히 추진되어야 한다.

혹시라도 우리나라 과학자들이 핵융합에너지의 상용화가 불가능하다고 판단하고 단념할 생각을 가지고 있다면 그러한 발상을 당장 멈춰야 한다. 우리 민족은 세계에서 가장 우수한 유전자를 가지고 태어났다. 지금 전 세계에서 사용하고 있는 특수 언어는 대부분 우리 민족의 고대 사회 과학자들이 만들어 낸 말이다. 태양에너지 발생의 중요 원소 중 하나인 헬륨도 예외가 될 수 없다. 이것은 영어나 기타 외국어가 아니다. 고대 사회 우리 민족의 선조 과학자들이 만들어 쓰던 특수 언어다. 이처럼 우수한 유전자를 물려받은 우리 민족이 반드시 핵융합에너지 상용화에 성공해야 한다.

시작이 반이라는 말이 있다. 작정하고 덤벼들면 못 할 게 없다. 이것이 우리 민족이 지닌 잠재능력이다.

대한문과 한강

일제의 잔재가 아직도 전국 곳곳에 남아 있다고는 하지만 서울 도심 한가운데 그 잔재가 남아 있는 것은 부끄럽고 슬픈 일이다.

그것이 대한문大漢門이다. 과거 이 문을 보수공사 할 때 이 명칭이 좋지 않으니 이름을 바꿔야 한다는 주장이 있었지만 그렇지 않다는 주장이 나오면서 대한문의 개명은 이루어지지 않았다.

대한문이 안 좋다는 주장은 한수 한漢자의 의미 중 사내, 즉 '놈'을 뜻하는 의미가 들어있으므로 대한문大漢門은 고종황제를 얕잡아 "큰놈이 사는 궁궐의 문"이라는 뜻이 된다는 것이다.

그렇지 않다는 주장은 대한문은 고종황제의 칙명으로 개명된 것이고 그 뜻도 한수 한漢자의 의미 중 '은하수'라는 뜻이 있으므로 "큰놈이 사는 궁궐의 문"이 아닌 "큰 하늘을 떠받드는 문"이라는 것이다. 이 두 주장의 진위를 밝혀내기 위해선 대한문의 역사를 살펴볼 필요가 있다.

대한문大漢門의 전 명칭은 대안문大安門이다. 나라가 평안하고 백성들도 평안하기를 바라는 뜻으로 1593년 선조 임금이 행궁을 정하면서 동문에 걸게 했다고 한다. 그 후 고종이 경운궁慶運宮에서 국호를 조선에서 대한제국으로 선포하고 원구단으로 통하는 대안문을 정문으로 하였다. 그해 10월 고종은 원구단에서 천제天祭를 올리고 황제로 즉위했다. 그리고 원구단과 경운궁을 잇는 길을 통천로通天路라 하였다.

대한제국의 외교권이 박탈된 것은 1905년 11월의 일이다. 을사늑약으로 일제에게 외교권을 빼앗기고 이름만 있고 힘이 없는 나라가 되었다. 대한문大漢門은 다음 해인 1906년 5월에 일제로부터 남작의 벼슬을 받은 남정철이 직접 써서 걸었다고 한다.

여기서 경운궁이 덕수궁으로 바뀐 내력에 대해 살펴볼 필요가 있다. 1904년 4월 경운궁에서 의문의 대형 화재가 발생했다. 그 후 초대 통감으로 부임한 이토 히로부미는 불에 탄 경운궁을 복구하는 과정에서 궁의 이름을 덕수궁으로 바꾸었다. 이때 대안문大安門은 경운궁 화재의 영향을 전혀 받지 않았다.

이와 같은 내용으로 볼 때 대안문大安門이 대한문大漢門으로 바뀐 것은 고종의 칙명이 아닌 이토 히로부미의 지시라는 것이 명백해 보인다.

이토 히로부미는 과거의 지명인 태전太田을 지금의 대전大田으로 바꾸라고 지시한 인물이다. 태전이라는 지명이 너무 세다는 것이 이유였다. 조선이 일본의 식민치하에서 영영 벗어나지 못하기를 바라는 이토 히로부미의 심보가 드러나는 대목이다.

그런 까닭에 일부 지식인들이 대한문을 고종의 칙명에 의한 것이라는 주장은 맞지 않다. 만약 고종의 칙명으로 간판의 이름이 바뀌었다면 대한문大漢門이 아닌 통천문通天門이나 제천문祭天門이 되었어야 맞다. 이를 뒷받침하는 것이 중국과 근조선과의 관계다. 근조선은 명나라와 청나라로부터 시달림을 받아왔다. 그런 근조선의 왕이 중국의 고대 국가명인 한나라의 한漢자를 붙여 궁궐문의 이름을 바꾼다는 것은 있을 수 없는 일이다.

고종황제는 국운이 기우는 조선을 걱정하며 스스로 황제가 되어 대한제국을 선포한 사람이다. 이런 고종황제를 이토 히로부미가 곱게 볼 이유가 없다.

"나라를 잃고 힘도 없는 자가 감히 황제를 칭하다니!"

이것이 이토 히로부미의 조선관朝鮮觀이었을 것이다. 그러나 이 대한大漢이라는 글자에는 더 안 좋은 뜻이 담겨 있다. 이러한 것까지 이토 히로부미가 알고 간판의 이름을 바꾸었는지는 알 수 없지만 대한大漢이라는 글자에는 조선을 일제로부터 영영 벗어날 수 없게 하려는 뜻을 내포하고 있다.

그것이 한漢이다. 과거 한나라가 어떤 이유로 국가명을 한漢으로 정했는지 알 수 없지만 이 한漢이라는 글자는 국가명은 물론 우리 생활과 직결되는 것에 사용해서는 안 되는 글자이다. 그 이유는 한자의 형성 원리를 통해 풀어 보면 드러난다.

이 한자는 물을 의미하는 삼수변, 즉 물 수水+어려울 난難의 줄임으로 이루어져 있다. 해석하면 물로 인한 어려움이다. 여기에 큰 대大자가 붙으면 홍수, 물난리라는 뜻이 된다. 이것을 바꾸어 말하면 조선의 내부 갈등으로 인해 대혼란을 초래하여 영영 일본의 지배를 벗어날 수 없다는 의미다. 지금까지도 친일 청산이 안 되고 있는 상황에서 곱씹어 보아야 할 대목이다.

이 어려울 난難 자가 붙은 한자는 대부분 안 좋은 뜻을 가지고 있다. 사람이 아주 어려움에 처했을 때 세상이나 자신을 한탄하게 되는데 그 글자에도 어려울 난難 자가 붙어 있다. 그것이 한탄할 탄嘆이다. 이 글자도 한자의 형성 원리에 따라 풀어 보면 입 구口+어려울 난難, 즉 입에 의한 어려움이라는 뜻이다. 바꾸어 말하면 남에게 말 못 할 속사정, 억울한 일, 끼니를 해결할 수 없는 형편을 의미한다.

이와 같은 한자의 형성 원리는 마를—'한' 자에도 잘 나타나 있다. 이 글자는 해 일日+어려울 난難이다. 해석하면 해로 인한 어려움, 즉 가뭄을 뜻한다. 이처럼 어려울 난難자가 붙은 글자는 안 좋은 뜻이 대부분이라는 것을 알 수 있다. 여기에다 큰 대大자가 붙으면 그 의미는 배가 된다.

그런데도 대한大漢이라는 간판이 서울 한복판에 걸려 있는 것은 대한민국의 수치다. 하루빨리 개명 작업이 이루어져야 한다.

같은 이치로 한강도 이 한漢자를 쓰면 안 된다. 물로 인한 어려움이 있는 강, 즉 수시로 강물이 넘쳐 물에 잠기는 서울을 뜻하기 때문이다.

한강의 명칭은 순한글도 있다. 바로 한가람이다. 한은 크다는 뜻이고 가람은 강의 옛말이다. 풀이해 보면 크고 넓은 강에 강물이 가득하다는 의미다. 가뭄이 없기를 바라는 선조들의 마음이 담긴 것 같다.

한강의 명칭은 시대에 따라 바뀌게 되었는데 고구려 때는 아리수阿利水, 백제 때는 욱리하郁里河, 조선 때는 경강京江으로 불리었다.

백제가 동진과 교통하며 중국 문화를 받아들이기 시작하면서 강의 이름을 중국식으로 고쳐 한수漢水라 불렀고, 그 뒤 한강漢江으로 불리었다는 설이 있으나 조선 때 경강으로 불렸던 강의 이름이 언제 누구에 의해 한강漢江으로 불리게 되었는지는 의문으로 남는다.

한강의 명칭은 당연히 한강韓江이 되어야 한다. 이 한韓은 현재 대한민국의 국호로 쓰이기도 하지만 이 글자에는 큰 빛, 광명한 사람, 온 인류라는 뜻이 담겨 있다. 또 옛 삼한三韓을 뜻하기도 하니 미래의 통일 한국을 바라는 의미로도 적합한 강의 명칭이다.

따라서 한강漢江을 한강韓江으로, 덕수궁을 경운궁으로, 대한문大漢門을 대한문大韓門으로 바꾸는 일을 서둘러야 한다.

대한민국
휴먼법치주의

이 땅에 새로운 법치주의가 들어서야 한다. 그것이 휴먼법치주의다. 대한민국 휴먼법치주의는 범죄 없는 세상을 지향한다. 특히 힘없고 억울한 사람, 착하고 선한 사람들이 법의 보호를 받으며 안심하고 살 수 있는 세상을 지향한다.

그러기 위해서는 법이 강해져야 한다. 아무리 가벼운 범죄라도 그것이 의도적이고 상습적이면 중형에 처해야 한다. 그러려면 현행 검찰 제도는 폐지되어야 하고 경찰 조직도 새롭게 거듭나야 한다. 현행 검찰 제도는 법원과 상호보완 협력관계가 아닌 대립의 관계이다. 이러한 체계로는 법으로부터 국민들을 온전히 지켜줄 수가 없다. 이것이 검찰 제도를 폐지해야 하는 이유다.

❖ 대한민국의 새로운 법관 · 경찰제도

◇ 법관제도

효율적인 법집행을 위해선 검찰 조직과 법원 조직이 통합되어야 한다. 그런 다음 법원 내에 두 개의 법원(법정)이 존립하게 만들어야 한다. 곧, 심리법원과 판결법원이다. 이에 따라 대한민국 제1의 법관이라고 할 수 있는 심리법관, 제2의 법관인 판결법관으로 나누어 법집행의 효율성을 높여야 한다.

◇ 심리법관

전문적인 법지식과 냉철한 판단력, 창의력까지 갖춘 대한민국 제1의 법관이다. 생각하는 법체계를 위한 법관 제도라고 할 수 있다. 여러 명의 심리법관들이 철저한 심리를 통해 복잡한 사건을 심리하고 판결한다. 그 외에 사건을 심리하고 판결하는 과정에서 발견된 문제 있는 법과 제도를 새로 입안하여 국회 사무처로 보내는 일도 하게 된다.

이렇게 보낸 안건은 법사위로 넘어가 의결 과정을 거쳐 개선된 법과 제도로 재탄생하게 된다.

◇ 판결법관

현행 판 · 검사 시험 제도로 선발된 대한민국 제2의 법관이다.

복잡하지 않은 사건을 처리한다.

심리법관, 판결법관은 시험의 난이도가 달라야 하고 호봉도 차등을 두어야 한다.

◇ **변호법관**

억울한 사람을 국가가 무료로 변호해 주는 제도이다. 특히 정의로운 사회를 구현하기 위해 정당방위가 적극 인정될 수 있도록 심혈을 기울인다.

변호법관 제도는 법관으로 임명된 사람이 정년 퇴임 후 일정 기간 동안 의무적으로 머무르는 자리이다. 따라서 한 번 법관으로 임명되면 개업 변호사가 되지 않고도 생계를 걱정할 필요가 없다. 이는 전관 예우의 폐단을 막고 정의로운 전문 변호사 시대를 열기 위해서다. 즉, 법관 출신의 변호사 개업을 최대한 지양시켜서 공정한 법집행을 유도하기 위함이다.

※ 법을 집행하는 사람을 판사가 아닌 법관이라고 부르는 것은 법의 엄중성을 지향하기 위해서다.

◇ 경찰제도

효율적인 단속과 수사를 위해서는 경찰도 전문화가 필요하다. 자신이 맡고 있는 분야의 전문 지식을 갖추는 것은 필수다. 평상시엔 각자의 분야에서 업무를 수행하고 비상시엔 전 경찰이 협조 체계로 전환될 수 있도록 해야 한다.

◇ 안보경찰

국가 안보와 관련된 수사권을 가진 경찰이다. 국정원과 긴밀한 협력 체계를 유지하며 국가 안보와 관련된 사건을 처리한다.

◇ 특임경찰

현행 검사에 준하는 지위를 가진 경찰이다. 정치 및 경제사범, 특별한 사건 사고 등 굵직한 사건을 담당한다. 사법시험에 준하는 시험으로 선발하고 다른 경찰에 비해 호봉도 높다.

◇ 치안경찰

민생 치안을 담당하는 경찰이다. 형사 인력을 더 늘려서 강력범죄에 효과적으로 대처하는 체제를 갖추어야 한다.

치안경찰이 강력범죄에 전념하기 위해서는 전 경찰이 격투술을 갖춰야 한다. 경찰임용 시험을 통해 그 실력을 검증하면 될 것이다.

◇ 교통경찰

교통 단속 및 도로에서 발생하는 교통사고를 전담하는 경찰이다. 근무 중 문제가 있는 도로나 신호등, 교통표지 등이 발견되면 개선점을 찾아서 관련 부처로 보내야 한다. 이 정도의 업무 능력을 갖추기 위해서는 교통안전 지식은 필수다.

◇ 민원행정경찰

행정관청의 민원실에서 벌어지는 폭언, 폭행 등을 단속하는 경찰이다. 이러한 경찰 제도의 도입과 함께 민원실 등에서 폭언, 폭행하다 단속되어 처벌받은 사람은 국가의 복지 혜택을 제한하는 방안도 마련되어야 한다.

◇ 문화관광경찰

문화재의 훼손, 파괴, 절도 등을 단속하는 경찰이다. 관광지에서 벌어지는 범죄 단속과 질서를 유지하는 일도 맡는다.

◇ 사이버경찰

인터넷을 통한 범죄를 전담하는 경찰이다. 국민들에게 피해를 주고 있는 보이스피싱 같은 범죄를 분석하고 추적하는 일을 담당한다.

◇ 환경경찰

환경은 이제 생존의 문제다. 이렇게 중요한 일을 구청이나 시청 같은 행정기관에만 맡겨서는 안 된다. 전문 지식과 수사권을 가진 경찰에게 맡겨야 한다. 또한 환경 파괴범은 형사 처벌과 함께 파괴된 환경이 원상 복구되는 추정 금액 이상의 벌금을 부과하는 처벌 체계가 갖추어져야 한다.

◇ 보건경찰

앞으로는 먹는 거 가지고 장난치는 업자가 있어서는 안 된다. 사건 현장에 구청이나 시청 공무원이 들이닥치는 것과 보건경찰이 들이닥치는 것은 차이가 있다. 방역에 비협조적인 시설, 각종 의료 사고를 효과적으로 단속하기 위해서도 보건경찰은 꼭 필요하다.

◇ 경찰청 범죄예방센터

이 부서는 각종 범죄예방, 특히 보이스피싱과 사기로 인한 국민들의 피해를 막기 위한 기구이다. 이를 위해서는 범죄예방 연구팀과 상담팀으로 구성되는 것이 바람직하다. 연구팀은 각종 범죄 예방에 대해 끊임없는 연구를, 상담팀은 여기서 개발된 각종 범죄 예방법과 범죄 유형별 데이터를 확보하고 상담을 통해 각종 범죄를 사전에 차단하는 역할을 담당한다. 이러한 것을 효과적으로 수행하기 위해서는 네이버나 다음 같은 포털의 메인 화면에 "경찰청 범죄예방센터"를 상담 전화번호와 함께 표시하여 미심쩍은 거래, 행위 등을 하기 전에 먼저 상담을 받도록 홍보하면 각종 범죄로부터 국민들의 피해를 줄일 수 있다.

이와 함께 중고 거래에서 발생하는 인터넷 사기를 막기 위해 "정부인정 중고거래 사이트" 제도의 도입이 필요하다. 이런 시스템이 구축되면 사기 피해를 막기 위해 다음과 같은 방법으로 거래가 이루어져야 한다.

(1). 매도인의 중고 상품 계시-(2). 매수인과 거래성사-(3). 매수인은 중고거래 사이트 계좌로 상품대금 입금-(4). 매도인의 상품 인도 및 사이트 운영자에게 인도 사실 고지-(5). 사이트 운영자의 상품인수 확인 및 매수인의 상품인수 고지-(6). 사이트 운영자의 상품 매도인에게 거래상품 대금입금.

이런 식으로 거래를 하게 되면 사기 피해는 발생하지 않을 것이다. 이 경우 중고거래 사이트는 중고품 중개 사이트의 기능을 수행하고 거래가 성사되면 수수료를 받으면 된다. 사이트 개설 인정을 해 줄 때 피해 보증금을 받아 놓는 것은 필수다.

부동산 전세 보증금 사기도 이런 방법으로 부동산 신탁 제도를 활용하면 임차인들의 사기 피해를 막을 수 있다. 즉, 전세 계약을 할 때 부동산 신탁회사 제출용 계약서도 함께 작성하도록 법제화하여 전세 보증금을 신탁회사에 납부하는 제도이다. 이때 신탁회사는 관련 행정기관의 협조를 받아 전세 보증금을 지급할 임대인에 대하여 철저히 조사한 뒤 전세 보증금을 지급하면 된다.

　법이 강화되고 법원의 법집행 문화가 바뀌면 국민들은 범죄로부터 좀 더 안심하고 생활할 수 있다. 또한 현장에서 뛰는 경찰관들의 업무 부담도 줄어들 수 있다. 그러나 이러한 것을 누리기 위해서는 꼭 취해야 할 조치가 있다. 억울한 사람들을 철저히 구제해 내는 일이다. 순간적인 실수로 인해 범죄자가 된 착한 마음을 가진 사람들을 적극적으로 구제해 내야 한다. '심성검사제도' 같은 것을 도입하면 이와 같은 문제는 해결되리라고 본다. 더불어 정당방위를 적극적으로 인정하여 의인, 의사자에게 그에 걸맞는 포상이 뒤따라야 한다.

　또한 날로 지능화해 가는 범죄를 효과적으로 다스리기 위해 '법의 준칙주의' 같은 장치가 필요하다. 즉, (가)라는 범죄와 관련된 법을 만들 때 (가)와 유사한 범죄는 준칙에 의한다로 규정해서 (가)와 유사한 행위는 범죄가 성립한 것으로 간주하는 것이다. 이런 식으로 법을 만들면 단속할 규정이 없어서 국민들에게 피해를 주는 것을 보고도 단속을 못 한다든가, 처벌할 규정이 없어서 처벌을 못 하는 폐단은 많이 줄어들 것이다. 더불어 범죄자 처벌 연령을 낮춰서 시대에 맞는 법집행이 이루어져야 한다. 즉,

나이가 어려도 사물을 판별할 능력의 연령대이면 고의, 상습 여부를 판단하여 엄히 처벌해야 한다는 얘기다. 특히 청소년이 성인을 상대로 저지른 범죄에 대해서는 더 엄격한 법의 잣대가 필요하다. 더 나아가 노인학대 및 자식이 부모를 폭행하는 것도 중형으로 다스려야 한다.

법은 정의롭고 강해야 한다. 법은 강해야 하지만 착하고 선한 사람들은 철저히 구제해 내야 한다. 이와 함께 국민이 불안해하는 범죄자, 흉악범은 사회로부터 영구히 격리시켜야 한다. 이러한 것이 대한민국 휴먼법치주의의 확고한 의지가 되어야 한다.

K기본소득

전 세계의 일부 국가에서 기본 소득을 실시하고 있지만 전 국민을 대상으로 기본 소득을 실시하는 나라는 없는 것으로 알고 있다. 이 제도를 대한민국이 실현시킨다면 세계 최초로 전 국민을 대상으로 기본 소득을 실시하는 나라가 될 것이다.

K기본소득은 국가와 국민이 힘을 모아 함께 펼치는 휴먼상생 복지제도다. 전 국민을 대상으로 매월 50만 원 이상 100만 원까지 지급을 목표로 한다. 이 제도가 시행되면 기본 소득을 지급하는 것 외에 각종 질병, 사고, 범죄를 예방하고 출산장려 및 인구수를 조절하는 효과가 있다. 이 제도가 반드시 실현되기를 바라며 시행 방안을 적는다.

◇ **K기본소득 재원**

월 25조 원. 연 300조 원.

◇ **재원조달방법**

1. 정부 사업에 의한 재원 조달

2. 정부 및 산하기관, 지자체의 낭비되는 예산 절감으로 인한
   재원 조달

3. 개인 및 기업의 기부금을 통한 재원 조달

◇ **주체**

K기본소득은 6개의 주체로 구성되어 있으며 각 주체에게 이익이 돌아가는 장점이 있다.

주체1. 정부

정부는 전 국민에게 매월 50만 원 이상의 기본 소득을 지급하면서도 정부의 재정을 가급적 투입하지 않아 그 예산을 다른 곳에 쓸 수 있는 여유가 생긴다.

주체2. 국민건강보험

국민건강보험은 정부와 함께 질병예방 운동을 펼치게 되어 그 결과 보험급여 지출이 대폭 줄어 보험급여 지급 운영에 큰 도움이 된다.

주체3. 손해보험사

손해보험사들은 정부와 함께 질병 및 사고예방 운동을 펼치게 되어 그 결과 보험금 지출이 대폭 줄어 많은 이익을 보게 된다.

주체4. 지자체

전국의 지자체들은 불필요한 재정 지출을 막고 그 결과에 따라 다음 연도의 재정을 정부로부터 더 많이 타낼 수 있어 지방 재정 운영에 도움이 된다.

주체5. 기 업

기본소득 재원 조달금을 많이 내는 기업일수록 국민들의 사랑을 받게 되어 그 기업이 생산한 제품은 더욱 잘 팔리고 기업은 더욱더 성장하게 된다.

주체6. 국 민

정부의 각종 질병 및 사고예방 운동에 적극 참여한 국민들은 각자의 건강을 지키고 재산 손실 및 비용 지출을 막으면서 매월 50만 원 이상의 기본 소득까지 받게 되어 생활에 큰 도움이 된다.

조력체1. 기본소득은행

K기본소득 계좌라고도 하며 시중 은행들로 구성된 통합 계좌이다. 각 주체로부터 입금되는 기본소득 재원 조달금을 관리하고 국민들에게 기본 소득을 지급함으로써 K기본소득이 원활하게 시행될 수 있도록 해 준다.

조력체2. 기본소득 사업본부

이 사업부는 K기본소득이 성공적으로 정착되어야만 존립할 수 있다. 이곳에서는 전 세계를 대상으로 K기본소득 노하우를 전수해 주고 관리비 명목으로 K기본소득 재원 조달금을 받는다.

◇ 시행방법

1. 정부사업

건강보험공단, 손해보험사들과 업무 협약을 체결한다. 협약 내용은 정부와 양사가 각종 질병 및 사고예방 운동을 펼쳐서 절약되는 금액의 50%를 정부가 가져 가는 것으로 한다.

첫째, 건강보험, 손해보험사들의 최근 5년간 지급된 보험 급여액의 1년 평균치를 산출한다. 여기서는 편의상 100억 원으로 계산한다.

둘째, 정부와 양사가 업무 협약을 맺고 각종 질병 및 사고예방 운동을 펼친 뒤 1년간 지급된 보험 급여액을 산출한다. 여기서는 편의상 70억 원으로 계산한다.

셋째, 결산 결과에 따라 절약된 금액의 50%를 정부가 가져간다.

업무 협약 전 지급된 1년간 보험 급여액 100억 원-업무 협약 후 지급된 1년간 보험 급여액 70억 원 = 30억 원. 30억 원× 0.5= 15억 원.

양사는 산출된 위의 금액을 K기본소득 계좌로 입금한다. 이것을 'K기본소득 재원조달금'이라고 부르기로 한다.

2. 지자체의 예산절약

정부 및 산하기관, 지자체가 낭비되는 예산을 절약하여 K기본소득 재원 조달금으로 사용할 수 있도록 적극 노력한다.

정부는 이와 같은 것들이 원활하게 추진될 수 있도록 제도를 마련한다.

첫째, 정부는 지자체들이 낭비되는 예산을 절약하여 기본소득 재원 조달금으로 납부할 수 있도록 다음 연도 예산 배정과 재원 조달금 납부 실적을 연계시킨다. 납부 실적이 좋은 지자체가 다음 연도 예산을 더 많이 받게 한다.

예외를 둔다. 시급을 다투는 사업, 꼭 필요한 공사 등.

이러한 사업을 진행하다 예산 부족으로 재원 조달금을 납부하지 못했을 경우 이러한 사실이 인정되면 다음 연도 예산 배정을 정상적으로 받을 수 있도록 한다.

둘째, 다음 사항에 해당하는 지자체는 다음 연도 예산이 감축되거나 예산을 전혀 배정받지 못할 수도 있다.

비리나 재원 조달금 허위 납부, 반복적인 대형사고 발생, 각종 바이러스 발생 때 늑장 대응 등. 이러한 것은 1년에 1~2회씩 실시하는 특별 감사를 통해 이루어진다.

셋째, 지자체 환경보존, 지자체 협력상을 수상한 지자체는 예산 배정에서 우선권을 부여한다.

환경 보존상은 불필요한 개발을 막고 환경을 잘 보존한 지자체에게 수여하는 상이고, 지자체 협력상은 둘 이상의 지자체가 서로 힘을 모아 지역숙원 사업 등을 성공시켰을 때 수여하는 상이다.

3. 개인 및 기업의 기부

기업은 자의적으로 기부가 이루어지지만 개인은 조금 다르다.

자의적 기부

생활 형편이 넉넉한 사람들이 형편이 어려운 사람들을 위해 기부하는 것을 말한다.

자동적 기부

기본소득 재원이 충족되지 못했을 때 지급이 중단되는 중산층 이상의 기부와 수령 중단을 신청했을 때 자동으로 기부 처리되는 것을 일컫는다.

양자 모두 1년간 평균 매월 50만 원 이상 기부한 것이 인정되면 연말 정산을 통해 기본소득 기부 장려금으로 100만 원을 지급받는다.

◇ 지급방법

1단계 지급

기본소득 지급일 기준 정오까지 기본소득 재원이 충족되면 전 국민에게 기본소득 50만 원 이상을 지급한다.

2단계 지급

2단계 지급은 1단계 지급이 중단되었을 때 자동으로 이루어진다. 기본소득 지급일 기준 정오까지 전 국민에게 지급될 기본소득 재원이 충족되지 못한 경우 취해지는 조치이다.

이때에는 정부에서 정해 놓은 일정 규모 이상의 재산, 일정액 이상의 소득이 있는 중산층 이상은 기본소득 지급이 중단되고 그 금액은 자동으로 기부 처리된다. 단, 출생 등록된 영아에서 대학 졸업까지는 출산 장려를 위해 소득 및 재산 규모에 관계없이 기본소득을 지급한다.

3단계 지급

3단계에서의 지급은 중산층 이상에게 기본소득 지급이 중단되었음에도 기본소득 재원이 충족되지 못한 경우이다. 이때에는 정부가 정해 놓은 규정에 위반한 사람들은 기본소득 지급이 중단된다.

각종 사고를 많이 내어 보험금 지급을 과다하게 하거나, 각종 질병예방 운동에 적극 협조하지 않아 보험급여 지출을 과다하게 한 경우이다. 건강보험에서 위암과 대장암 등의 검사를 받으라고 통보했음에도 미루다가 훗날 치료를 받고 보험급여 지출을 과다하게 한 경우가 이에 해당한다.

4단계 지급

4단계 지급에서는 정부의 정책을 잘 따라 준 중산층 이하의 국민들에게 매월 50만 원 이상의 기본 소득을 지급한다. 이때에는 기본소득 재원이 충족되지 않더라도 정부가 부족한 재정을 투입하여 기본 소득을 지급한다.

지급 가구원수 제한

K기본소득은 1가구 4인 기준으로 매월 200만 원 이상 지급된다. 이에 따라 기본소득 시행 일자를 기준으로 시행 후에 출생한 3자녀부터는 기본 소득이 지급되지 않는다. 이는 재원 고갈을 막고 출산장려 및 인구수를 조절하기 위한 조치이다.

근로소득 장려금 지급

취업하여 일을 하거나 장사를 해서 소득이 발생하고 세금을 낸 것이 인정되는 자영업자나 소상공인 등은 회계연도 다음해부터 연 2회 50만 원씩 총 100만 원을 근로소득 장려금으로 지급받는다.

이 금액은 기본 소득처럼 현금으로 지급하는 것이 아니라 '국민생활카드'로 지급한다. 이 카드는 백화점이나 대형마트, 사행성 업종 외엔 전국 어디서나 사용할 수 있다.

근로소득 장려금을 지급받은 사람은 병원 치료시 보험급여

항목이 더 늘어나고 치료비도 감면된다.

K기본소득이 시행되면 기존의 근로장려금 제도는 폐지되고, 세수稅收에서 충당하지 못할 경우 기본 소득에서 근로소득 장려금을 지급한다.

기존 복지예산 감축

전 국민이 매월 50만 원 이상의 기본 소득을 지급받게 되면 차상위 계층은 40%, 기초생활수급자 등은 30%의 복지 혜택을 감축한다.

기본소득 재원금 표시

인터넷 포털이나 각 방송사의 뉴스 시간에 기본소득 재원금을 자막으로 표시하여 전 국민이 언제든지 알 수 있도록 한다.

자의적 기부자 공개

자의적으로 기본소득 재원 조달금을 납부한 개인이나 기업을 공개함으로써 더 많은 국민, 더 많은 기업이 기부에 참여하도록 한다.

수령중단 요청

국민들의 기부가 자유롭게 이루어지게 하기 위해 기본소득

수령중단 요청 제도를 둔다. 이에 따라 수령 중단을 신청하면 본인이 받게 될 기본소득 50만 원은 자동으로 기부 처리되고, 중단 해지 신청을 하면 그달부터 기본 소득을 지급받는다.

지급 제외, 취소

K기본소득은 전 국민에게 지급하는 것이 원칙이지만 아래에 해당되어 형을 선고받은 사람에겐 기본소득 지급이 제외되거나 취소된다.

1. 흉악범죄(폭력, 성폭행, 살인, 살인 미수 등).

2. 경범죄(의도적인 범죄, 상습범 등).

3. 국가질서 문란범죄(정당한 법적 절차를 밟지 않고 시위 등으로 국민 생활에 불편을 주고 사회 혼란을 초래하는 경우 등).

4. 국제범죄(해외에서 범죄를 저질러 국가 위상을 실추시킨 경우 등).

K기본소득은 안 된다고 생각하면 안 되는 제도이고 된다고

생각하면 실현 가능한 제도이다. 그러므로 국가와 국민이 힘을 모아 이 제도를 반드시 실현시켰으면 한다.

K기본소득이 시행되면 정부 부처 및 산하기관, 지자체들은 예산을 절감하느라 부담을 느낄 수 있다. 그러나 그해의 예산을 다 소비하기 위해 멀쩡한 도로를 파헤치고 보도블록을 뜯어내는 일을 없애고 그것으로 기본소득 재원을 마련한다는 점에서 보람과 긍지를 가져야 한다. 또 기본소득 재원이 많이 쌓이게 되면 정부 재정이 어려울 때 차관을 들여오는 대신 기본소득의 재원을 가져다 쓰고 나중에 채워 놓으면 되는 일이다.

문제는 손해보험사들이 참여하느냐인데 정부가 설득하면 굳이 참여를 거부할 이유가 없다. 만약 참여를 거부하면 참여를 희망하는 보험사들을 전 국민이 알 수 있도록 공개하면 다 따라오게 될 일이다.

기부도 기본 소득의 성격과 맞지 않는다고 말할 수 있으나 K기본소득이 휴먼상생 복지제도를 지향하고 있다는 점에서 별다른 문제는 없으리라고 본다. 오히려 특별히 기부할 곳이 없어 기부를 망설이는 사람들에게 좋은 기회를 제공해 주는 일이 될 수도 있다.

기부에 참여한 기업들을 공개함으로써 그 기업이 생산한 제품을 더 많이 구매하는 운동으로 이어질 수 있고, 그것은 그 기업의 매출 증대로 이어져 내수 활성화와 일자리 증가로 나타날 수도 있는 일이다.

그러나 무엇보다 중요한 것은 국민들이 매월 50만 원 이상의 기본 소득을 받고 행복해하는 모습이다. 정부 부처와 산하기관, 지자체들은 이런 날을 위해 밀고 나가면 된다.

이 책에 실린 안전! 대한민국과 K교통문화, 예방의약 의료체계는 K기본소득을 실현시키는 좋은 동반자가 되어 줄 것이다. 이로 인해 복지 사각지대 해소, 각종 사고와 질병, 범죄가 줄어들고 출산 장려 및 인구수 조절, 소득 불균형 완화, 영유아 폭행 사건(출생 신고한 달부터 매월 50만 원 이상 K기본소득 지급. 입양 양육 포함)까지 막을 수 있으니 K기본소득의 시행을 망설일 이유가 없다.

아무쪼록 이 제도가 하루빨리 시행되어 우리 국민들의 얼굴에서 웃는 날이 좀 더 많아졌으면 하는 바람이다. 더불어 이 제도가 전 세계로 보급되어 세계인이 함께 누리는 글로벌 상생 복지 제도가 되었으면 한다.

앞으로 저출산 문제가 심각해질 경우 K기본소득을 통한 정책을 적극 추진해 볼 필요가 있다. 대한민국 국민이라면 누구나 국방의무를 지듯 만 30세부터 55세까지 자녀 출산 의무를 지게 하는 것이다. 이에 따라 만 33세가 되어도 자녀를 갖지 않을 때에는(신체적인 문제일 경우 진단서 제출) K기본소득이 50% 감액

되어 지급되게 하고, 정부에서 실시하는 각종 복지 혜택도 50% 감축되며, 취업할 때에도 자녀를 둔 부모를 우선 채용하는 정책에 따라 혜택을 받게 해야 한다(결혼하면 혼수 및 주택구입 자금을 지원하는 것은 기본 정책이 되어야 한다). 이와 함께 '국립조산원'과 '국립 영유아 돌봄센터'를 설립하여 임산부들이 아이를 출산하고 키우는 데 불편이 없게 하고, 자녀를 둔 부모들이 직장에서 부양가족수당을 받게 하는 등 사회 생활에서 유리할 수 있도록 해야 한다. 아울러 전국의 보건소에 군의관 제도(군복무 기간 만큼 보건소에서 근무하게 하는 제도)를 두어 소아과가 없는 지역의 어린이들 진료에 만전을 기해야 한다. 이와 같은 정책에 따라 기업의 문화도 바뀌어 결혼을 일찍하고 자녀를 일찍 둔 부모들이 사회 생활에서 더 유리하도록 환경을 만드는 것이 중요하다. 특히 공무원시험에서 자녀를 둔 부모에게 가산점을 부여하는 등의 정책을 펴면 저출산 문제 해결에 많은 도움이 되리라고 본다. 그래도 해결이 안 되면 자녀를 둔 부모들만 공무원시험에 응시할 수 있게 하는 특단의 조치가 필요하다.

◇ K기본소득의 구체적 시행방안

K기본소득의 시행으로 예상되는 효과는 내수경제의 활성화, 기업의 매출증대, 제조업의 일자리 창출, 각종 사고예방, 인구감소 예방, 범죄예방, 저소득층의 복지 사각지대 해소 등이다. K기

본소득은 정부가 의지를 가지고 적극 추진하면 결코 실현 불가능한 제도가 아니다. 그 근거는 각 주체가 유기적으로 결합되어 돌아가는 순환구조를 이루기 때문이다. 국가와 지자체의 불필요한 예산절감, 건강보험공단과 손해보험사들의 추가이익 발생, 기업과 개인의 기부가 맞물려 K기본소득의 재원조달금을 마련하는 데는 큰 어려움이 없다. 이 중에서 기업의 기부에 주목해 볼 필요가 있다. 이는 기업과 소비자의 관점에서 접근해 볼 필요가 있는데, 기업이 K기본소득 재원조달금을 기부하고 정부는 그것을 국민에게 적극 알리면 소비자는 그 기업의 제품을 더 구매하게 되어 매출이 증대되는 효과를 가져오게 된다. 또한 매월 50~100만 원의 K기본소득을 지급받은 국민들은 주머니 사정이 좋아져 다시 그 기업의 제품을 구매하는 구조가 되어 내수시장을 활성화시키는 촉매제로 작용한다. 더욱이 정부가 K기본소득을 성공시켜 전 세계로 보급하고 관리비 명목으로 일정액의 K기본소득 재원조달금을 받는다면 그 나라에 진출한 우리 기업들의 매출까지 증대되어 대한민국은 K기본소득의 운영으로 부국의 꿈도 이룰 수 있다. 따라서 K기본소득을 국내에 성공적으로 정착시키는 일은 매우 중요하다.

K기본소득은 전 국민을 대상으로 실시하는 것이 원칙이다. 그러나 처음부터 전국적으로 실시하는 것은 무리이다. 그것 보

다는 전국을 4대 광역권으로 나누어 실시하는 것이 바람직하다. 예, 대전-충청, 광주-전라, 부산-경상, 서울-경기-강원.

이 중에서 K기본소득 시범 지역을 선정해야 하는데 국토의 중심, 행정의 중심인 대전-충청 광역권이 가장 적합하다.

먼저 대전에 "대전충청광역행정센터"를 설립하고 충청권의 도청, 시청, 군청 등의 공무원 중 창안 능력을 가진 사람들을 선발하여 아이디어 행정의 산실로 만든다. 내부 조직은 "행정전략팀"과 "기본소득 사업팀" 등으로 하면 될 것이다. 광역행정센터의 설립 목적은 각 지자체의 불필요한 예산 집행을 막아 K기본소득의 재원으로 쓰기 위해서이다. 예를 들면, 아직 써도 되는 도로포장공사, 보도블럭의 교체, 수익성이 보장되지 않은 놀이시설 및 휴양시설의 설치 등이다. 이이러한 것들의 행정을 지양하고 주민에게 꼭 필요한 생활시설과 편의시설 외엔 개발이나 시설물의 설치를 하지 말아야 한다. 그러나 매월 50~100만 원의 기본소득 지급 시대를 열기 위해서는 창안 능력이 뛰어난 인재들을 특별 채용하여 공익적인 수익 사업을 벌이는 등의 조치도 필요하다.

이런 식으로 해서 K기본소득 복지제도가 성공하게 되면 광주-전라 광역권(광주전라 기본소득), 부산-경상 광역권(부산경상 기본소득), 서울-경기-강원 광역권(서울-경기-강원 기본소득)으로 점차 확대 시행하면 된다. 단, 서울-경기 지역은

30~60만 원까지만 지급하거나 미지급 지역으로 정해서 수도권의 과밀화를 막고 국토의 균형 발전을 이루게 하는 보다 탄력적인 정책이 필요하다.

1부 마침글

"할 수 없다"는 생각을 갖지 않는 것만으로도 국가의 능력, 기업의 능력, 개인의 능력은 이미 한 단계 더 높아져 있는 것이다. 이러한 것이 대한민국의 기본 이념이 되어야 한다.

1부의 글을 마치면서 덧붙이고 싶은 말이 있다. 이 글이 탄생된 과정에 대한 얘기다. 2019년 그동안 품었던 생각을 글로 써서 국가와 국민들 앞에 내놓아야겠다고 마음먹고 집필을 시작한 순간부터 "한 단계 높은 대한민국"이라는 제목이 정해지고 그 안에 들어갈 글들이 완성되기까지의 과정이다. 이러한 것을 되돌아볼 때 "한 단계 높은 대한민국"은 필자 혼자의 힘으로 쓴 글이 아니라는 것을 깨닫게 된다. 믿기 어렵겠지만 이 글은 하늘의 뜻에 따라 쓰여졌다는 생각이다. 그런 만큼 이 책에 실린 정책 중 정치개혁과 법원 및 검찰개혁, 긴급국민대출, 행정전략실의 설치, 대한민국의 노후생활 설계도, 국민의 꿈, K의료체계, K기본소득은 특별법인 국가번영법으로 정해서 정권 교체와 관계없이 꾸준히 실행되었으면 한다.

※ 흔히 천명天命이라고 하는 "하늘의 뜻"은 하느님의 존재와는 별개라는 것이 필자의 생각이다.

군이 표현하자면 이상한 기류의 형성, 흐름 같은 것이다.

이것은 그 어떤 것으로도 막을 수가 없다.

저자가 걸어온 길

20대 후반에 윤동주 시인의 시를 통해 시를 깨닫게 되었다. 공교롭게도 윤동주 시인이 생을 마감한 나이와 비슷한 나이였다. 그후 시문학을 공부하는 과정에서 시사에 눈을 뜨게 되었고 그것이 국가 문제에 관심을 갖는 계기가 되었다.

그렇게 살아가던 어느 날 마치 신神의 계시처럼 순간적으로 스쳐 가는 것이 있었다. 필자 자신이 국가 발전에 관한 비전 같은 것을 제시해야만 대한민국이 한 단계 더 도약할 수 있다는 것이었다.

그 당시 필자는 적잖이 혼란스러웠다. "내가 무슨 능력으로 그와 같은 일을 할 수 있단 말인가?" 이러한 의문은 수시로 필자를 따라다녔다.

그러던 어느 날 통일국민당에서 중앙당 정책 전문위원을 선발한다는 모집공고를 접하게 되었다. 그 광고를 본 필자의 가슴은 뛰기 시작했다. 어쩌면 이것이 신의 계시처럼 스쳐 갔던 일을 실행으로 옮길 수 있는 기회라는 생각도 들었다. 그 당에서는 고故 정주영 후보가 대통령에 출마하기로 되어 있었기 때문에 그러한 생각은 더욱 용솟음쳤다.

"그래! 한번 해 보는 거다! 정주영 후보를 대통령으로 만들어서 부강한 대한민국, 국민이 행복한 나라를 만들어 보는 거다!"

이렇게 청운의 꿈을 품고 용기를 내어 응모를 했지만 당의 부름은 받지 못했다. 석박사의 화려한 간판을 내밀며 몰려든 사람들 앞에서 학력이 없는 필자의 이력은 초라하기 그지없었을 것이다.

그 당시 필자가 세운 선거 전략은 아주 단순했다. 정주영 후보를 '돈이 가장 많으면서 돈을 가장 적게 쓰는 후보'로 만드는 것이었다. 그 전략이 적중할지는 알 수 없었으나 그 당시로써는 나름대로 자신이 있었다.

그런 일이 있은 후 필자는 어떻게 하면 신의 계시처럼 스쳐 갔던 일을 실행으로 옮길 수 있을까를 고민하게 되었고 그 과정에서 필자의 생각을 글로 써서 국가와 국민들 앞에 내놓아야겠다는 결심을 하게 되었다.

그런 결심이 있은 후 필자의 삶은 더욱 고달파졌다. 시간이 날 때마다 국가 발전과 관계되는 정책이 떠오르면 메모를 해야 했고 생활이 어려운 환경이 계속되다 보니 포기하고 싶은 충동이 수시로 필자를 괴롭혔다. 특히 혼자의 몸으로 자기 살 궁리나 하라는 지인들의 얘기를 들을 때마다 바보 같고 한심하다는 생각에 그동안 품었던 꿈을 내던지고 싶을 때가 한두 번이 아니었다.

그러나 생활이 아무리 고달프고 남들이 비웃어도 대한민족의 자손으로서, 대한의 아들로서, 그와 같은 꿈을 내던질 수가 없었다.

'한 단계 높은 대한민국'은 이런 과정을 거쳐 탄생된 글이다. 이 글로 인해 우리말, 우리글, 우리 역사에 대한 의식이 새롭게 깨어나서 세계의 모범이 되는 초일류 국가 대한민국으로 거듭났으면 한다.

필자의 필명인 '도반'은 한반도의 반도를 거꾸로 쓴 것이다. 언제가 될지 모르지만 통일된 조국, 부강한 나라를 꿈꾸며 지었다. 하루빨리 남과 북이 하나 되어 함께 잘 사는 날이 왔으면 한다.

일부에서 한반도韓半島를 일본식 표현이라고 쓰기를 주저하는 경향이 있는데, 이는 잘못된 생각이다. 한자韓字는 우리 민족이 창제한 우리의 문자이기 때문에 일제가 먼저 사용했다고 해서 우리 문자인 한자를 일본식 표현이라고 하는 것은 옳지 않다.

뿌리 없는 나무가 자랄 수 없듯
뿌리 없는 민족은 망하고 마는 것이
천지의 이치다.

第二部

환^桓의 자손
대한민국

역사가 없으면

미래도 없다

한자는 대한민족이 창제한 문자이다

언제부턴가 한자 창제 국가에 대한 의문을 가지게 되었다. 한자는 어느 민족이, 어떤 사람들이 만들었을까?…

십 대 때 천자문을 공부한 필자로서는 성인이 되어 여러 가지 공부를 하다 보니 시나브로 한자 창제국과 그 작업에 참여했던 사람들에게 무한한 존경과 감사하는 마음을 가지게 되었다.

사실 한자라는 문자가 우리 인류사에 등장하지 않았다면 인류는 지금과 같은 발전을 이루지 못했을 것이다. 그렇게 한자 창제 국가에 대한 무한한 존경과 감사하는 마음을 가지고 살아가던 필자에게 은연중에 한자 창제 국가가 대한민족임을 느끼게 되었다.

그 후 대한민족의 고대사를 접하면서 그 느낌은 확신으로 굳어졌다. 그리고 그 과정에서 한자와 한글은 결코 다른 문자가 아니라는 것도 알게 되었다.

그렇다면 왜 대한민족이 한자 창제 국가인가.

그것은 한 글자 한 발음 법칙이 잘 말해주고 있다. 문자를 창제함에 있어 한 글자 한 발음 법칙은 만고의 진리다. 더군다나 한자를 창제할 만큼 심오한 생각을 가진 사람들이 한 자 한 자를 창제해 놓고 거기에다 한 발음 이상의 음을 붙인다는 것은 이해하기 힘든 일이다.

그런 의미에서 한자 사용의 대표 국가라고 할 수 있는 한중일 삼국의 나라 사랑이라는 뜻의 '애국愛國'이라는 단어를 가지고 비교해 보자.

중국(아이꾸어)

일본(아이고꾸)

한국(애국)

위의 비교에서 알 수 있듯이 한국은 모든 한자가 한 발음 법칙으로 되어 있지만 중국이나 일본은 그렇지 못하다.

이제 한자와 한글이 왜 같은 문자인지 생각해 보자. 우선 한자와 한글은 마치 음陰과 양陽이 조화를 이루듯 기막힌 조화를 이룬다. 또한 한자와 한글은 합성을 해도 자연스럽게 조화를 이룬다. 이런 점이 한자와 한글을 다른 문자로 볼 수가 없는 것이다.

예를 들면, 삼겹살과 산불, 심보 같은 단어이다. 삼겹살은 석삼三이라는 한자와 겹과 살이라는 한어-한글이 합쳐져서 만들어진 합성어이다. 한글어로 세겹살이라고 써도 전혀 어색하지 않으니 이 얼마나 자유로운 조화인가. 만약 한자와 한글이 같은 문자가 아니라면 산불은 산화山火나 메불로 표기되는 것이 옳다. 하지만 한자와 한글은 같은 민족이 창제한 같은 문자이기 때문에 산山은 음으로, 화火는 뜻으로 표기해도 전혀 이상하지 않은 것이다. 심보는 마음 쓰는 속 바탕이라는 뜻인데, '마음 심心'이라는 한자와 '보'라는 한어가 합쳐져서 한 단어를 구성하고 있다. 이와 같은 것은 같은 문자가 아니면 만들어 내기 어려운 일이다. 한자에 한글을 포개 놓고 한글에 한자를 포개 놓아도 두 문자는 마치 하나의 문자처럼 자연스럽게 조화를 이룬다. 이것은 한자와 한글이 같은 민족이 창제한 같은 문자이기 때문에 가능한 일이다. 굳이 표현하자면 한자와 한글은 서로 다른 색의 같은 장갑을 끼고 있다고 할 수 있다.

이와 같은 것은 우리나라의 국호를 한자로 써 놓고 밑에다 한중일 3국의 발음을 달아 보면 좀 더 명확히 드러난다.

大韓民國

대한민국

따한민꾸어

다이강밍고꾸

위의 보기와 같이 한자와 한글은 서로 포개 놓으면 하나의 문자처럼 조화를 이루지만 중국어나 일본어는 발음의 숫자가 다르기 때문에 엇박자가 나고 있음을 보게 된다. 이러한 것 하나만으로도 한자가 대한민족이 창제한 대한민국의 문자라는 것을 알 수 있다. 또한 한韓자를 제외한 나머지 세 글자가 같은 자음으로 발음되고 있음을 알 수 있다. 따라서 지금 중국이나 일본에서 사용하고 있는 한자의 음은 고대 한어韓語에서 파생된 사투리이거나 일부러 변형시킨 것일 가능성이 높다.

요즘은 마치 한글 전용화가 대세인 것처럼 보이는데 한국어에서 한자어와 한자 단어가 사라지면 우리는 언어 사용과 문자표기에 대혼란을 겪게 된다. 세계로 통하는 관문이라고 할 수 있는 '인천국제공항仁川國際空港'이라는 단어를 놓고 생각해 보자.

이 명칭은 한자로만 이루어진 간판이다. 이것을 한글어로 쓰면 '어진내 여러 나라 날틀집' 정도가 될 것이다. 국제화 시대에 이런 간판을 어떻게 세계인들 앞에 내걸 수가 있는가.

이제 한자의 중요성을 새롭게 인식해야 한다. 그래야만 한자와 한글이 우리 민족이 창제한 같은 문자라는 연구가 좀 더 적극적으로 이루어질 수 있다.

고서古書를 접해 보지 못한 사람들은 대부분 이렇게 반문할 것이다. '한자 창제 시기와 한글 창제 시기가 너무도 판이한데 어떻게 같은 문자라고 할 수 있는가'라고.

그러나 세종실록에 기록된 내용을 보면 그 같은 의문은 어렵지 않게 풀린다. 그 기록에 의하면 자방고전字倣古篆이라고 하여 '글자는 옛 전자篆字를 모방했다'고 기록하고 있다.

그것이 고조선 때 창제된 가림토加臨土 혹은 가림다加臨多 문자이다. 정음 38자를 창제했다고 기록하고 있다. 이것이 곧 한글의 원형 문자이다. 초등학교 정도의 의식 수준을 가진 대한민족의 자손이라면 가림토 문자를 접하는 순간 이것이 한글의 원형이라는 것을 느낄 것이다.

정부는 이러한 것을 적극 연구하여 하루빨리 국민들에게 알려야 한다. 선조들께서 창제해 놓은 위대한 인류문화유산을 작자 미상의 작품으로 계속 남겨 둘 수는 없지 않은가.

이제 순우리말이라는 말은 삼가해야 한다. 그렇게 표현하면 우리 민족이 주체가 되어 창제한 우리 글인 한자韓字를 버리는 행위가 된다. 한자, 한자어, 한글, 한글어로 표현하는 것이 옳다. 또한 한글날은 '한자, 한글, 한국어의 날'로 새롭게 태어나야 한다. 그리하여 세계인들이 한어와 한자, 한글의 기막힌 조화를 체험할 수 있도록 축제의 장을 열어야 한다. 더불어 개천開天 축제와 연계한 복합 문화축제를 연다면 대한민족의 문화 축제이자 전 세계의 문화 축제로 자리 잡을 것이다.

언젠가 인터넷에서 이런 글을 읽은 적이 있다. '왜 우리말 사전을 국어사전이라고 표기하느냐'고. 그 글을 접한 필자는 씁쓸한 마음을 감출 수 없었다. 선조들께서 남기신 위대한 문자를 남의 나라 문자로 착각하고 있는 현실이 참으로 안타까웠다.

필자는 어느 민족, 어느 누구를 만나도 자신 있게 말할 수 있다. 한자와 한글은 형태만 조금 다를 뿐 같은 문자이며 그 창제 주체가 대한민족임은 두말할 나위가 없다고.

❖ 한글 사문화에 대하여

대부분의 사람들이 한자를 중국이 만든 문자라고 생각하고 있다. 그러나 이것은 한자를 깊이 이해하지 못한 데서 생겨난 오해이다. 중국의 학자 중에는 한자가 중국에서 창제된 문자가 아니라는 주장을 펴는 학자도 있다.

중국의 언어학자 낙빈기駱賓基(1917~1994)는 자신의 저서인 금문신고金文新攷에서 문자를 만들어 사용한 것은 한족漢族이 아닌 동양의 한민족이라고 단언하고 있다. 이렇듯 중국의 언어학자조차 한자가 중국이 만든 문자가 아니라고 주장하는데 우리는 아직도 한자가 중국이 만든 문자로 알고 있으니 참으로 안타까운 일이 아닐 수 없다. 하루빨리 한자가 대한민족이 창제한 문자임을 전 세계에 알리고 유네스코에 등재하는 일을 서둘러야 한다.

그렇다면 한글은 왜 한자와 함께 널리 쓰이지 못하고 사장死

葬되었는가. 이에 대한 필자의 생각은 이렇다. 한글의 원형인 가림토 혹은 기호 녹도문의 원형인 그 어떤 문자가 한자와 함께 만들어졌을 것이다. 그렇지 않고서는 한자 창제가 원활하게 이루어질 수가 없다.

한자는 표의表意 문자이다. 다르게 말하면 뜻글자라는 얘기다. 그런 까닭에 한자를 창제하게 되면 반드시 표음表音 문자, 즉 음 글자가 필요하게 된다. 이런 이유 때문에 한자와 한글이 같은 문자라는 논리가 성립될 수 있는 것이다.

한글의 원형인 가림토 문자가 한자와 함께 널리 쓰이지 못하고 사장된 이유에 대해서는 여러 가지 주장이 있겠지만, 가장 큰 원인은 문자 표기의 번거로움이 아닌가 하는 것이 필자의 견해이다. 다시 말하면 한자 창제가 이루어진 뒤 문자 사용이 어느 정도 정착되었을 때 두 개의 문자를 굳이 같이 표기할 필요가 있는가라는 의견이 모아졌을 것이다. 그 결과 한자는 '표기의 문자'로, 한글은 '대화의 문자'로 사용되어 오다가 세종 때에 이르러서 가림토 문자를 토대로 한글이 재창제된 것이 아닌가 하는 생각이다. 아무튼 위대한 문자를 창제해 주신 선조들께 무한한 존경과 감사의 마음을 표하며 한글 사랑, 아니 그 이상으로 한자를 사랑하는 우리 국민들의 마음이 모아졌으면 한다.

한국어는 인류공용어가 되어야 한다

젊은 시절 "화합하는 인류 현명한 세계인"이라는 표어를 써 놓고 그 밑에 '하나의 언어로 말하자'고 부제를 달았던 적이 있다. 인류가 평화롭게 살아가기 위해서는 하나의 언어로 말해야 한다는 생각이었다. 자국민들끼리는 자국어로, 타국민과 만나면 인류공용어로.

그것이 에스페란토어든 영어든 상관없이 전 세계가 합의하여 하나의 언어를 지정하고 어릴 때부터 자국어와 함께 배운다면 앞으로 다가올 글로벌 시대를 맞아 생활의 편리함은 물론 인류문명의 발전과 세계 평화에도 크게 기여할 수 있다고 믿었기 때문이었다.

그러나 세월이 흐르고 여러 가지 학문을 접하면서 필자의 생각은 바뀌어 갔다. 세계평화를 위해서는 한국어가 인류공용어가 되어야 한다는 생각이었다. 우선 한국어는 세계에서 가장 간편한 문자인 한글과 심오한 한자가 결합되어 있다. 그리고 한글은 배우기가 쉽다. 아무리 명분 있는 언어 문자라도 배우기가 어려우면 그것을 인류공용어로 지정하기는 어려운 일이다.

필자는 불우한 가정에서 태어난 탓에 열 살이 넘도록 한글을 깨우치지 못했다. 그 당시는 만화가 유행하던 때라서 혼자서는 만화책을 읽을 수 없는 필자로서는 답답하기 그지없는 나날이었다. 그래서 형뻘되는 아이들에게 만화책을 읽어 달라고 부탁하면 기분 좋을 때만 읽어 줄 뿐이어서 종종 필자의 마음을 상하게 했다. 그때 필자는 마음속으로 굳게 다짐하였다. 꼭 한글을 배워서 만화책을 혼자 읽겠다고.

그 당시 필자가 뛰놀던 곳에는 극장이 하나 있었다. 꼭 한글을 배워서 만화책을 혼자 읽겠다고 결심한 뒤여서인지 그날따라 그 간판이 다르게 보였다.

'○○극장… ○○극장…'

그때 필자는 그 극장명을 땅바닥에 몇 번이고 되풀이하여 적었다. 그런 다음 옆을 보니 ○○상회라는 간판이 있었다. ○○극장을 외웠기 때문에 ○○이라는 글자는 알겠는데 상회라는 글자는 도저히 알 수가 없었다. 한참을 고민하던 필자는 그 앞을 지나가는 행인에게 용기를 내었고 그 행인으로부터 답을 얻을 수 있었다.

지나가던 행인으로부터 답을 얻은 필자는 ○○상회라는 글자를 땅바닥에 수없이 적었다. 이런 식으로 해서 필자는 마침내 만화책을 혼자 읽는 수준까지 도달하게 되었다.

　　이렇듯 한글은 정식으로 수업을 받지 않아도 어렵지 않게 배울 수 있는 문자이다. 그런 데다 새소리, 파도 소리, 천둥소리 등을 자유롭게 표현할 수 있으니 이것만으로도 인류공용어가 되기 위한 요건은 충분하다고 본다. 여기에다 만물의 형상을 본떠서 만든 심오한 한자까지 결합되어 있으니 한국어야말로 인류공용어가 되기에 적합한 언어 문자라는 생각이다.

　　한자는 단순히 읽고 쓰는 문자가 아닌 수양修養의 문자이다. 자세를 바로 하여 한 획 한 획 쓰다 보면 흐트러진 몸과 마음이 바로잡힌다. 한자를 접함으로써 생각의 깊이가 달라지고, 한자를 연마함으로써 행동이 달라진다.

　　이런 심성이 하나둘 모이면 인류는 지금보다 훨씬 더 평화로운 세상에서 살아갈 수 있다. 강대국의 논리가 아닌 인류평화를 위한 인류공용어가 되어야 한다. 전 세계가 합의하여 초등학교 때부터 한국어(기초한글+한자 900자)를 하루빨리 배우도록 해야 한다.

※ 젊은 시절부터 품었던 한국어가 인류공용어가 되어야 한다는
　　생각은 세월이 흐를수록 더욱더 절실해진다. 그 이유 중 하나

가 여전히 인류가 평화의 길로 나아가지 못하고 있는 것이고, 나머지 하나는 인류가 좀 더 발전된 모습으로 편리한 생활을 향유할 수 있는데도 그것을 선택하지 못하고 있다는 안타까움에서다.

한국어를 인류공용어로 지정하고 어릴 때부터 전 세계가 함께 배우게 되면 더 이상 다른 외국어를 배울 필요가 없는 세상에서 살 수 있게 된다. 또한 능력 있는 사람은 어느 나라에 가서도 언어 소통에 문제없이 직업을 가질 수도 있다. 더 나아가 문맹률 감소, 출판, 자유로운 세계여행, 인터넷 사용의 편리함 등 인류가 누릴 수 있는 혜택은 너무도 많다. 이것이 한국어가 인류공용어가 되어야 하는 이유다.

대한민족
철학사상

대부분의 대한민족 자손들은 우리 민족의 역사가 9천 년이 넘는다는 사실을 모른다. 또한 대한민족의 조상이 환국桓國의 환인桓仁, 배달국의 환웅桓雄, 고조선의 단군檀君이라는 것도 모른다. 이것은 과거 일제가 쳐 놓은 그물에 걸려서 아직도 빠져나오지 못하고 있기 때문이다. 현실이 이렇다 보니 타국민이 대한민족의 철학사상을 물어오면 답변하기가 쉽지 않을 것이다. 그러나 대한민족 철학사상은 잃어버린 역사 속에 엄연히 존재한다. 바로 천지인 우주 광명사상天地人 宇宙 光明思想이다.

천지인 우주 광명사상은 환국 시대부터 입에서 입으로 전해졌다는 천부경天符經으로부터 시작된다. 천부경 81자에는 이런 구절이 있다.

천일일天一一, 지일이地一二, 인일삼人一三.

직역하면 하늘도 하나, 땅도 하나, 사람도 하나라는 뜻이다. 그러나 이 글자의 내면을 들여다보면 대한민족의 신교神敎 문화인 삼신三神 사상이 들어 있다. 즉 하늘도 신神이오, 땅도 신神이오, 사람도 신神이라는 뜻이다.

인간이 우주의 지배를 받는 가벼운 존재가 아닌 우주와 동등한 인격체로서 우주와 하나되기를 소망하며 우주 광명을 체험하기 위해 수행을 생활화했다고 한다. 이 시대에는 이렇다 할 전쟁도 범죄도 없었다고 하니 대한민족의 자손이라면 아니, 전 세계가 본받아야 할 생활 문화라는 생각이 든다.

대한민족의 신교 문화는 군주가 나라의 번영과 백성의 안녕을 위해 하늘에 올리는 제사이다. 이 같은 신교 문화는 민가에도 널리 퍼져 있었는데 과거 우리들의 어머니, 우리들의 할머니들이 장독대에 청수淸水를 떠 놓고 자식들 잘되게 해 달라고 두 손 모아 빌었던 그 문화가 우리 민족의 신교 문화이다.

대부분의 사람들이 홍익인간을 대한민족의 철학사상으로 알고 있는데 홍익인간은 배달국과 단군조선의 건국 이념이지 대한민족의 철학사상은 아니다. 그렇다면 홍익인간은 어디에서 온 것인가. 역주된 환단고기에 의하면 고대 조선 11세 도해 단군이 재위 57년에 선포한 염표문念標文에 나와 있다. 그러나 홍익인간은 이미 환국 시대부터 통용되었음으로 도해 단군의 독창적인 이념은 아니다. 참고로 염표문을 적는다.

염표문念標文

천天은 이현묵위대以玄默爲大하니
기도야보원基道也普圓이오 기사야진일基事也眞一이니라.

지地는 이축장위대以蓄藏爲大하니
기도야효원基道也效圓이오 기사야근일基事也勤一이니라.

인人은 이지능위대以知能爲大하니
기도야택원基道也澤圓이오 기사야협일基事也協一이니라.

고故로 일신강충一神降衷하사 성통광명性通光明하니
재세이화在世理化하야 홍익인간弘益人間하라.

필자가 염표문을 적은 것은 이것을 해석하고자 하는 것이 아니다. 이것은 천지인天地人 사상이 어떻게 나와 있고 재세이화在

世理化와 홍익인간弘益人間이 어떤 글귀 밑에 있는가를 보여주기 위해서다.

염표念標란 직역하면 '생각을 새기다'라는 뜻인데 우리들 마음속, 가슴속 깊이 잊지 않고 새겨야 한다는 뜻이다. 즉 하늘과 땅과 인간 내면의 깨달음의 주제를 다루었다고 볼 수 있다. 이렇듯 천지인 사상은 환국 시대부터 본격적으로 시작하여 배달국 시대를 거쳐 단군조선 시대에도 널리 활용되고 있었음을 알 수 있다.

다시 염표문에 실린 중요한 내용을 적는다.

고故로

일신강충一神降衷하사

성통광명性通光明하니

재세이화在世理化하야

홍익인간弘益人間하라.

위의 글에서 알 수 있듯이 재세이화, 홍익인간 위에 일신강충, 성통광명이라는 글귀가 있다. 이 두 구절에는 대한민족의 철학사상이 그대로 녹아 있다.

성통광명性通光明! 직역하면 인간의 품성은 우주 광명과 통해 있다는 뜻이다. 이 시기까지만 해도 삼신 사상이 활발했던 때여서 직역과는 뜻이 조금 다를 수 있다.

이것을 다시 정리하면,

(1). 그러므로 삼신三神께서 참마음을 내려 주셔서 사람의 성품은 삼신의 대광명에 통해 있으니 삼신의 가르침으로,

(2). 세상을 다스리고 깨우쳐 인간을 널리 이롭게 하라.

위의 글 중 (1)은 일신강충一神降衷, 성통광명性通光明을,
(2)는 재세이화在世理化, 홍익인간弘益人間을 적은 것이다.

이 두 문장에서 대한민족의 슬픈 운명이 시작된다. 일신강충, 성통광명은 우리가 배운 교과서에는 없는 글귀이다. 필자도 환단고기라는 고서古書를 접하지 못했다면 대한민족 역사의 문외한으로 살다 갔을 것이다.

위의 글에서 알 수 있듯이 문구(1)를 없애버리면 문구(2)는 구심점求心點을 잃어버리게 된다. 즉, 무엇으로 세상을 다스리고 깨우쳐 인간을 널리 이롭게 할 것인가 하는 방법이 없어지는 것이다.

일본제국주의는 대한민족의 역사를 말살시키기 위해 문구(1)을 없애버렸다. 이렇게 됨으로써 9천 년 대한민족의 역사는 반토막이 나고 대한민족의 위대한 철학사상인 천지인 우주 광명 사

상도 더 이상 명맥을 유지하지 못한 채 어두운 역사 속으로 사라지고 만다. 이렇게 일제는 염표문의 글자를 잘라 버리고, 고서에 버젓이 기록되어 있는 환국桓國을 환인桓仁으로 조작하여 단군조선을 신화로 만든 뒤 조선의 식민지 음모를 완성했다.

우리가 교과서에서 배운 단군 신화는 일제의 독창적인 아이디어가 아니다. 일제도 필자가 접한 고서들을 보고 47대까지 이어진 단군조선시대의 역사를 지워버리기 위해 대한민족의 조상을 곰으로 둔갑시킨 것이다.

이와 같은 것은 환단고기를 보면 어렵지 않게 알 수 있다.

환단고기桓檀古記! 이 보배로운 고서古書가 지금까지 우리 곁에 남아 있는 것은 천지신명의 도움이 있었기 때문이 아닌가 하는 생각이 든다. 하늘과 하나 되기를 소망하며 수행을 생활화했던 선조들의 정성이 하늘의 마음을 움직였을 것이다.

이제 일제가 어떤 것을 보고 환국과 배달의 역사를 지워버리고 단군을 곰의 자손인 신화의 인물로 만들었는지를 살펴보자.

역주된 환단고기의 내용은 다음과 같다.

신시를 열어 360여 가지 일을 주관하신 환웅천황

환웅이 동방을 개척할 당시 기이한 술법을 좋아하는 반고盤

固라는 인물이 있었다. 반고가 개척의 길을 따로 나누어 가기를 청하므로 환인께서 이를 허락하셨다. 드디어 반고는 많은 재화와 보물을 싣고 십간十干 십이지十二支의 신장을 거느리고 공공共工, 유소有巢, 유묘有苗, 유수有燧와 함께 삼위산 납림拉林 동굴에 이르러 임금으로 즉위하였다. 이들을 제견이라 하고 반고가 한이라 불렀다.

이때 환웅께서는 무리 3천 명을 이끌고 태백산 마루 신단수神檀樹 아래에 내려오시어 이곳을 신시神市라 하시니 이분이 바로 환웅천황이시다. 환웅께서 풍백風伯과 우사雨師와 운사雲師를 거느리시고 오가五加에게 농사, 왕명, 형벌, 질병, 선악을 주장하게 하시고, 인간 세상의 360여 가지 일을 주관하여 세상을 신교의 진리로써 다스려 깨우쳐서(재세이화) 인간을 널리 이롭게 하셨다(홍익인간).

이때 호족虎族과 웅족熊族이 이웃하여 함께 살았다. 일찍이 이 족속들은 삼신 상제님께 천제 올리고 기도 드리는 신단수에 가서 "삼신의 계율을 따르는 백성이 되기를 바라옵니다." 하고 빌었다. 환웅께서 이 소식을 듣고 "가히 가르칠 만하도다." 하시고 신령한 도술로써 환골換骨케 하고 정신을 개조시키셨다.

이때 삼신께서 전해 주신 고요히 수행하여 해탈하는 법인 정해靜解법으로 쑥 한 묶음과 마늘 스무 줄기를 영험하게 여겨 이를 주시며 경계하여 말씀하셨다. "너희들은 이것을 먹으며 햇볕을 보지 말고 100일 동안 기도하라. 그리하면 참된 인간이 되리라."

이에 웅족과 호족 두 족속이 함께 쑥과 마늘을 먹으면서 삼칠일(21일)을 지내더니 웅족은 능히 굶주림과 추위를 참아내고 계율을 지켜 인간의 참모습을 얻었으나, 호족은 행동이 제멋대로인데다가 게을러 계율을 지키지 못해 선업善業의 결과를 얻지 못하였다. 이는 두 족속의 성정性情이 서로 같지 않았기 때문이다.

후에 웅족 여인들이 시집갈 곳이 없어 매일 신단수 아래에 와서 주문을 외우며 아이 갖기를 빌었다. 이에 환웅께서 이들을 임시로 환족으로 받아들여 환족의 남자들과 혼인하게 하셨는데, 임신하여 아이를 낳으면 환桓의 핏줄을 이은 자손으로 입적시키셨다.

이 고서를 접한 대한민족의 자손, 아니 대한민족 역사에 대하여 조금이라도 관심 있는 사람이라면 일제가 어떤 것을 가지고 단군을 신화의 인물로 만들었는지를 느낄 것이다. 이 기록에서 한 가지 주목할 것은 9천여 년 전 환국 시대부터 지금 우리가 사용하고 있는 십간十干과 십이지十二支가 등장하고 있는 점이다. 대부분의 사람들이 십간과 십이지가 중국에서 만들어진 것으로 알고 있는데, 중국 역사가 기원도 하기 전에 육십갑자가 사용된 기록은 사서史書로써의 환단고기의 가치가 그만큼 크다는 것을 인정하지 않을 수 없다.

또 중국인들은 자신의 조상을 명확히 아는 사람이 많지 않다고 들었는데, 여기에 등장하는 반고 씨가 한족漢族, 즉 중국의 시조始祖라는 생각이 든다. 중국 정부의 적극적인 연구가 뒤따른다면 한족의 시조를 밝혀내는 일은 그리 어렵지 않아 보인다.

환단고기라는 고서를 접하기 전까지 필자는 한국과 중국이 막연히 형제국이라고 생각했었다. 그 이유는 오랜 세월 국경을 맞대고 살았다는 점과 한자라는 같은 문자를 사용하고 비슷한 외모를 지녔다는 점에서였다. 그러나 이 고서는 그 이상의 관계를 말해 주고 있다. 서로 다른 개척의 길을 떠났을 뿐 환국이라는 한 나라의 한 군주 밑에 살았으므로 한국과 중국은 한 형제나 다름이 없다.

이 지면을 통해 중국 국민들께 감사의 마음을 표할 일이 있다. 언젠가 텔레비전에서 배달국 출신의 염제신농과 태호복희 성제帝聖를 극진히 받드는 것을 본 적이 있다. 대한민족의 종통 자손으로서 뜨거운 감사의 마음을 표하고자 한다.

염제신농은 인류가 지금까지 농사를 지으며 살게 해 준 고마운 인물이다. 사람들에게 처음으로 농사법을 가르쳐 주었다고 해서 신농神農이라 부른다. 염제炎帝는 화덕火德에 의해 임금이 되었기 때문에 붙여진 이름이다. 오늘날 한의학의 창시자이기도

하다.

복희성제는 인류 역사상 처음으로 신교神敎의 우주관을 체계적으로 밝혀낸 인류문화 정신의 조종祖宗이다. 태호는 복희의 호로 대광명, 곧 환桓을 의미한다. 처음으로 정음정양正陰正陽의 윤리관에 따라 남녀의 혼인 제도를 정하고, 도道의 변화를 간파한 역도易道의 효시인 복희팔괘를 그어 역철학의 시조가 되었다. 대한민국 태극기에 그려진 4괘는 복희팔괘를 축소한 것이다.

이 밖에도 24절기를 만들어 인간 생활의 편리함은 물론 인류 문명에도 크게 기여하였다.

절기는 태양이 15도씩 움직일 때마다 나타나는 기후적 변화다. 태양이 15일마다 걸음을 달리하면 변화가 생긴다. 즉 태양이 그해의 첫발을 내디디면 땅속 깊이 봄이 시작되고(입춘立春), 두 번째 발길을 내디디면 얼었던 땅이 녹고(우수雨水), 세 번째 발길을 내디디면 개구리와 벌레들이 튀어나온다(경칩驚蟄).

예부터 우리 민족은 절기를 이용하여 농사를 지었다. 언제 씨를 뿌리고, 언제 모내기를 하며, 언제 추수할 것인가를 24절기를 활용하여 농사를 지었다. 염제신농이 사람들에게 농사짓는 방법을 가르쳐 주었다면 복희성제는 농사를 좀 더 효율적으로 짓는 방법을 제시한 셈이다. 대한민족의 종통 자손으로서 두 분의 업적에 한없는 존경과 뜨거운 감사의 마음을 표하고자 한다.

과거 일제는 남산 밑에서 대한민족의 사서史書 20만 권을 불태워 없앴다고 한다. 대한민족은 창세 민족이다. 인류시원 문명을 창조해낸 위대한 민족이다. 따라서 대한민족의 문화유산은 대한민족만의 것이 아닌 인류의 문화유산이기도 하다. 이처럼 귀중한 사서가 불태워 없어진 것을 생각하면 가슴이 메어진다.

역사의 진실은 그것을 숨긴다고 해서 숨겨지는 것이 아니다. 4천 년이 넘는 세월을 꿋꿋이 버텨온 강화도 마리산의 참성단이 그것을 잘 말해 주고 있지 않은가. 단군조선시대는 신화가 아닌 실제 대한민족의 역사라고.

이제 천자국天子國에 대한 정의를 내리고자 한다. 과거 동북아에서는 천자국의 지위를 놓고 수천 년간 전쟁을 벌였다고 들었다. 그렇다면 천자국이란 어떤 나라인가. 인류시원 국가인 환국桓國이라는 큰 틀에서 보면 인류가 한 가족, 한 형제, 더 나아가 천손이지만 그 계보를 밝히면 대한민족이 뿌리이고 한족, 즉 중화민족이 삼촌, 러시아를 사촌으로 보는 것이 적당하다는 생각이 든다. 물론 러시아가 환국의 중심지였다고는 하나 외모나 사용하는 언어 문자 등으로 볼 때 사촌 정도로 보는 것이 맞지 않나 하는 생각이다.

그렇다면 왜 대한민족이 천자국의 적통, 종통인가. 그것은 천자국의 정의를 내려보면 밝혀진다. 천자국의 정의는 크게 두 가지로 내려볼 수 있다. 그중 하나가 천강天降 민족이다. 문자 그대로 하늘에서 내려온 민족이라는 뜻이다. 이것은 논란의 여지가 있으므로 생략하기로 한다. 나머지 하나는 하늘과 하나 되기를 소망하며 우주 광명을 체험하기 위해 수행을 생활화한 민족이다. 대한민족이 여기에 해당한다.

필자는 천손 민족의 종통 자손으로서 천자국에 대한 기나긴 역사 전쟁의 종지부를 찍고자 한다.

가끔 대한민족의 고대 국가명을 들여다보고 있노라면 선조들의 조용한 외침이 들리는 듯하다.

"대한민족의 자손들아,
너희가 천자국의 종통 자손임을 잊지 말거라."

선조들께서는 대한민족이 천자국의 종통이라는 것을 국가명에 새겨넣으셨다.

구멍가게를 하나 열더라도 특별한 경우를 제외하고는 자신의 꿈과 이상이 담긴 간판을 내건다. 하물며 국가명이야 더 말해 무엇하겠는가.

그럼 대한민족이 주체가 되어 세운 첫 번째 국가인 환국桓國에 대하여 살펴보기로 하자. 필자가 한자가 대한민족이 창제한 문자라는 것을 몰랐을 때에는 이 환桓이라는 국가명에 대하여 많은 의문을 가지고 있었다. 도대체 우리 선조들은 나라 이름을 왜 桓桓이라고 지었을까?…

그러나 한자가 대한민족이 창제한 문자라는 것을 알고부터는 그 의문은 어렵지 않게 풀려 갔다. 이 桓桓자의 오른쪽을 보면 하나 일一이 있고, 그 밑에 날 일日, 또 그 밑에 하나 일一이 있다. 이런 정황으로 볼 때 이 桓桓이라는 한 글자에는 천지인 우주 광명사상이 녹아 있음을 알 수 있다.

날 일日은 해 일이기도 하다. 곧 하늘, 우주를 의미한다. 여기서 해 일을 분리하면 두 이二가 남는데, 땅을 숫자로 표현할 때 이二자를 쓴다.

그럼 하늘 땅만 있고 사람은 어디 있는가라는 의문이 남는데, 그 답은 오른쪽에 있는 나무 목木자에 있다. 이 나무 목木자를 분리하면 열 십十자와 사람 인人자가 된다.

桓桓이라는 글자가 예사로운 것이 아니라고 볼 때 이 열 십十자는 하늘로 통하는 길로 여겨진다. 하늘로 통하는 길에 사람이 서 있으니 얼마나 하늘과 하나 되기를 소망하는 민족인가. 지금 종교계에서 사용하고 있는 십자가도 그 원류를 더듬어 올라가면 '하늘과 통하는 길'과 마주칠 가능성이 높다.

세상의 나무들이 저마다 하늘을 향해 높이 치솟아 있는 것이 그러한 짐작을 가능케 한다. 이렇게 볼 때 환국의 桓桓자는 흔히 쓰는 굳셀 환의 차원을 넘어 우주 광명 桓桓, 온 인류 桓桓자로 보는 것이 옳다.

이제 우리 민족이 세운 두 번째 국가에 대하여 살펴보기로 하자.

이 국가명은 환국과 함께 교과서에는 나와 있지 않지만 우리들 가슴속에 여전히 살아서 숨 쉬고 있다. 일제의 갖은 탄압과 역사 말살 정책에도 우리들 가슴속에 살아 숨 쉬고 있는 배달민족, 배달국… 이것의 정식 명칭은 배달신시倍達神市, 신시배달神市倍達이다.

얼핏 보면 이 국가명엔 하늘을 상징하는 증표가 없는 것 같지만 배倍자에 그 증표가 들어 있다. 배倍는 흔히 곱 배로 쓰이지만 햇무리를 뜻하기도 한다. 햇무리는 해의 둘레에 둥글게 나타나는 빛깔 있는 테두리를 뜻한다. 따라서 배달신시는 하늘(해)에 다다르기를 소망하는 신神의 도시가 된다.

조선朝鮮은 우리 민족이 세운 고대 국가명 중에서 유일하게 해日와 달月이 함께 들어 있는 것을 알 수 있다. 외국에서 동방의 빛, 또는 조용한 아침의 나라라고 하는 것은 이 조선을 가리키는 말이다.

조朝의 사전적 의미는 아침, 조정朝廷, 왕조王朝 등이다. 이 아침 조朝자에서 천자국의 증표 이상의 선조들의 정신을 엿볼 수 있다. 이 문자에는 조선이 이전 나라인 배달신시로부터 왕통까지 계승되었음을 암시하고 있다. 위에서 밝혔듯이 한 나라가 국가명을 지을 때에는 그 시대에 살고 있는 사람들의 이상과 꿈, 철학 등 많은 의미를 내포하기 마련이다.

조朝의 사전적 의미 중 하나가 왕조王朝라는 것을 감안하면 선조들의 생각을 읽어내는 것은 그리 어렵지 않아 보인다.

왕조란 같은 왕가에서 차례로 왕위에 오르는 왕들의 계열, 또는 왕가가 다스리는 동안을 뜻한다.

이제 선鮮자를 살펴보자. 선鮮의 사전적 의미는 곱다, 빛나다, 선명하다 등이다. 따라서 조선朝鮮이라는 국가명은 천자국을 나타냄과 동시에 선대들의 사상과 철학, 왕통까지 계승된 "해와 달과 같이 밝게 빛나는 나라"라는 뜻이 된다. 참으로 심오하고 아름다운 국가명이 아닐 수 없다.

이제 마지막으로 대한민국이라는 국호에 대하여 살펴보기로 하자.

여기에도 천자국을 상징하는 태양(日)이 들어 있다. 바로 한韓이다. 역주된 환단고기에 의하면 이 문자는 단군조선 시대에 처음으로 등장한다. 삼한 관경제三韓 官境制의 진한, 변한, 마한이다.

이때의 한韓은 환국의 환桓의 정신을 이어받은 것으로 보인다. 따라서 지금 우리가 국호로 사용하고 있는 대한大韓은 단순히 큰 나라가 아닌 큰 빛, 광명한 인간, 온 인류를 뜻한다.

이상으로 대한민족의 고대 국가명인 환국桓國, 배달신시倍達神市, 조선朝鮮, 대한大韓에 대하여 살펴보았다. 이 국호에 담긴 정신의 면면을 볼 때 대한민족의 자손은 천자국의 종통 자손이 된다. 이에 걸맞는 행동과 의식의 전환이 필요하다.

또한 어디에 있든, 어디를 가든, 우리 민족의 철학사상에 대해 자신 있게 말해도 된다. 대한민족의 철학사상은 천지인 우주광명사상天地人 宇宙 光明思想이라고.

필자가 대한민족이 천손 민족의 종통이라는 것을 만천하에 고하고자 하는 것은 대한민족이 천손의 종통 국가라는 것을 자랑하고자 하는 것이 아니다. 대한민족이 천손 민족의 종통이라는 것이 밝혀져야 대한민족의 자손들이 그에 걸맞는 행동을 하려 할 것이고 그것을 세계인들이 본받는다면 인류는 반목과 대립의 역사를 마감하고 좀 더 평화롭게 살아갈 수 있다고 믿기 때문이다.

대한민족 자손들의 성과 이름에 대하여 몇 자 더 적으면,

필자가 대한민족의 고대사를 접하기 전에는 지금 우리가 쓰고 있는 성과 이름에 대하여 많은 의문을 가지게 되었다. 우리 민족은 성과 이름을 왜 세 글자, 두 글자로 지었을까? 그러나 대

한민족의 고대사를 접하면서, 대한민족이 천손의 종통이라는 것을 깨닫게 되면서, 그와 같은 의문은 어렵지 않게 풀려 갔다.

우선 성과 이름을 세 글자로 지은 것은 대한민족 철학사상의 영향이 커 보인다. 천지인 우주 광명사상의 천지인 사상이다. 고대의 우리 선조들은 자손이 태어나면 천지인天地人 삼수三數의 법칙에 따라 성과 이름을 세 글자로 지었다.

하늘과 하나 되기를 소망하며 하늘도 하나(천일天一), 땅도 하나(지일地一), 사람도 하나(인일人一)라고 굳게 믿었던 선조들의 입장에선 자손이 태어나면 당연히 천지인 사상에 따라 성과 이름을 지었을 것이다.

그렇다면 두 글자의 성과 이름은 어디에서 온 것일까? 그 의문은 천부경 81자를 보면 어렵지 않게 풀린다. 천부경 81자 중

(1). 일시무시일一始無始一,
(2). 일종무종일一終無終一이다.

(1)은 시작의 끝없는 반복,
(2)는 끝의 끝없는 반복을 뜻한다.

이것을 달리 말하면 천지 만물은 (1)과 (0)이라는 숫자에 의해 끝없이 돌아간다는 뜻이다. 다시 말하면 지금 우리가 쓰고 있는 음양의 원리, 즉 이진법의 원리에 따라 자손들의 성과 이름을 두

글자로 지었다는 것을 알 수 있다.

　요즘 태어나는 세대들 중에는 성과 이름을 네 글자 혹은 다섯 글자로 짓는 것을 볼 수 있는데, 이러한 것은 선조들의 높고 깊은 사상에 반하는 것이므로 삼가했으면 한다.

　참고로 지금으로부터 5천여 년 전에 배달국을 다스렸던 환웅 천황들은 몇 글자의 성과 이름을 지었었는지 그 존함을 적는다.

1세 환웅천황:	居發桓 거발환
2세 환웅천황:	居佛理 거불리
3세 환웅천황:	右耶古 우야고
4세 환웅천황:	募士羅 모사라
5세 환웅천황:	太虞儀 태우의
6세 환웅천황:	多儀發 다의발
7세 환웅천황:	居 連 거 련
8세 환웅천황:	安夫連 안부련
9세 환웅천황:	養 雲 양 운
10세 환웅천황:	葛 古 갈 고
11세 환웅천황:	居耶發 거야발
12세 환웅천황:	州武愼 주무신
13세 환웅천황:	斯瓦羅 사와라
14세 환웅천황:	慈烏支 자오지

15세 환웅천황:　　蚩額特 치액특

16세 환웅천황:　　祝多利 축다리

17세 환웅천황:　　赫多世 혁다세

18세 환웅천황:　　居弗檀 거불단

현 강단사학에서는 환단고기를 위서라고 주장하고 있다고 들었다. 그래서 필자는 설레는 마음을 진정시키고 좀 더 면밀히 읽어 보았다. 그 결과 환단고기는 진서라는 결론을 내렸다. 창작을 하는 사람의 입장에서 볼 때 이것은 꾸며낼 수 있는 내용이 아니다. 설사 맞지 않는 내용이 다소 있다고 해도 환단고기 자체를 위서라고 주장하는 것은 크게 잘못된 것이다. 오래된 역사서일수록 큰 맥락만 맞으면 그것을 역사서로 인정해 주어야 한다는 것이 필자의 지론이다.

현 강단사학이 진정으로 국가와 국민을 위하고 대한민족의 미래를 생각한다면 좀 더 공부하고 연구하는 자세를 가져야 한다.

정부는 이런 점을 깊이 인식하고 하루빨리 교과서를 개정하여 자라나는 2세들에게 올바른 대한민족의 역사를 가르쳐야 한다.

대한민족과
일본제국주의

대다수의 대한민족 자손들은 일본이 대한민족의 후손이라고 하면 어리둥절해 할 것이다. 아니, 깊은 충격에 빠질 것이다. 필자도 처음 이 사실을 알았을 때 받아들이기가 힘들었다. 아니, 도저히 받아들일 수가 없었다. 선조들을 무참히 짓밟고 소중한 문화유산까지 말살한 저들을 도저히 받아들일 수가 없었다.

그러나 사학자들의 강연을 들으면 들을수록, 고서를 접하면 접할수록, 일본인들을 대한민족의 후손으로 인정할 수밖에 없었다. 그리고 일본인과 일본제국주의는 분리해서 생각해야 한다는 결론을 얻었다.

현재 일본에는 대한민족의 신교 문화가 잘 보존되어 있다. 흔히 우리가 알고 있는 신궁이나 신사가 그것이다. 신궁과 신사에는 대한민족의 삼신三神 문화가 그대로 녹아 있다. 그런 탓에 일본 국민의 대부분은 착하고 친절하다. 필자는 이점에 의문을 갖기 시작했다.

"이처럼 착한 일본 국민들 사이에서 어떻게 그처럼 잔악무도한 일본제국주의가 생겨난 것일까?"

배달 시대부터 우리 선조들은 엇나가는 백성들을 막고 단결력을 키우기 위해 노래를 만들어 불렀다. 인류 최초의 집단 가요라고 할 수 있는 어아가於阿歌다.

어아어아여!
於阿於阿

아등대조신의 대은덕은
我等大朝神 大恩德

배달국아등이
倍達國我等

개백백천천 물망이로다
皆百百千千 勿忘

어아어아여!

於阿於阿

선심은 대궁성하고

善心 大弓成

악심은 시적성이로다

惡心 矢的成

아등백백천천인이

我等百百千千人

개대궁현동하고

皆大弓絃同

선심직시일심동이로다

善心直矢一心同

어아어아여!

於阿於阿

아등백백천천인이

我等百百千千人

개대궁일에

皆大弓一

중다시적관파하니

衆多矢的貫破

비탕동선심중에

沸湯同善心中

일괴설이 악심이로다

一塊雪　惡心

어아어아여!

於阿於阿

아등백백천천인이

我等百百千千人

개대궁견경동심하니

皆大弓堅勁同心

배달국광영이로다

倍達國光榮

백백천천년의 대은덕은

百百千千年 大恩德

아등대조신이로다

我等大祖神

아등대조신이로다

我等大祖神

어아어아

우리 대조신의 크나큰 은덕이시여!

배달의 아들딸 모두 백백천천 영세토록 잊지 못하오리다.

어아어아

착한 마음 큰 활되고

악한 마음 과녁되네.

백백천천 우리 모두 큰 활줄 같이 하나되고 착한 마음 곧은 화살처럼 한마음되리라.

어아어아

백백천천 우리 모두 큰 활처럼 하나 되어 수많은 과녁을 꿰뚫어버리리라.

끓어오르는 물 같은 착한 마음속에서 한 덩이의 눈 같은 게 악심이라네.

어아어아

백백천천 우리 모두

큰 활처럼 하나되어 굳세게

한마음되니 배달나라 영광이로세.

백백천천 크나큰 은덕이시여!

우리 대조신이로세.

우리 대조신이로세.

위의 가사 중에서 눈에 띄는 것이

비탕동선심중에
沸湯同善心中

일괴설이 악심이로다
一塊雪 惡心

라는 문구이다. 즉 끓어오르는 물 같은 착한 마음속에서 한 덩이 눈 같은 게 악심이라는 뜻이다.

끓어오르는 물 중에 한 덩이 눈은 그야말로 미약한 존재이다. 그런데도 우리 선조들은 경계하는 마음을 늦추지 않았음을 알 수 있다. 엇나간 백성의 마음 하나가 언젠가는 나라를 혼란케 할 수도 있다는 교훈으로 보인다.

필자는 이 가사를 접하고부터 일본제국주의에 대한 의문이 증폭되었다. 착하디착한 일본 국민들 속에서 어떻게 그처럼 잔악무도한 일본제국의의 싹이 움틀 수 있단 말인가. 물론 그들이 표면적으로 내세우는 조선반도 정벌의 근거는 정한론征韓論이다. 과거 그들의 선조들이 한반도로 건너와 신라, 백제, 고구려를 복속시키고 한반도 남부에 임나가야를 설치했다는 주장이다. 그러나 이 논리는 억지 주장에 불과하다. 신라, 백제, 고구려가 존립했던 시기의 일본은 문명이 제대로 발달하지 못한 소국小國에 불과하다. 그런 소국이 어떻게 강한 조선의 삼국을 복속시키고 가야에 임나일본부를 설치하여 한반도를 지배했다는 것인지 어이가 없어 말문이 막힌다. 일본제국주의가 진정으로 뉘우치지 않고 조상의 나라인 남북한을 계속 업신여긴다면 선한 일본 국민들의 심성도 점차 망가져 갈 것이다. 그리고 일본의 국력도 쇠락의 길을 걷게 될 것이다.

그렇다면 일본제국주의가 얼토당토않은 주장을 펴며 한반도를 지배했었다고 우기는 속내는 무엇일까? 필자는 이것을 환부역조換父易祖, 곧 조상을 부정하는 심보라 결론지었다. 따라서 정한론의 뿌리이자 실체는 환부역조이고, 대한민족의 가야사를 왜곡하는 일본서기는 환부역조의 계획서라는 것이 드러난다. 물론 이것의 종착역은 조선반도에 일본식 나라를 세우는 일이다. 이 음모가 실현되기 위해서는 조선의 역사와 문화는 말살되어야 한다. 조선의 말과 글, 성과 이름 등을 쓰게 해서는 안 되는 것이다.

이제 그 원흉을 찾아 추정推定의 여정을 시작해 보자.

사학자들에 의하면 단군조선 시대에는 일본 열도가 대한민족의 영토였다고 한다. 그러나 명목상 대한민족의 영토이지 큰 관심은 갖지 않았을 것으로 생각된다. 광활한 대륙을 차지했던 단군조선으로서는 당연히 그리했을 것이다(우리 민족이 일본 열도로 대거 이주한 것은 단군조선이 망한 후이다. 그 뒤 사태가 진정되어지면서 대부분 빠져나간 것으로 추정된다).

그렇게 세월은 흘렀고 훗날 일본 열도에 두 세력이 등장한다. 신라계와 백제계다.

신라계가 먼저 건너왔고 그 뒤에 백제계가 건너온 것으로 전해진다. 특히 신라의 천일창天日槍 왕자는 많은 문물을 전하는 데 그치지 않고 농사짓는 방법을 직접 전수했다고 한다. 그 때문에 현재 일본에 있는 신궁이나 신사에는 천일창 왕자를 신神으로 모시는 곳이 많다고 한다.

뒤이어 건너온 백제계는 왕인王仁 박사와 함께 많은 사람들이 건너와 백제의 선진 문물을 전했고 그 과정에서 도자기 빚는 방법을 직접 가르쳤다고 한다.

이때부터 두 세력의 대립이 시작되었을 것이다. 드라마에도 방영되었듯이 신라와 백제는 사이가 아주 안 좋은 관계였다. 그런 두 세력이 일본 열도에서 만났으니 화목하게 살아갈 리가 없었을 것이다. 이때부터 이들에겐 생존이 걸린 대립이 시작되었다고 본다. 그리고 서로가 서로를 인정하지 않는, 다시 말해 이들은 신라계와 백제계일 뿐 대한민족의 자손이라는 것을 부정했을 것이다. 왜냐하면 서로가 대한민족이라는 것을 인정하게 되면 같은 자손이 되기 때문이다. 서로 원수 같이 지낸 두 세력이라는 것을 감안하면 충분히 그럴 수 있는 일이다. 오늘날 일본인들이 한국과는 달리 성과 이름을 네 글자 이상으로 쓰고 있는 것도 대한민족의 자손이라는 것을 부정하기 위해 그리했을 가능성이 높다. 그런 이유가 아니라면 간편한 한국식 성과 이름을 버리고 굳이 번거로운 네 글자 이상의 성과 이름을 썼을 리가 없다.

이 싸움에서 승리한 쪽은 백제계였다. 과거 일황이 자신은 백제계라고 고백한 것이 그러한 사실을 뒷받침한다. 이런 점에서 볼 때 지금 일본 사회를 주도하고 있는 세력은 필시 백제계일 것이다.

그렇다면 신라계는 어디로 간 것일까. 사학자들에 의하면 대부분 일본의 서해안에 살고 있다고 한다. 신라의 시조 박혁거세가 알에서 태어났다는 것을 굳게 믿으며 절대로 계란을 먹지 않는다고 한다.

세력 다툼에서 승리한 백제계의 눈은 한반도로 향하게 된다. 이제 그들에게 한반도는 조상의 나라가 아닌 신라가 있는 땅, 언젠간 정복해야 할 땅일 뿐인 것이다. 더불어 그들의 마음속엔 본토인 한반도보다 더 강하고 더 잘 살아야 한다는 일종의 강박관념 같은 것이 자리를 잡게 된다. 이러한 발상이 결국 세계를 짓밟는 일본제국주의로 변절되어 오늘에 이르고 있다.

이와 같은 역사적 배경이 일본제국주의를 양산해낸 것이 아닌가 하는 것이 필자의 생각이다. 이러한 추정이 맞다면 본토,

즉 한반도는 반목과 대립의 역사를 멈추고 서로 단합하는 모습을 보였어야 했다. 그렇게 했더라면 일본 열도는 자연스럽게 다스려졌을 것이고, 치욕적인 일제의 식민통치도 없었을 것이며, 비극적인 동족상잔의 6.25도 일어나지 않았을 것이다.

광활한 영토를 거느렸던 단군조선이 망한 이유도 서로 단합하지 못하고 분열의 길로 들어섰기 때문이었다. 단군조선이 삼한관경제를 도입한 것은 광활한 영토를 좀 더 효율적으로 다스리기 위해서였다. 대한민족의 신교 문화인 삼신三神, 삼수三數의 법칙에 따라 진한, 번한, 마한으로 나누어 다스렸다. 이것은 오늘날의 지방자치제와 같은 원리인데 군사를 동원할 수 있는 병권은 진한만 가지고 있었다.

이러한 제도는 훗날 진조선, 번조선, 막조선이 되는데 지방 정부의 군사력이 강해지면서 각자 병권을 행사하려 들고 이로 인해 나라는 분열되고 국력은 쇠약해지고 만다. 그 결과 47대 고열가 단군은 나라를 통치할 힘을 잃고 왕명을 집행하는 오가五加들에게 통치권을 넘겨 주고 산으로 들어가 수도하여 선인仙人이 된다.

이로써 면면히 이어져 온 2096년간의 단군조선시대는 막을 내리고 오가들에 의한 6년간의 공화정 시대를 거쳐 해모수가 이끄는 182년간의 북부여 열국시대가 열리게 된다. 고구려의 개국은 그다음에 이루어진다.

강성했던 대한민족의 나라들이 망한 이유는 분열이다. 지금도 그 오욕의 역사는 반복되고 있다. 광활한 대륙의 영토를 다 빼앗기고 대륙의 끝자락에 몰려 둘로 갈라져 대립을 하고 있으니 이 얼마나 통탄할 일인가.

한쪽은 독재와 경제의 피폐, 또 한쪽은 여야가 서로 편을 갈라 국가와 국민을 위하기보다는 당리당략에 사로잡혀 헤어나지 못하고 있는 이 답답한 현실!… 필자가 의정원 고시제도를 창안한 것은 표면적으로는 정치를 개혁하여 국가를 발전시키는 것이지만 그 이면엔 이와 같은 악습의 고리를 끊어내는 데 목적이 있다.

아무튼 제2차 세계 대전에서 연합군과 미국은 승리했고 일본 제국주의는 패했다. 그러나 미국은 일황을 국제재판에 세우지 않았다. 그 당시 결정권자들이 자국의 이익을 위해 내린 결정으로 보인다. 이래서 미국은 세계 최강대국은 될 수 있어도 세계평화를 주도하는 나라는 될 수 없는 것이다. 그때 미국은 일황을 국제재판에 세워서 허황된 제국주의의 싹을 잘라냈어야 했다.

지금 일본제국주의자들의 마음속엔 선대들이 이루지 못한 꿈을 이루기 위한 야욕이 자라고 있는지도 모른다. 훗날 일본제국주의가 발호하여 또다시 세계를 전쟁의 참화慘禍 속으로 몰아넣으려 한다면 미국은 적극적으로 나서서 그 같은 야욕을 사전에 차단할 책임과 의무가 있다.

요즘 북한의 핵 폐기가 이슈로 대두되고 있는데 북한이 핵을 평화적 방어 목적으로만 사용할 확고한 의지만 있다면 북한은 핵을 보유해야 한다. 그것이 일본제국주의의 발호를 막고 세계평화를 지킬 수 있는 방법이 될 수 있기 때문이다.

따라서 북한의 핵 문제는 북미만의 문제가 아닌 전 세계의 문제로 인식하고 좀 더 신중히 판단해야 할 사안이라고 생각된다. 한 가지 덧붙이자면 세계평화를 위해서는 한반도가 강대국이 되어야 한다. 더 나아가 세계 초일류 국가가 되어야 한다. 그것이 남이든, 북이든, 남과 북이 서로 힘을 모아서건, 어떤 형태로든 반드시 강대국이 되어야 한다. 일본제국주의의 힘으로는 도저히 넘볼 수 없는 강대국이.

대한민족은 창세 민족이다. 일류시원 문명을 만들어 낸 주축 민족이다. 국민 한 사람 한 사람이 새로운 각오로 거듭나 대한민족의 잠재된 능력을 표출한다면 언젠간 강대국의 꿈을 이룰 수 있다. 그때 비로소 그들은 조상의 나라를 찾아와 참회의 눈물을 흘리며 배상을 할 것이다. 정부는 이러한 점을 깊이 인식하고 일제에 의해 강제 징용되어 피해를 본 국민들에게 먼저 배상을 해 주고 사죄와 함께 그 금액을 받아내야 한다.

일제가 속죄의 눈물을 흘리게 하기 위해서는 하루빨리 남과 북이 하나가 되어야 한다. 분단된 세월이 어언 70년이다. 이 분단의 세월 속에서 남과 북은 둘 다 실패했다. 북은 경제적으로. 남은 정치적으로. 행여라도 북이 실패한 경제를 만회하기 위해 남침을 감행할 망상을 가지고 있다면 가슴속에서 속히 지워버리는 것이 좋다. 앞으로 한반도에서 또다시 전쟁이 벌어진다면 한쪽은 살고 한쪽은 죽는 그런 전쟁이 아니다. 종국엔 둘 다 죽고 마는 전쟁이 되고 말 것이다.

한반도가 초토화되고 나면 한반도만의 비극으로 끝나는 것이 아니다. 이로 인해 세계평화는 크게 위협받게 된다. 창세 민족의 자손으로서, 천자국의 종통 자손으로서, 절대로 그런 일을 벌여서는 안 된다. 남북한 정권이 진정으로 국가와 국민을 위하고 대한민족의 미래를 생각한다면 보여주기식 정치행정이 아닌 자유통상 자유왕래의 길만이라도 하루빨리 열어야 한다.

그런 날이 조속히 오기를 소망하며 한반도 평화통일 헌법의 초안을 적는다.

한반도 평화통일 헌법
(남북 · 북남 평화통일 헌법)

이 법은 남과 북, 북과 남이 공동으로 제정하여 평화적으로 통일을 이루는 날까지 존속시킨다.

제1조: 남과 북, 북과 남은 서로 간의 정치체제를 인정하고 존

중한다.

　제2조: 남과 북, 북과 남은 정권교체 등 정치적 상황과 관계 없이 민족화합, 민족통일을 위한 노력을 계속해야 한다.

　제3조: 남과 북, 북과 남은 상호 평등의 원칙에 따라 서로 간 의 자유로운 삶을 보장한다.

　제4조: 남과 북, 북과 남은 제1조와 제2조, 제3조의 정신을 바탕으로 자유통상 자유왕래를 실현한다.

　제5조: 제1조를 위반한 남과 북, 북과 남의 주민에게는 남과 북의 양형 규정을 적용한다.

　제6조: 남과 북, 북과 남은 하나의 정부로 통일되기 전까지는 서로의 체제가 위협받을 수 있는 대규모 집단 이주를 불허한다.

　제7조: 통일 정부의 수립은 남과 북이 서로 협력하여 양쪽을 잘 발전시킨 뒤 하나의 정부로 통일하는 것이 더 낫다는 공감대 가 형성되면 남과 북이 동시 투표를 실시하여 가부를 결정한다. 통일 정부의 성립 요건은 남과 북 각각의 주민들의 과반수 찬성

을 필요로 한다.

젊은 시절 국가 문제에 관심을 갖게 되면서 남북 문제에도 관심을 갖게 되었다. 그때 필자는 남쪽은 정치, 북쪽은 경제가 문제라는 진단을 내렸다. 그렇게 흘러온 세월이 30년이 넘었다. 그런데도 지금 남과 북의 성적표는 어떠한가. 남쪽에는 필자 나름대로 정치개혁안을 제시했으므로 북쪽의 경제 문제에 대해 피력하고자 한다.

필자가 보기에 북쪽에 어떤 지원을 해준다고 해서 나빠진 북쪽 경제가 살아날 것 같진 않다. 지금 북쪽이 선택해야 할 최선의 안案은 자유통상 자유왕래의 길 뿐이다. 필자가 입안한 한반도 평화통일 헌법의 초안을 기반으로 남과 북이 머리를 맞대고 이 헌법을 완성하여 자유통상 자유왕래의 길을 연다면 꼬였던 실타래가 풀리듯 북쪽의 경제도 술술 풀려갈 것이다.

그렇다면 어떻게 해야 하루라도 빨리 자유통상 자유왕래를 실현시킬 수 있는 것일까. 여기에는 지켜야 할 3가지 원칙이 있다. 첫째, 외세의 개입을 차단해야 한다. 둘째, 남과 북이 직접 대화를 해야 한다. 셋째, 공개보다는 비공개 회담을 자주해야 한다. 남과 북이 이와 같은 원칙을 잘 지켜 나간다면 자유통상 자유왕래는 반드시 실현될 것이다.

이와 관련하여 특히 강조하고 싶은 것은 자유통상 자유왕래의 길 외엔 그 어떤 방책을 써도 이것만큼의 효과를 거두기는 어렵다는 것이다. 그런 만큼 나무의 몸통을 곁에 두고 잔가지에 아무리 의존해 봐야 돌아오는 건 허비한 시간의 흔적만 남을 뿐이다.

여기서 간과해선 안 될 것이 있다. 어떤 형태로든 불안감을 조성하는 행위는 하지 말아야 한다. 이것은 자유통상 자유왕래의 길을 여는 것만큼이나 중요한 일이다. 필자는 북쪽이 이러한 과업을 반드시 해내리라 믿는다. 비록 다 함께 잘 살 수 있다는 공산주의의 달콤한 유혹에 빠져 수많은 세월을 허비했지만 언젠간 공산주의의 허물을 벗고 나와 고구려의 혼을 되찾으리라 믿는다.

대한민족의 계보를 거슬러 올라가면 남쪽보다는 북쪽이 고구려에 더 가까운 후손이다. 알려진 바와 같이 고구려인들은 저 광활한 대륙을 호령하며 살았다. 비록 형제국인 백제와 신라를 치기도 했지만 그보다는 드넓은 대륙을 향해 자신들의 꿈과 야망을 펼쳤다.

그런데 지금 북쪽은 그러한 선조들의 정신과는 정반대의 길을 걷고 있다. 필자는 북쪽의 핵 보유를 원칙적으로 찬성한다. 그러나 이것은 어디까지나 평화적 방어 목적이라는 것을 전제로 한다. 필자의 기억으로는 북쪽이 이러한 주장을 펼친 적이 없다. 이것은 북이 핵 사용 목적을 잘못 설정했다는 방증이기도 하다.

북이 필자가 바라는 대로 핵을 개발하고 보유했다면 국제 사회를 향해 이런 주장을 펼쳤을 것이다.

"우리는 핵을 평화적 방어 목적으로만 사용할 것이다. 우리 민족은 35년 동안 일본제국주의에 의해 참혹한 고통을 겪었다. 언제 또 일본제국주의가 발호하여 한반도를 짓밟고 세계를 유린할지 모르는 일이다. 그런 까닭에 우리가 핵을 보유하는 것은 세계 평화에도 도움이 된다."

북이 핵을 평화적 방어 목적으로만 사용한다는 확고한 의지를 가지고 국제 사회를 향해 이와 같은 주장을 폈다면 국제 사회는 결코 북을 맹렬히 비난하거나 제재를 가하는 행위는 하지 않았을 것이다.

아무튼 북쪽은 하루빨리 고구려의 정신을 되찾아야 한다. 그리고 그러한 정신으로 과거 6.25 전쟁으로 희생된 남쪽 주민들에게 진심 어린 사과와 반성의 시간을 가져야 한다. 그것이 대륙을 호령했던 선조들에 대한 예의고 직계 자손으로서 취해야 할 태도이다.

필자가 보는 북쪽의 현 상황은 마치 개구리가 원통형 우물 안에 갇혀 있는 형국이다. 이 안에서는 넓은 세상을 볼 수가 없다. 넓은 세상을 볼 수 없으면 넓은 정치, 좋은 행정을 펼칠 수가 없다. 그렇게 되면 국가는 계속 퇴보의 길로 갈 수밖에 없다. 지금 북쪽이 선택할 것은 오직 하나, 자유통상 자유왕래의 길 뿐이다. 허울뿐인 공산사회주의의 옷을 벗어 던지고 세상 밖으로 나와 자유통상 자유왕래가 몰고 올 거대한 변화의 물줄기를 잡아야 한다. 그래야만 남과 북이 함께 발전할 수 있다.

이제 통일이라는 말은 잠시 접어 두자. 남과 북 우리 앞엔 오직 자유통상 자유왕래의 길만이 있을 뿐이다.

길을 가다 길을 잘못 들어섰다고 판단되면 되돌아 나가는 것이 순리다. 그것을 거스르면 거스를수록 앞으로 헤쳐 나갈 길이 험난해진다.

자유통상 자유왕래의 길 속에 거대한 변화를 몰고 올 거대한 물줄기가 있고, 그것이 지금까지 북쪽이 줄곧 외쳐 온 부국강병의 길임을 가슴 깊이 새겼으면 한다.

한 단계 높은 대한민국 환桓의 자손 대한민국

삼한연합

국토가 크다고 꼭 좋은 것만은 아니지만 한반도, 특히 반으로 갈라진 남쪽의 지형을 보고 있노라면 굽이쳐 흘러온 대한민족의 역사를 되돌아보게 된다. 그리고 그 역사를 다시 쓰고픈 충동이 용솟음친다.

이번에야말로 고구려를 멸망시키고 말겠다는 결심을 굳힌 당나라는 신라군이 모습을 드러내자 선봉에 서서 고구려 공격에 나섰다. 나당 연합군의 공격이 시작된 것이다.

이때 신라군은 결정을 내리지 못하고 망설이고 있었다. 그러다가 결심을 굳히고 총공격에 나섰다. 신라군은 고구려가 아닌 당나라의 후미를 쳤다. 이렇게 되자 당나라 대군은 당황하며 혼란에 휩싸였다. 그때 그 소식을 듣고 달려온 백제군까지 합세하자 당나라는 힘 한 번 제대로 써 보지 못하고 무너지고 만다. 대승의 현장에서 만난 삼국의 장졸들은 "삼한단결"을 외치며 뜨거운 포옹으로 진한 동포애를 나눴다.

신라가 결정적인 순간에 마음을 바꾼 것은 고구려가 멸망하고 나면 신라도 당나라에 의해 멸망하게 될 것이라는 평범한 진리를 깨달았기 때문이었다. 그 후 광활한 대륙에는 삼한三韓의 연합국가가 세워졌다. 그리고 이전의 삼한은 삼한연합국三韓聯合國 신라현新羅縣, 백제현百濟縣, 고구려현高句麗縣이 되었다.

우리 민족은 왜 서로 단합하지 못하고 분열의 역사를 살아야만 했던 것일까? 대체 무엇이 우리 민족을 그렇게 만들었던 것일까?
너무도 아쉽고 한스러운 역사의 순간이어서 한번 되짚어 보고 싶었다.

언젠가는 남과 북이 하나가 될 것이다. 그때는 절대로 다시 갈라서는 일이 있어서는 안 된다. 서로의 생각이 다르다고 다시 등을 돌리면 분열의 역사를 영영 끝낼 수가 없다.
서로의 생각이 다를 때에는 개인의 욕망, 권력욕 같은 것은 모두 내려놓고 오직 국가와 국민, 대한민족의 미래만을 생각해야 한다. 그리고 그것에 가장 부합하는 쪽에 힘을 실어 줘야 한다. 그리하면 분열의 역사를 되풀이하지 않을 수 있다.

대한大韓, 대한인大韓人으로 거듭나는 것이다.

실제의 역사에서는 단기 3001년 서기 668년 나당 연합군의 공격으로 고구려가 멸망하고 만다.

나당 연합군의 공격으로 백제가 멸망한 지 8년 만의 일이다. 이 쓸쓸한 역사의 현실 앞에서 고구려의 멸망과 발해의 건국을 다룬 KBS 대하드라마 대조영의 주제 음악을 들으며, 망국의 한을 안고 중화 대륙으로 끌려간 고구려인들을 생각하며, 세계 초일류 국가 대한민국을 꿈꾸어 본다.

※ 우리는 선조들이 품었던 홍익인간 구현의 꿈을 이룰 절호의 기회를 잃었다. 바로 고구려 강성기 때의 일이다. 그때 삼한이 단합하는 모습을 보였다면 단군조선 때 못 이룬 홍익인간의 꿈을 이루었을 것이다. 그랬더라면 지금의 중화대륙은 대한민국의 행정력으로 관리되어 훨씬 더 평화로운 세상이 되었을 것이라는 통한의 여운으로 남는다. 그런 관계로 대한민국은 중립주의의 길을 가야 한다. 그것이 국익에도 이롭고 세계평화에 한 발짝 다가서는 일이다. 따라서 이러한 내용을 특

별법인 국가번영법에 담아서 정권 교체와 관계없이 항구적인 중도의 길을 가야 한다. 민주주의의 미국, 유럽과 잘 지내는 것은 물론 공산주의의 중국, 러시아와도 잘 지내야 한다. 그래야만 남과 북이 자유통상 자유왕래의 길을 하루라도 빨리 열 수 있고 통일도 앞당길 수 있다.

세종의
자방고전

세종은 왜 자방고전字倣古篆이란 기록만을 남기고 그 내막을 밝히지 않은 것일까? 국내의 강단 사학자들이 이 의문을 접하면 대부분 이렇게 말할 것이다. 그것이 뭐 그리 대단한 것이냐고. 그러나 이것은 하찮게 여길 일이 아니다. 적어도 강단 사학자들이 벌이고 있는 논쟁인 '훈민정음을 세종이 혼자 창제했느냐, 신하들과 함께 창제했느냐'보다 훨씬 더 중요한 일이다.

필자는 자방고전의 내막을 밝히지 못한 세종의 마음고생이 컸다고 본다. 이러한 세종의 마음을 읽어 내기 위해서는 '추정推定'이라는 도구를 활용할 수밖에 없다. 어차피 기록이나 유물이 존재하지 않는 역사는 추정에 의존할 수밖에 없다. 이때 그 추정이 제대로 맞으면 올바른 역사가 되는 것이고 그렇지 못하면 그릇된 역사가 되는 것이다. 따라서 추정역사를 배척만 할 것이 아니라 이것을 "추정탐구학"으로 새롭게 인식하는 발상의 전환이 필요하다.

자방고전字倣古篆이란 말은 세종 25년 음력 12월 30일 자 세종실록에 최초로 등장한다.

"이달에 임금이 친히 언문 28자를 지었는데, 그 글자들은 옛 전자篆字들을 모방하였다."

이러한 세종의 마음을 이해하기 위해서는 먼 옛날로 돌아가야 한다.

때는 삼국시대 말. 나당 연합군에 의해 고구려와 백제가 멸망한 이후다. 민족 사학자들에 의하면 단군조선 시대부터 내려온 천자권天子權의 적통이 백제에 있었다고 한다. 그러나 백제가 멸망하면서 당나라는 백제가 가지고 있던 천자권은 물론 한자와 많은 문화재를 빼앗아 갔다. 이 때문에 우리 민족이 대대로 사용해 왔던 한자의 글자체인 예서隷書와 해서楷書를 사용할 수 없었다고 한다.

다시 세종 때로 돌아와서 현 시국을 보면 근조선은 명나라의 지배를 받는 나라임을 알 수 있다. 세자의 책봉은 물론 중전의 간택까지 명나라 황제의 첩지가 내려져야 조선의 국모로 인정받을 수 있었다.

이런 상황에서 세종이 자방고전이라고만 밝히고 그 내막을 밝히지 않은 것은 어쩔 수 없는 선택이었다고 본다. 만약 그때 세종이 그 내막을 밝혔다면 지금 세계인들로부터 사랑받고 있는 한글은 존재하지 않았을 것이다.

그때 세종이 마음고생을 하며 밝히지 못한 것이 가림토加臨 土 문자이다. 이것이 한글 원형의 두 번째 문자이며 가림다加臨 多 문자라고도 한다. 이 문자도 훈민정음과 같이 창제한 연도와 창제한 사람이 명확히 밝혀져 있다.

환단고기의 단군세기 가륵嘉勒 단군조를 보면 가륵 2년 서기 전 2181년에 삼랑 을보록이 정음正音 38자를 창제했다고 기록하고 있다. 또한 이 가림토 문자가 삼랑 을보록 본인 스스로가 창제한 문자가 아니라는 것도 밝히고 있다.

〈3세 가륵 단군의 말씀〉

"아직 풍속이 하나같지 않아 지방마다 말이 서로 틀리고, 형상으로 뜻을 나타내는 진서鎭書가 있다 해도 옆집 사는 마을에도 말이 통하지 않는 경우가 많고 백리되는 땅의 나라에서도 글을 이해하기가 어려웠다. 이에 삼랑 을보록에게 명하여 정음 38자를 만드니 이를 가림토 문자라 한다."

이처럼 고대 한국의 가림토 문자도 훈민정음처럼 문자 창제

시기와 창제한 동기, 창제한 사람이 명확히 기록되어 있다. 여기서 의문이 생기는데, 가림토 문자와 진서鎭書와의 관계이다. 진서란 녹도문을 뜻한다. 사슴의 발자국 방향을 본떠서 기호로 만들었는데 이것을 신획, 신문, 또는 녹도문 등으로 불린다. 오늘날 우리가 쓰고 있는 한글의 ㅗ, ㅓ, ㅏ, ㅜ, ㅡ, ㅣ가 그것이다.

이 기호가 창제된 것은 서기 전 4000여 년 전인데 이것을 이해하기 위해서는 설화의 내용을 참고할 필요가 있다.

배달국 초대 천황인 거발환 환웅은 신지 혁덕에게 명하여 문자를 만들게 하였다. 신지神誌는 지금의 국무총리 격의 벼슬이며 혁덕은 그의 이름이다.

〈설화〉

"글자 만들기를 고민하던 혁덕은 어느 날 사냥을 나갔다가 암사슴 한 마리를 발견하고 활을 쏘려고 하였으나 순간 사슴이 돌아쳐 달아나는 바람에 놓치고 말았다. 그에 달아난 발자국을 좇아 헤매었는데 강기슭에 이르러서야 어지럽게 찍혀 있는 사슴 발자국을 발견하였다.

혁덕은 머리를 숙여 발자국의 방향을 살피다가 불현듯 그 방향성이 문자를 만드는 방법이란 생각이 떠올랐다. 발자국은 어지럽게 찍혀 있었지만 사슴이 향한 방향은 절로 알 수 있었던 것이다."

사냥을 마치고 돌아온 혁덕은 만물의 운행 현상을 도식으로 태극 순환 그림을 그렸고 그 위에 다섯 방향을 표시할 기호를 만들었는데, 그것이 현재 우리가 쓰고 있는 한글의 모음 중 ㅗ, ㅓ, ㅏ, ㅜ, ㅡ, ㅣ인 것이다.

이러한 것은 한글이 천지인의 원리로 창제되었다는 것과 일치한다.

이와 같은 내용으로 볼 때 한글은 배달국 '신지 혁덕의 녹도 기호문' 단군조선 '삼랑 을보록의 가림토', 근조선 '세종대왕의 훈민정음'으로 오늘날의 한글이 탄생되었음을 알 수 있다.

또한 배달국의 거발환 환웅, 단군조선의 가륵단군, 근조선의 세종이라는 세 분의 군주가 관여하여 한글이 이 땅에 나왔다는 것도 알 수 있다. 이러한 것은 인류의 문자 역사에서 그 유례를 찾아볼 수 없는 매우 중요한 일이다.

만약 세종이 자방고전의 내막을 밝혀 명나라가 한글과 관련된 서책을 빼앗아 모두 불태워 버렸다면 한글은 우리 곁에 남아 있지 않았을 것이다. 그렇게 되었을 것이라는 것은 분서갱유라는 중국의 사건이 잘 말해 주고 있다.

분서갱유焚書坑儒란 진나라 승상 이사가 주장한 탄압책이다. 실용 서적을 제외한 모든 사상 서적을 불태우고 유학자들을 생매장했다고 한다.

진나라가 통일 제국을 건국한 지 9년이 되는 해 승상 이사가 진나라에 관한 기록이 아닌 모든 기록과 시경, 서경, 제자 백가의 저서를 모두 불태워 버리라고 요구한 것을 황제가 제가함으로써 벌어진 사건이다.

그때 남은 서적은 의약, 점복, 농업에 관한 것뿐이었다. 이 사건은 과거의 좋은 사례를 정책에 반영하라는 유학자들의 요구로 촉발되었다고 한다. 이 사건과 훗날 벌어지는 문화대혁명 사건으로 중국은 이렇다 할 역사가 없는 민족이 되고 만다.

이런 점들로 볼 때 세종대왕은 한글을 재창제하여 실생활에 적용했을 뿐만 아니라 만일의 사태를 우려하여 자방고전의 내막을 밝히지 않은 현명한 성군이라는 것을 알 수 있다. 한글을 창제한 분들과 그와 관련된 분들께 감사하는 마음을 잊어서는 안 될 것이다.

한자韓字와
수數의 기원

인류 최초의 의사표기 수단은 무엇일까? 지금 우리가 사용하는 수의 개념은 언제부터 표기하기 시작한 것일까? 이러한 의문이 쌓이고 쌓여 한자와 수의 기원을 쓰게 되었다. 한자와 수의 기원을 밝혀내기 위해서는 한자가 대한민족이 창제한 문자라는 것이 전제가 되어야 한다. 그러지 않고서는 한자와 수의 기원을 밝혀낼 방법이 없다.

그렇다면 한자와 수는 언제 어떤 방법으로 인류사에 등장하게 된 것일까? 이것을 풀어내기 위해서는 대한민족이 어떤 민족인가를 먼저 이해할 필요가 있다. 대한민족은 대대로 천손天孫민족이다. 통치를 하는 왕들이 하늘의 명을 받아 통치를 할 만큼 하늘을 대하는 정성이 남다른 민족이다.

이런 민족이 한자를 창제했다면 어떤 뜻을 가진 한자를 가장 먼저 만들었는지는 어렵지 않게 알 수 있는 일이다. 바로 하늘이다. 인류 최초의 문자가 도형, 즉 그림이었을 것이라는 것은 세계가 인정하고 있는 사실이다. 사물의 형상을 보고 그것을 그린 뒤 그 뜻을 새겼을 것이다. 이제 이러한 것을 바탕으로 우리 모두가 한자 창제의 주체가 되어 먼 옛날로 돌아가 보자.

무언가 인간이 품은 생각을 말이 아닌 다른 수단으로 표현해야겠다고 마음먹은 사람들이 모여서 하늘을 본다. 아무리 보아도 하늘은 끝이 없고 각진 곳도 없고 둥글게만 보이니 원圓을 그린다. 동그라미의 탄생이다. 그다음엔 늘 발을 디디고 살아가는 땅을 본다. 아무리 보아도 땅은 평평하게만 보인다. 그래서 그 형상에 따라 사각형을 그린다. 네모의 탄생이다. 이제 인간 자체를 그려야겠다고 마음먹고 인간의 형상을 그려 놓고 보니 무언가 조화가 맞지 않는다는 것을 느끼게 된다. 하늘이 원이고 땅이 사각형인데 사람을 상징하는 그림이 사람의 형상 그 자체라는 것이 조화가 맞지 않는다고 생각하고 고민에 빠진다. 그러던 중 선 자세로 하늘과 땅을 번갈아 본다. 그런 다음 두 발을 벌리고 바른 자세로 서 있는 사람을 배경으로 머리에서 발끝까지 팔을 따라 두 개의 선을 긋는다. 이때 땅을 밟은 두 발은 자연스럽게 가로(_)선이 된다. 이렇게 해서 탄생된 것이 삼각형이다. 그러므로 삼각형은 사람이 두 발을 벌린 채 바른 자세로 땅 위에 서 있는 모습이 된다. 따라서 하늘은 둥글고(원圓), 땅은 방정−평평하고(방方), 사람은 각지다(각角)는 개념이 생기게 되었고 이 과정에서 수의 개념(이때 물질을 생성하는 자연수가 존재했지만 수로써 인식하지 못했다)도 자연스럽게 생겨난 것으로 보인다.

즉, 하늘을 제일 먼저 그렸으니 (1)이고, 땅이 (2), 사람이 (3)이 되는 것이다. 이러한 것을 뒷받침해 주는 것이 천부경天符經이다. 천부경은 대한민족 3대 경전의 하나이자 인류 최초의 경전이다. 천부경 81자 중에는 천일일天一一. 지일이地一二. 인일삼人一三이라는 구절이 있다. 문자 그대로 해석하면 하늘은 (1)이고 땅은 (2)이고 사람은 (3)이라는 뜻이다.

이것을 훗날 창제되는 한자와 함께 정리하면 다음과 같다.

○=하늘=천天=一 1.
□=땅=지地=二 2.
△=사람=인人=三 3.

그렇다면 네 번째로 창제된 문자는 어떤 문자일까? 아마도 나무, 그중에서도 자작나무일 가능성이 크다. 자작나무는 다 자라면 높이가 30m나 된다고 한다. 그런 의미에서 나무 목木자는 단순히 나무의 형상을 본뜬 글자가 아니라는 것을 알 수 있다.

그 증거가 과거 신라의 왕들이 썼던 왕관에 자작나무가 새겨져 있고 고대의 통치자와 종교 지도자들이 하나같이 지팡이를 짚고 다녔다는 점이다. 신라는 전통적으로 자신들이 천손 민족임을 강조해 왔던 나라이다. 이런 나라의 왕들이 썼던 왕관에 자작나무가 새겨져 있다는 것은 의미하는 바가 크다.

과학 문명이 발달하지 못했던 고대 사회에서 하늘에 가까이 갈 수 있는 방법은 두 가지 정도밖엔 없다. 그중 하나는 높은 산 위에 오르는 것이고 나머지 하나는 높은 나무 위에 오르는 것이다. 따라서 한자를 창제했던 우리 선조들은 하늘과 하나 되고 하늘과 소통하고픈 간절한 마음을 나무에 담았다고 볼 수 있다.

그러나 큰 나무를 통째로 뽑아서 들고 다닐 수도 없는 일이기에 궁리 끝에 지팡이를 만들어 사용한 것으로 보인다.

그러므로 지팡이는 단순히 불편한 몸을 지탱하기 위한 수단이 아닌 하늘과 하나 되고 하늘과 소통하기 위해서 몸과 마음을 의지하는 도구였을 가능성이 높다.

다섯 번째로 창제한 한자는 인체의 각 부위인 머리, 눈, 코, 입, 팔, 다리 등이었을 것이다. 이 과정에서 손가락이 다섯 개인 것을 보고 (5)라는 숫자가 나왔고, 여기에다 손가락 하나를 더하면 (6), 이런 식으로 해서 지금 우리가 사용하고 있는 숫자의 기초가 만들어졌다고 본다.

이와 같은 정황으로 볼 때 한자와 동그라미, 네모, 세모는 인류문명을 이끌어 온 가장 큰 매개체라고 할 수 있다. 현재 전 세계에서 20억 이상의 인구가 사용하고 있다고 하니 인류의 보배라는 생각이 든다. 그런데도 전 세계에서 한자를 국가 차원에서 연구하는 나라가 단 한 곳도 없다고 한다.

이렇게 된 데에는 우리 자손들의 불찰이 크다. 다른 나라는 한자가 자신들이 창제한 문자가 아니기 때문에 관심이 없고, 우리는 한자가 중국이 만든 것으로 알고 손을 놓고 있는 까닭이다. 하루빨리 한국어(한어+한자+한글)를 유네스코에 등재해야 한다. 그것이 위대한 한자를 창제해 주신 선조들께 불효불충을 씻는 일이다.

아무리 한글이 대세인 시대라고 하지만 한글은 한자가 없으면 생명력을 잃고 만다. 지금 우리가 사용하고 있는 단어 중 절반 이상이 한자어 및 한자 단어로 되어 있다는 것이 그러한 것을 잘 말해 주고 있다. 우리가 좀 더 관심을 가지고 한국어를 대하다 보면 한자어의 한 단어마다 한자를 창제해 주신 선조들의 혼이 느껴질 것이다.

굳이 비유를 하자면 한자와 한글은 한 형제라는 생각을 지울 수 없다. 단지 서로 다른 옷을 입고 있을 뿐이다. 서로 다른 옷을 입고 있다고 해서 한 형제라는 것을 인정하지 않는다면 이 얼마나 원통한 일인가. 한자를 창제해 주신 우리 선조들의 마음이 그러할 것이다.

이제 우리가 할 수 있는 것부터 하나씩 해 나가야 한다. 초등학교부터 한자 900자를 가르치고 세계 각국에서 한국어를 배우는 중급 이상의 사람들에게도 한자 900자를 가르쳐야 한다. 그렇게 되면 한글은 쉽지만 한국어는 어렵다는 사람들이 한국어를 이해하는 데 많은 도움이 될 것이고 훗날 한국어가 유네스코에 등재되는 데에도 적지 않은 도움이 될 것이다.

그런 의미에서 앞으로 발행되는 한국어 교재의 표지 글은 한자와 한글을 병기해야 한다. 세종 한국어, 세종 한자를 예로 들면,

세종 한국어　　세종 한자

世宗 韓國語　　世宗 韓字

여기서 중요한 것은 반드시 한자韓字라고 써야 한다. 한자漢字라고 쓰면 중국 문자가 된다. 한자韓字가 한자漢字로 쓰이게 된 이유는 정확히 알 수 없지만 과거 진나라가 망하고 한漢나라가 들어서면서 흩어져 있던 문자들을 정리한 뒤 자신들의 국호를 붙여서 한자漢字라고 쓴 것으로 보인다.

아무튼 한국어를 유네스코에 등재하고 인류공용어로 만드는 일을 게을리하지 말아야 한다. 그것이 위대한 문자를 창제해 주신 선조들에 대한 예의이고 도리이다. 한국어는 디지털 문자인 한글과 아날로그 문자인 한자의 합성어이다. 이것을 달리 말하면 고대 문명과 현대 문명의 조합어組合語라고 할 수 있다. 이런 이

유로 한국어가 인류공용어로 지정되면 그 후의 세상은 지금보다 훨씬 더 편리한 세상이 될 것이다. 지금보다 훨씬 더 평화로운 세상에서 살아갈 수 있음은 덤으로 얻어지는 축복이다.

한자와 수의 기원을 쓴 김에 한자와 관련된 것을 덧붙이고자 한다.

한자는 수양修養의 문자이다. 그런 까닭에 인성을 키우기 위해서도 한자 교육은 필요하고 인류 최초의 경전이자 대한민족의 3대 경전인 천부경天符經을 읽고 나름대로 해석할 수 있는 능력을 키우기 위해서도 한자 900자 정도를 익히는 것은 꼭 필요하다.

그런 의미에서 과거의 일화를 되새겨 보는 것은 큰 교훈이 될 것이다.

과거 독일의 대철학자 하이데거는 한국의 대표적인 철학자인 서울대 교수를 자신의 집으로 초청하여 질문을 한 적이 있었다고 한다.

"이 안에 상당히 깊은 철학적인 내용이 실려 있는 것 같은데 해석을 좀 해 주실 수 있습니까?"

하이데거가 한국의 철학자에게 내민 것은 천부경이었고, 이 물음에 한국의 대표적인 철학자는 아무 말도 하지 못했다고 한다. 대한민족의 자손으로서, 특히 철학계의 대표적인 인물로서, 이 얼마나 부끄러운 일인가. 하이데거가 생존했을 당시의 한국의 대표적인 철학자라면 한자를 모르진 않았을 텐데 천부경에 대해 한마디의 답변도 하지 못했다는 것은 참으로 부끄러운 일이 아닐 수 없다. 이런 일을 교훈 삼아 사학계나 철학계는 물론이고 많은 지식인들이 천부경을 가까이하여 대한민족의 자손은 물론 전 세계인들에게 천부경을 해석해 줄 수 있는 능력을 키워야 한다. 그러기 위해서는 한자 900자 정도의 습득은 선택이 아닌 필수가 되어야 한다.

한류의 뿌리

요즘의 한류는 너무도 뜨겁다. 특히 경자庚子년에 들어서면서 열기는 더욱더 달아오르는 느낌이다. 마치 11년간 참았던 욕구를 한꺼번에 토해내듯 12지의 첫 번째, 십간의 일곱 번째 해인 경자년을 뜨겁게 달구고 있다. 2032년 임자壬子년엔 또 어떤 한류가 세계 곳곳을 달굴지 자못 궁금해진다.

그렇다면 한류의 원천은 무엇일까? 선천적으로 대한민국 사람들이 머리가 좋고 손재주가 뛰어나서일까? 이 의문을 풀기 위해서는 먼 옛날로 돌아가야 한다. 그 전에 과거 미국의 한 단체에서 세계인들을 대상으로 실시한 유전자 검사의 결과를 참고할 필요가 있다.

대체적으로 머리가 좋은 사람들에겐 호모사피엔스 유전자보다 네안데르타린 유전자가 더 많다고 한다. 미국의 한 단체가 실시한 검사 결과를 보면 네안데르타린 유전자가 가장 많이 나온 나라는 일본이 1위, 중국이 2위로 나왔다. 그런데 이상하게도 대한민국은 순위에 들지 못했다. 그 이유는 대한민국 유전자 순위 자체를 발표하지 않았기 때문이다.

그때 대한민국 국민에 대한 유전자 순위는 발표되지 않았지만 그동안 우리 국민들이 보여 준 성과물이 그 순위표를 대신하고 있다. 세계수학 경시대회에서 1등을 차지하는 대부분의 사람들이 대한민국 사람이고, 하버드대학의 수석 졸업자도 대부분 한국의 젊은이들이라고 한다.

이러한 유전자는 모계 사회에서 형성된 것으로 여겨지는데 이 과정에서 특별한 노력이 있었음을 간과할 수 없다. 그중 하나가 씨름이다. 이 씨름이라는 경기를 통해 우수한 인간 종자인 남자를 선발하고 우수한 여자와 결합시켜 우수한 씨를 퍼뜨렸다.

이러한 것들이 민족사학자들에 의해 밝혀지고 있다. 필자도 씨름의 유래에 대해 의문을 가지고 있었는데 민족사학자들의 강연을 듣고 확신을 갖게 되었다. 씨름을 중국에서는 각력角力이라고 하고 진晉나라 때부터 시작되었다고 하는데, 이 명칭은 씨름의 성격상 맞지 않다. 각력角力은 '힘 있는 뿔'이라는 한자가 말해 주듯 매우 격렬한 경기라는 느낌을 준다.

씨름은 힘보다는 지혜의 경기다. 서로 상대방의 샅바를 잡고 상대가 어떤 기술을 쓸지 예상하며 대책을 세워야 이길 수 있다.

승패가 결정되어도 서로가 상처 없이 돌아설 수 있다는 점에서 씨름은 단순히 힘을 겨루는 경기라기보다는 힘과 지혜를 가진 남자를 선발하는 경기로 봐야 한다.

우리 선조들이 우수한 유전자를 가진 자손을 만들기 위해 노력한 흔적은 또 있다. 바로 편두 문화다. 편두란 납작한 머리 모양을 말하는데 아기가 태어나면 뇌의 용량을 키우기 위해 돌로 아기의 머리를 눌러 키웠다고 한다. 뇌가 큰 동물이 그렇지 못한 동물보다 지능이 높다는 점에서 이러한 육아법은 우리에게 시사하는 바가 크다. 고대로 갈수록 왕이나 지도자들의 머리 모양이 편두라는 것은 이미 알려진 사실이다.

유튜브에서 한국을 떠나지 못하는 외국인들의 말을 들어 보면 한국인의 정情이라는 말을 빼놓지 않는다. 편리한 교통, 맛있는 음식 등 여러 가지 이유가 있지만 한국을 떠나지 못하고 이 땅에서 계속 살게 되는 것은 한국인의 정情 때문이라는 것이다.

그렇다면 이 정의 문화는 언제 어떻게 시작된 것일까? 그 해답은 비빔밥, 그중에서도 큰 그릇 혹은 양푼 비빔밥에서 시작되었다는 것이 필자의 생각이다. 정情의 사전적 의미는 정성, 욕망, 인정, 사랑, 사정, 멋, 이치 등이다. 이 중에서 눈에 띄는 것이 멋인데 우리 선조들은 남에게 정을 베푸는 것도 하나의 멋으로 보았던 것 같다.

비빔밥의 유래는 세 가지로 전해진다. 그중 하나가 제사 음식을 처리하기 위해서라고 한다. 제사를 지낸 뒤 음식을 모두 모아 섞어서 먹었다는 것이다. 두 번째는 먹던 음식을 해를 넘기지 않고 모두 먹어 치우기 위해서이고, 세 번째는 논이나 밭에서 일을 할 때 좀 더 쉽게 들밥을 제공하기 위해서라는 설이다.

그러나 지금 우리가 쉽게 접하는 비빔밥은 큰 그릇 또는 양푼 비빔밥에서 왔다는 것이 필자의 생각이다. 이것이 언제부터 시작되었는지 정확히 알 수 없지만 과거 모계 사회에서 동굴에 거처를 두고 여자들끼리 사는 문화가 형성되면서 식생활의 편의를 위해 자연스럽게 생겨났다고 본다.

이러한 양푼 비빔밥 문화는 지금도 시골에서는 어렵지 않게 볼 수 있다. 김장이나 어떤 일을 하기 위해 여인네들이 모이면 큰 양푼에 밥과 채소, 갖은 나물을 넣고 참기름이나 들기름을 부어 비빈 뒤 함께 나눠 먹는다.

어머니들의 이런 생활 문화를 보고 자란 자손들은 정情이라는 정서가 자연스럽게 몸에 배게 되고 그러한 정서는 지금까지도 이어져 아는 사람을 만나면 "식사했냐"는 말이 자연스럽게 나오는 것이다.

따라서 한국인의 독특한 정서인 정情 문화는 모계 사회의 큰 그릇 비빔밥에서 시작하여 양푼 비빔밥으로, 다시 일반 비빔밥으로 퍼져나가 아우름과 어울림의 정서로 이어져 오늘에 이르고 있는 것이다.

이러한 점들로 볼 때 지금 세계인들이 한류에 열광하는 것은 단순히 한국 문화가 우수해서가 아니고 대한민족의 문화가 인류 문화의 모태이기 때문이다. 즉, 세계 곳곳에 미세하게 남아 있는 대한민족의 유전자가 한류라는 거대한 흐름을 타고 작동하기 시작한 것이다.

　이제 한류는 대한민국만의 문화가 아닌 세계가 함께 만들고 함께 즐기는 글로벌 상생 문화이다. 따라서 한류는 시기, 질투, 타도의 대상이 아닌 아끼고 사랑해야 할 보호의 대상이다.

단군조선
국호 탄생의 비밀

강단 사학자들은 왜 단군조선의 실체를 그토록 부정하는 것일까? 단군조선이 신화이고 우리가 곰의 자손이라는 것은 상식적으로 받아들이기 어려운 일이다. 그런데도 강단 사학자들은 단군조선의 실체를 인정하지 않고 있다.

강단 사학자들이 단군조선의 실체를 인정하지 않는 이유를 정확히는 알 수 없으나 대략 세 가지 정도로 요약해 볼 수 있다. 그중 하나는 대한민족의 자손이 아니기 때문에 관심이 없고, 둘째는 너무 게을러서 방대한 대한민족 역사의 실체를 연구할 수가 없으며, 셋째는 연구비 단절의 우려 혹은 중국이나 일본 정부로부터 대가를 받고 있기 때문이다.

이유야 어떻든 대한민족의 자손이라면, 특히 사학자의 길을 걷고 있다면, 잘못된 대한민족의 역사를 알고도 바로잡지 않는 것은 크게 잘못된 일이다. 이러한 행위는 우리의 역사를 부정하고 왜곡하고 있는 중국과 일본에 동조하는 꼴이 된다.

중국과 일본은 단군조선의 실체가 드러나는 것을 꺼리는 국가다. 단군조선의 실체가 드러나면 중화 대륙의 대부분이 단군조선의 강역이었던 것이 밝혀지게 되고, 일본이 단군조선의 후손이라는 것이 드러나기 때문이다. 그렇게 되면 조상의 나라를 무참히 짓밟고 소중한 문화유산을 말살했던 것이 밝혀지게 되니 일본으로서는 단군조선의 실체가 드러나는 것을 꺼리는 것은 당연한 일이다.

그러나 대한민족의 역사는 왜곡 말살의 대상이 아니다. 그 이유는 대한민족의 역사는 인류의 역사와 직결되어 있기 때문이다. 따라서 대한민족의 역사를 말살하는 것은 인류의 역사를 말살하는 것과 같다.

대한민족은 인류 역사의 모태 민족이다. 그런 까닭에 숱한 외세의 침탈과 일제의 식민통치, 동족상잔인 6.25의 폐허 속에서도 살아남아 한류라는 문화를 꽃피우고 있다. 이러한 실체를 무시하고 대한민족의 역사를 부정, 왜곡하고 말살하려는 나라는 소퇴의 길을 갈 수밖에 없다. 이것은 만고의 진리다.

국내의 강단 사학에서 대한민족의 상고사를 부정하고 단군조선의 실체를 인정하고 있지 않지만 여러 군데에서 단군조선의 실체는 드러나고 있다. 그중 하나가 몽골이나 우즈베키스탄 등 중앙아시아에서 단군이라는 이름이 등장하고 있는 점이다. 이처럼 단군이라는 이름이 널리 쓰였다는 것은 단군이 신화 속의 인물이 아닌 실제의 인물이며 단군조선의 강역이 그만큼 넓었다는 것을 의미한다.

두 번째는 천문天文의 기록이다. 환단고기 단군세기에는 13세 흘단 단군 재위 50년 무진년에 오성취루 현상이 나타났다고 기록하고 있다. 무진戊辰 50년은 서기전 1733년이고, 오성은 수성. 금성. 화성. 목성. 토성이다. 따라서 오성취루五星聚婁란 오성이 루성婁星에 모인다는 뜻이다.

이와 같은 것은 천문학자들에 의해 사실로 밝혀졌다. 천문 프로그램을 통해 확인해 본 결과 서기전 1734년 7월 중순 저녁 서쪽 하늘에 왼쪽부터 오른쪽으로 화성. 수성. 목성. 금성. 토성 순으로 늘어선 것을 확인할 수 있었다고 한다.

여기서 단군세기의 기록과 1년의 오차가 생기는데 과거의 천문현상 측정에서 1년의 오차는 거의 정확한 기록이라는 견해를 밝혔다. 이러한 기록 하나만 봐도 대한민족이 천손 민족이고 단군조선이 대제국이었음을 짐작게 한다.

세 번째는 국통맥이 끊어지는 것을 우려해 선조들이 고민한 흔적이다. 조선이라는 나라 이름이 그것을 말해 주고 있다. 여기서 조선朝鮮의 조朝자에 주목해 볼 필요가 있다. 이 조朝의 사전적 의미는 아침, 왕조, 조정 등인데 이 중에서 왕조에 눈길이 간다.

왕조란 같은 왕가에서 차례로 왕위에 오르는 왕들의 계열, 또는 왕가가 다스리는 동안을 뜻한다. 이 조朝=왕가王家라는 글자에서 앞으로 펼쳐질 우리 민족의 역사가 상고사와 단절되거나 국통맥이 끊어지는 것을 우려해 고민한 흔적이 드러난다. 따라서 조선이라는 국호에는 이전의 나라로부터 왕권이 계승되었다는 것을 확연히 나타내고 있다.

단군조선 이전의 나라는 배달국으로 불리는 배달신시倍達神市다. 이 국호에서 우리 선조들이 조선이라는 국호 선정을 앞두고 왜 고민을 했는지 알 수 있는 대목이다.

배달신시라는 국호는 '신의 도시'라는 뜻이 말해 주듯 상당히 품위 있고 멋진 국가명이다. 그러나 외부, 즉 다른 나라에서 볼때 이 나라는 실제 존재하는 나라가 아닌 신화 속의 국가라는 느낌을 준다. 특히 오랜 세월이 흐른 뒤엔 그러한 느낌이 더 강해질 수 있다.

이런 점 때문에 우리 선조들은 조선朝鮮이라는 국호에 이전 나라인 배달신시로부터 왕권이 계승되었다는 것을 나타내고 있는 것이다. 이러한 내용 하나만으로도 단군조선이 신화라는 주장은 억지 주장에 불과하다는 것을 알 수 있다. 이것은 고서古書에 기록이 있고 없고의 문제가 아니다. 조선이라는 국호가 단군조선의 실체를 말해 주고 있고, 단군조선 이전에 나라가 있었다는 것까지 나타내고 있으니 이것도 굳이 고서를 들먹일 필요가 없는 것이다. 비록 자료는 소실되어 사라졌지만 우리들 가슴속에서 꺼지지 않고 타오르고 있는 배달민족, 배달국… 이것 말고 또 어떤 자료가 더 필요하단 말인가. 나라를 걱정했던 선조들의 깊은 뜻을 결코 잊어서는 안 될 것이다.

단군조선의 실체가 천문이나 국호로 이미 증명된 시점에서 단군조선이 신화냐 아니냐를 논하는 것은 부질없는 일이다. 그보다는 단군조선이 얼마나 크고 강한 나라였나를 논하는 것이 옳다. 그 답은 삼국시대 우리 민족의 군사력을 보면 어렵지 않게 알 수 있다.

이때의 우리 민족의 군사력은 당나라 대군조차 고구려 한 나라를 상대하기가 벅찼다. 이런 상황에서 백제와 신라의 병력까지 가세하면 동북아에서 우리 민족을 대적할 나라는 없었을 것이다. 이 삼한 시대의 군사력이 단군조선의 군사력이라고 보면 된다. 어쩌면 이것보다 훨씬 더 강한 군사력을 보유했을지도 모르는 일이다.

이러한 정황으로 볼 때 고대의 우리 민족은 타민족의 지배를 받지 않은 강한 민족이었다는 것이 드러난다. 다만 우리들 스스로 분열의 역사를 청산하지 못해 타민족의 지배를 받은 것은 한으로 남는다. 남과 북의 정치행정가들은 이와 같은 역사적 사실을 깊이 인식하고 하루빨리 자유통상 자유왕래의 길만이라도 열어야 한다. 미국 때문에 그렇게 할 수 없다고 하는 것은 핑계에 불과하다. 우리가 할 수 있는 것부터 하나씩 해 나가면 된다. 그 것이 국제 사회의 지지를 받는 일이고, 우리 스스로 통일을 이루는 방법이기도 하다.

아무튼 이산 1세대들이 생존해 있을 때 자유통상 자유왕래의 길만이라도 열어야 한다. 이것은 남이나 북의 선택이 아닌 남과 북 모두의 필수 의무 조항이다.

한韓의 역사와
인류사

인류사는 대한민족의 사서史書인 환단고기와 부도지를 통해서만 해석이 가능하다. 이러한 것이 우리 민족에게 남아 있다는 것은 참으로 다행스러운 일이 아닐 수 없다.

부도符都는 천부도天符都를 줄인 것으로 하늘에 부합하는 나라 또는 도읍이라는 뜻이다. 신라의 학자 박제상이 저술한 것으로 전해지며 상고사의 비서秘書로 통한다. 징심록澄心錄의 15지誌 가운데 맨 처음에 실린 지誌의 이름이다.

파미르고원 마고성麻姑城의 황궁씨로부터 시작된 수만 년의 대한민족 상고사를 다뤘다. 인류 최초의 문명 집단이 살았던 광명 인간에 관한 기록이다. 마고麻姑는 마고성의 주인이다. 따라서 우리가 알고 있는 마고삼신은 마고의 분신分身으로 여겨진다. 이 세 분의 할머니는 곰할머니, 치(승냥이)할머니, 호(호랑이)할머니다. 이들을 마고삼신麻姑三神 혹은 삼신할미라 부른다(필자의 견해로는 마고와 궁희, 소희로 여겨진다). 과거 우리들의 어머니, 할머니들이 자식들 잘되게 해 달라고 장독대에 정한수를 떠 놓고 두 손 모아 빌었던 그분들이다.

할미는 한어머니, 큰어머니, 어머니의 어머니라는 뜻이다. 인류의 조상으로 추정되는 호모사피엔스(남자)와 네안데르타린(여자)이 만나서 원시사회를 이루었고, 그 후 부족사회를 형성하는 과정에서 모계母系 통치시대가 열렸다고 한다. 따라서 마고삼신은 최초의 문명시대를 이끌었던 주인공들이다(부도지에서는 인류의 조상을 마고로 기록하고 있다).

삼할머니가 임금이었던 시대는 서기 전 70,379년부터 서기전 7197년까지 63182년간이다. 이 기록은 환단고기에서 의문을 가지고 기록해 놓은 63182년과 정확히 일치한다. 이 시대를 마고성麻姑城시대 또는 전환국前桓國시대라고 한다.

기록에 의하면 마고할미는 중앙아시아 파미르고원을 다스린 임금님이며 자손들로부터 신神으로 모셔졌다. 임금님이라는 호칭은 사랑과 흠모, 존경의 의미를 담고 있으며 하늘을 대신하여 백성에게 전하는 분이라는 뜻이다. 그런 까닭에 통치자를 임금님이라고 불렀다.

임금님은 우리 민족만이 쓰는 호칭이다. 이것만으로도 대한민족이 천손天孫 민족이라는 것이 증명되는 셈이다. 이렇게 볼 때 대한민족의 상고사는 하늘과 함께해 온 천도天道의 여정이자 역사라고 할 수 있다.

마고는 궁희와 소희라는 두 딸을 낳았는데, 궁희는 황궁씨와 청궁씨를, 소희는 백소씨와 흑소씨를 낳았다고 한다.

지금 우리가 쓰고 있는 배달겨레는 단일 민족이 아닌 다민족을 뜻한다. 우리 민족인 코리족을 포함하여 몽골, 만주, 여진, 돌궐, 거란 등 6개의 민족이다. 따라서 이 여섯 민족은 같은 계열의 마고의 후손이 된다. 이러한 기록으로 볼 때 과거 우리는 같은 자손끼리 싸운 셈이 되고, 부족 국가였던 코리족이 훗날 도시 국가인 배달신시를 세웠다는 추측이 가능해진다(이때부터 배달겨레가 아닌 배달민족, 배달국으로 불린 것으로 여겨진다).

한겨레는 아시아의 황인종 전부와 아시아에서 서방과 인도 지역으로 간 백인종인 아리안족, 수메르족, 드라비다족을 포함한다. 이 기록에서 멕시코의 부족 중 우리와 비슷한 발음의 언어를 사용하고 옛날의 생활 풍습도 비슷한 것에 대한 의문이 풀린다. 또 인도의 타밀 지역에서 사용하는 언어인 타밀어가 한국어와 거의 같은 것도 이해가 가는 대목이다.

대한민족=황궁씨의 후손
수메르족=백소씨의 후손
드라비다족=흑소씨의 후손

아리안족=백소씨의 일파인 지소씨의 후손

이와 같은 부도지의 기록으로 볼 때 현생 인류는 원래 궁희와 소희로부터 시작된 한가족 한형제라는 것을 알 수 있다. 다만 시간의 흐름 속에 서로 분류되어 살아왔을 뿐이다. 상고시대 대한 민족의 계보를 정리해 보면, 마고-궁희-황궁-환인-환웅-단군이 된다.

마고성에는 4씨족이 각각 3족을 두어 12족이 되었다.

이 12족이 사방으로 흩어져 정착하니 지상 민족의 시조가 된다.

파미르고원의 동쪽에는 약 2000년이 지나는 사이에 따로 9족이 형성되었는데, 이 9족이 환인씨 환국의 9황이며 따로 3사師의 나라가 더해져 12환국이 되었다.

기氣, 화火, 수水, 토土는 역易으로서 역수易數와 관련이 있는데 춘하추동의 사계, 태양, 태음, 소양, 소음의 사상, 건곤감리의 4괘, 동서남북의 사방과도 관련이 있다.

부도지符都誌의 기록에는 토土를 맡은 자는 황黃이 되어 궁穹을 만들고, 수水를 맡은 자는 청靑이 되어 궁穹을 만들며, 기氣를 맡은 자는 백白이 되어 소巢를 만들고, 화火를 맡은 자는 흑黑이 되어 소巢를 만들었다고 되어 있다.

이 기록에서 흥미로운 것은 현생 인류의 피부색이 다 나와 있는 점이다. 또 땅과 물을 다스리는 세력이 기와 불을 다스리는 세력보다 우위에 있음을 알 수 있다.

　여기서 인류의 전쟁사를 살펴볼 필요가 있다. 부도지의 기록은 과거 동북아에서 벌인 전쟁의 시초가 오행五行의 다툼이었다고 기록하고 있는데, 인류가 전쟁을 벌인 이유는 크게 두 가지 정도로 생각해 볼 수 있다. 그중 하나가 영토 확장과 식량 확보이고, 나머지 하나는 천자권天子權의 지위와 관련이 있다.

　위의 기록 중 궁휼과 소巢는 '하늘'과 '새의 집'이라는 한자의 뜻이 말해 주듯 격格의 차이가 있다. 즉 큰 울타리 안에서 보면 두 집단 모두 마고의 자손이고 천손이지만 천자권의 적통은 당연히 종갓집 격인 궁휼의 집단 쪽에 있다. 그러나 세월이 흐르고 소巢의 집단의 세력이 강해지면서 자신들이 천손의 적통이라고 주장하면 두 집단은 싸울 수밖에 없다. 이것이 인류가 천자권의 적통을 놓고 벌인 전쟁의 시초라는 생각이다.

　궁휼과 소巢는 파미르고원의 마고성 시대에 만들었던 천부단天符壇 외에 제천단祭天檀을 의미하기도 한다. 이 기록에서 천부경天符經이 어디에서 왔는지를 유추해 볼 수 있는 대목이다.

　구이九夷의 이夷는 궁휼에서 온 글자이고 궁휼은 하늘을 뜻하므로 동이東夷는 천자天子라는 뜻이 된다. 사학계에서는 마고와 환인에 대하여 논란이 있는데 중앙아시아에 실제로 마고성과 환인성의 성터가 남아 있다는 점에서 마고와 환인의 존재를 부정하기는 어렵다.

이러한 점들을 고려하여 인류사를 대한민족사를 통해 풀어 보면,

호모사피엔스와 네안데르타린에서 시작하여 원시 무리사회 및 부족사회-마고시대-환인시대-환웅시대-단군조선시대를 거쳐 오늘에 이르고 있음을 알 수 있다. 부도지에서는 마고-궁희-황궁씨-유인씨-환인씨-환웅씨-임검씨-부루씨-읍루씨-박혁거세로 기록하고 있다. 이 중 황궁씨가 대한민족의 첫 번째 직계 조상이며, 그의 후손들은 시베리아 및 아메리카 대륙까지 뻗어 나갔다. 이와 같은 부도지의 기록으로 볼 때 인류는 다 같은 마고의 자손이다. 이것을 문명사와 연계하면, 마고麻姑는 궁희穹姬와 소희巢姬를 낳고, 궁희는 황궁黃穹씨와 청궁靑穹씨를, 소희는 백소白巢씨와 흑소黑巢씨를 낳았다. 이들 중 궁희의 자손들이 동양문명을, 소희의 자손들이 서양문명을 이룩한 주역들임을 알 수 있다.

부도지가 원본이 아닌 필사본이긴 하지만 환단고기桓檀古記와 부도지符都誌 같은 고서가 우리 민족에게 남아 있다는 것은 크나큰 행운이고 축복이다. 이처럼 소중한 인류문화유산을 적극적으로 알려서 전 세계의 학자들이 인류사를 연구하는 데 참고자료가 되도록 해야 한다.

이 두 고서를 탐독하다 보면 아담과 이브의 설화, 수행修行의 기원 같은 의문도 자연스럽게 풀려 가리라고 본다.

그렇다면 아담과 이브의 설화는 어디서 온 것이며, 수행은 어

떤 이유로 언제부터 시작된 것일까? 부도지에는 이러한 의문을 풀 수 있는 기록이 있다.

이 기록에 의하면 마고성 시대에 살았던 사람들의 주식主食은 지유地乳다. 오미(신맛, 쓴맛, 단맛, 매운맛, 짠맛)의 음식은 인간의 신성한 본성을 해치는 것으로 여겨 금식禁食으로 되어 있다. 지유는 땅에서 솟아나는 젖이다. 이 시대에는 소리와 기氣를 소중히 여겼으므로 액체가 아닌 기체일 가능성도 있다. 지구가 인간의 어머니라 불리는 것은 이 기록과 깊은 연관이 있어 보인다.

이렇게 지유만 먹던 사람들 중 일부가 오미五味의 유혹을 이겨내지 못하고 포도를 따 먹게 된다. 이 일로 그들은 성 밖으로 쫓겨나게 되고 그들이 사방으로 흩어져 오늘날의 인류가 되었다고 한다.

뱀이 이브에게 금지된 과일을 따 먹도록 유혹하여 아담과 이브가 에덴동산에서 쫓겨났다는 설화와 너무도 닮아 있다. 이 과정에서 수행문화가 생겨났을 것이다. 즉, 포도를 따 먹은 사람들 중 참회하는 사람들을 중심으로 잃어버린 본성을 되찾기 위해 수행을 시작했다는 얘기다. 환국시대에 수행문화가 활발했던 점을 감안하면 참회로 시작된 마고시대의 수행문화가 환국시대에 와서 우주광명 체험 수행문화로 발전되었을 가능성이 크다.

아무쪼록 많은 사람들이 환단고기와 부도지를 연구하여 인류가 좀 더 평화로운 방향으로 나아갔으면 하는 바람이다.

김도반의
天천符부經경

오늘도 나는 저 우주를 향해 천부天符의 노래를 부른다

一始無始一

일시무시일

하나가 시작하여 무가 되고 다시 하나로 시작하네.

析三極 無盡本

석삼극 무진본

하늘, 땅, 사람이 나뉘어 멀리멀리 흩어져도 근본은 변하지
않고 본래의 모습으로 되돌아오네.

天一一 地一二 人一三

천일일 지일이 인일삼

하늘은 창조 운동의 뿌리로서 일一이 되고, 땅은 생명 생성
근원되어 이二가 되고, 사람은 천지의 꿈과 이상을 실현하여 삼
三이 되니.

一積十鉅 無櫃化三

일적십거 무궤화삼

하나가 쌓여 크게 되고 천지인의 도道 세상이 열리네.

天二三 地二三 人二三

천이삼 지이삼 인이삼

하늘과 땅과 사람은 음양 운동으로 작용하고,

大三合六 生七八九

대삼합육 생칠팔구

천지인 삼수 합해 6수 되고 무수히 많은 수를 낳는다네.

運三四 成環五七

운삼사 성환오칠

천지 만물은 3수와 4수로 운행하고 5수와 7수로 순환하니,

一妙衍萬往萬來 用變不動本

일묘연만왕만래 용변부동본

하나가 오묘하게 작용하여 넓고 크게 쓰이지만 근본은 변하
지 않고 하나로 되돌아 오네.

本心本太陽 昻明

본심본태양 앙명

인간의 마음은 본디 어질고 착하여라,

人中天地一

인중천지일

어질고 착한 마음 천지 중심되고 존귀한 태일太一되니,

一終無終一

일종무종일

하나가 끝나서 무가 되고 다시 하나로 끝이 나네.

天符經

一始無始一 析三極無盡本

天一一 地一二 人一三

一積十鉅 無櫃化三

天二三 地二三 人二三

大三合六 生七八九

運三四 成環五七

一妙衍萬往萬來 用變不動本

本心本太陽 昻明

人中天地一 一終無終一

천부경은 천부天符로부터 왔다. 천부는 율려律呂의 운행원리를 형상화한 것이다. 이 천부에 경經이 붙으면서 하늘의 이치를 깨닫고자 하는 인간의 노래가 되었다. 오미五味의 화禍로 마고성을 나온 뒤 잃어버린 본성을 회복하고자 하는 참회의 눈물이 천부天符의 노래로 이어져 천부경이 되었다. 이것은 필자의 추측이지만 부도지의 기록으로 볼 때 사실일 가능성이 높다. 그런 이유로 천부경을 숫자의 해석이 아닌 시가詩歌 형식으로 풀어 보았다.

그러나 숫자로 천지의 이치를 밝힌 천부경을 완전히 이해하기란 쉬운 일이 아니다. 그래서 결론부터 말하면 천부경은 정답이 없는 경전이다. 다만 어떤 접근, 어떤 해석이 먼 옛날 천부경을 만든 선조들의 마음에 가장 가까이 갈 수 있느냐의 과제만 남을 뿐이다.

천부경을 이해하기 위해서는 먼저 우주의 기본 원리를 이해하는 것이 중요하다. 여기에는 두 가지 정도의 접근법이 있다.

그중 첫 번째는 태초의 우주는 아무것도 없는 텅 빈 공간이라는 것이고, 두 번째는 태초의 우주는 무수히 많은 별들이 존재했다는 것이다. 물론 이것은 거의 정설로 되어 있는 빅뱅 우주 탄생설과는 거리가 있다. 여기서 의문이 생기는데, 과연 우주는 단일체인가, 다중체인가 하는 점이다. 필자의 견해는 우주는 단일체가 아닌 다중체라는 쪽이다. 즉, 현대 과학이 인지할 수 있는 우주 외에 또 다른 우주가 존재한다는 얘기다. 비유를 한다면 계란의 노른자와 흰자 부위 같은 것이다. 삶은 계란을 잘라 보면 다중체 우주를 이해하기가 쉬울 것이다. 이 중 노른자 부위는 현생 인류가 인지할 수 있는 우주이고, 흰자 부위는 너무도 크고 멀어서 현생 인류가 인지할 수 없는, 별 하나 존재하지 않는 암흑의 공간이다.

아무튼 천부경을 이해하기 위해서는 태초의 우주는 텅 빈 공간이었다는 것이 전제가 되어야 한다.

텅 빈 우주 공간에 작은 점(별) 하나가 생겨난다. 그리고 시간이 흐르면서 또 다른 별이 생겨난다. 그러나 이것은 영원한 것이 아니고 시간의 흐름 속에 사라진다. 이것이 우주가 돌아가는 원리다.

이것을 숫자로 풀어 보면 작은 점으로 시작된 거대한 영구체永久體인 우주는 영(0)이고, 태초에 생겨난 작은 별은 일(1), 또 다시 생겨난 별은 이(2), 삼(3), 사(4)…… 이런 식으로 많은 별들이 생겨나고 십(10)을 넘어 무수히 많은 수가 되는 것이다. 하지만 시간의 흐름 속에 태어난 별들은 하나둘 사라지고 그 자리엔 태초의 우주만 남는다. 이로써 영(0)은 일(1)이고, 일(1)은 곧 영(0)이라는 이진법의 원리가 성립되는 것이다. 이러한 우주의 원리가 지금 우리가 사용하고 있는 컴퓨터와 스마트폰에서 작동하고 있는 것도 놀랍지만 천부경에서 우주의 원리를 영(0)과 일(1)이라는 숫자로 나타내고 있는 것은 더욱더 놀라운 일이다.

一始無始一

일시무시일

一終無終一

일종무종일

천부경은 일(一)과 무(無)만 제대로 깨우치면 거반은 알게 된다. 그만큼 일과 무에 담겨 있는 사상과 철학은 넓고 깊다. 그런 관계로 이에 관한 구체적인 해석은 천부경을 전문적으로 연구하는 학자들에게 맡겨 두고자 한다. 다만 천부경의 글 자체나 다른 문헌을 통해 천부경을 이해하기보다는 자연의 이치를 통해 천부경을 깨우쳤으면 하는 바람이다.

일시무시일, 일종무종일은 우주의 이치, 우주가 끝없이 돌아가는 현상을 의미한다.

즉, 하나의 시작은 무無이고, 무無는 곧 하나의 시작이다. 여기서의 끝은 곧 시작을 의미한다. 따라서 이것은 우주와 별, 그것을 구성하는 물질과의 관계를 표현한 것이다.

天一一 地一二 人一三
천일일 지일이 인일삼

一積十鉅 無櫃化三
일적십거 무궤화삼

인간은 하늘과 땅과 같은 동일한 존엄체지만 그것은 끝없는 수행을 통해서만 이루어진다.

천부경에는 신神이라는 직접적인 표현은 없다. 그러나 그 내면을 들여다보면 신神이 존재한다.

바로 천일일天一一. 지일이地一二. 인일삼人一三의 천일天一. 지일地一. 인일人一이다. 풀어 보면, 하늘도 신이요. 땅도 신이요. 사람도 신이라는 뜻이다.

요즘 잘못된 종교, 신관으로 인해 인생을 망치는 사람들이 많다고 들었는데 천부경만 어느 정도 깨우쳐도 그런 고통에서 벗어날 수 있다.

天二三 地二三 人二三

천이삼 지이삼 인이삼

大三合六 生七八九

대삼합육 생칠팔구

運三四 成環五七

운삼사 성환오칠

이것은 율려의 순환 운동으로 우주와 별의 직접적인 관계라기보다는 별과 별, 물질과 물질들의 순환작용이다.

즉, 하늘. 땅. 사람이 음양 운동으로 (6)을 만들고 더 많은 수로 작용하지만 그것은 3수와 4수, 5수와 7수로 순환 운동을 반복한다는 뜻이다.

析三極 無盡本
석삼극 무진본

一妙衍萬往萬來 用變不動本
일묘연만왕만래 용변부동본

인간의 삶, 인간의 역사는 우주의 이치에 따라 굴러가게 되어 있다. 그러므로 아옹다옹하며 살 필요가 없다. 결국 죽음이라는 문턱에서 만나게 되면 모든 것이 무의미해진다. 대립과 분열, 투쟁을 일삼지 말고 화목하게 살아가라는 메시지가 함축된 문구이다.

여기서 삼극三極은 하늘, 땅, 사람을 의미한다.

本心本太陽 昂明
본심본태양 앙명

人中天地一
인중천지일

인간의 마음은 본디 어질고 착하므로 그 선을 넘었다면 하루 빨리 본성을 되찾아야 한다. 그래야만 천지의 중심되고 존귀한 태일太一이 될 수 있다.

천부경은 단순히 천지의 이치를 설명하는 것이 아닌 인간 세상에 교훈을 주기 위한 경전이다.

이런 점을 인지하고 필자가 풀어놓은 천부경의 시가詩歌를 대하면 좀 더 가슴에 와 닿을 것이다.

우리 인간과 우주는 별개의 개체 같지만 마치 톱니바퀴처럼 맞물려 돌아가는 동일체이다. 즉, 지구는 우주의 세포 같은 존재이고, 인간은 지구의 세포 같은 존재이다. 그런 이유로 지구의 사계절에도 우주의 이치가 작용하고 우주에도 지구처럼 우주년이 존재한다.

부도지와 천부경을 접하면서 깨달은 것을 덧붙이면, 일(1)은 율려律呂의 운행으로 나온 자연수로써 천지만물을 생성하는 핵심 수지만 영(0), 곧 무無를 전제로 작용한다. 따라서 우주, 우주의 시작은 공간+율려라는 정의가 가능하다.

율려는 천지만물을 생성하는 파동(미세한 폭발)이고 그 형상은 1에서 9까지의 자연수 형태로 나타난다. 율律은 홀수, 여呂는 짝수를 뜻한다. 이 아홉 수가 서로 어울려 천지만물을 생성한다. 이 숫자의 이치로 율려의 조화 기능을 추적해 보면 물질을 만드는 일정한 규칙과 생성된 물질을 적절하게 배치하는 규칙이 존재한다는 것을 알게 된다. 즉, 같은 물질을 크기 별로 생성하는 규칙과 다른 물질을 크기 별로 생성하는 규칙이다. 이와 같은 것은 가감승제加減乘除, 그중에서 곱하기와 더하기에 잘 나타나 있다. 이것을 천지만물을 생성하는 핵심 수 1로 풀어 보면,

$1 \times 1=1$, $1 \times 2=2$, $1 \times 3=3$이 되는 규칙과 $1+1=2$, $1+2=3$, $1+3=4$가 되는 규칙이다. 나누기와 빼기는 불필요한 물질을 제거하고 적절히 배치하는 기능을 갖고 있다. 십(10)은 율려가 크게 폭발하여 차원이 다른 큰 물질을 생성하는 첫 단계이다. 이때부터 천지만물을 생성하는 핵심 수는 1이 아닌 10이 된다. 10은 곧 1이고 무無(0)이다. 이러한 율려의 움직임은 01, 02, 03의 형태로 나타난다. 우주가 계속 팽창하고 있는 것은 이러한 율려의

운행원리와 관계가 있는 것으로 보인다. 이와 관련된 구절이 일적십거와 일시무시일, 일종무종일이다. 천부경이 81자로 되어 있는 것은 이런 이유에서다. 따라서 천부경의 숫자는 율려의 운행 형상을 표현한 것이고, 글자는 이러한 이치를 깨달아 잃어버린 본성을 되찾고자 하는 인간의 마음이다.

천부경의 원문은 사각형 안에 아홉 자씩 아홉 구로 되어 있다. 이는 율려의 움직임이 1에서 9까지의 형태로 되어 있기 때문이다. 즉, 일시무시일一始無始一로 시작하여 대삼합육大三合六 생칠팔구生七八九로 끝맺고, 다시 운삼사 성환오칠運三四 成環 五七로 시작하여 일종무종일一終無終一로 마무리하는 원리이다. 여기서 다시 일시무시일이 태동됨은 물론이다. 이것을 자연수로 표현하면 1에서 5까지 만물을 생성하고 적절히 배치하다가 6이라는 매개 물질을 만나 6에서 또 다른 물질을 생성하며 9까지 순환운동을 하게 되는 것이다. 이러한 정황으로 볼 때 천부경은 천부天符, 곧 율려의 운행원리를 설명한 천부의 설계도라는 것을 알 수 있다.

一始無始一析三極無

盡本天一一地一二人

一三一積十鉅無櫃化

三天二三地二三人二

三大三合六生七八九

運三四成環五七一妙

衍萬往萬來用變不動

本本心本太陽昴明人

中天地一一終無終一

−원문 형태의 천부경天符經−

(원문은 세로로 되어 있다)

 원문 형태의 천부경을 보고 있노라면 마치 나노기판을 보고 있는 느낌이다. 지금의 최첨단 기법을 동원해도 천부경 같은 경전을 완성하기가 쉽지 않다는 얘기다. 율려의 운행형상에 따라 숫자와 글자를 조합하여 구구 팔십일이라는 문장의 규격을 맞추는 것도 어려운 일이지만, 성수인 육(6)을 정 중앙에 갖다 놓고 대삼합육 생칠팔구로 중간 끝맺음을 한 뒤, 일종무종일로 마무리하는 것은 지금의 나노기술로도 해내기 어렵다는 생각이다. 따라

서 우주의 신비를 밝히고자 하는 과학자들이 천부경에 관심을 갖고 적극 연구해 볼 필요가 있다.

천부경은 천부天符의 설계도이기 때문에 이것을 적극 연구하다 보면 빅뱅 우주탄생과 율려의 관계가 밝혀질 수도 있다는 생각이다. 현 과학계에선 빅뱅 우주 탄생만을 인정하고 있는데 율려의 우주 창조설은 그것보다 신비롭고 구체적이다.

빅뱅 우주 탄생설: 우주는 작은 점에서 시작하여 계속 팽창하고 있다.

율려 우주 창조설: 아무것도 없는 공간에 파동이 시작된다. 율려의 탄생이다. 이 율려의 조화로 천체가 탄생하고 그 과정에서 팔려八呂의 음音이 출현한다. 그리고 이것의 조화로 기氣가 나오고 화火. 수水. 토土를 낳아 만물이 형성된다.

율려의 우주 창조설은 필자가 꾸며낸 것이 아닌 실제 부도지의 기록이다. 그 기록을 바탕으로 설명을 덧붙였을 뿐이다. 여기서 가장 중요한 것이 기氣라고 생각되는데, 이것에 대한 필자의 견해를 밝히고자 한다.

필자가 기氣에 대한 실체를 탐구하고자 하는 것은 필자의 견해가 우주의 신비를 밝히고자 하는 과학자들에게 연구 자료가 될 수 있다는 생각에서다. 그렇다면 기氣란 대체 어떤 물질일까? 어떤 물질이기에 우리 곁에 있다는 것을 느끼면서도 눈에는 보이지 않는 것일까? 필자가 느끼는 기의 모습은 햇살에 피어나는 아지 랑이 같은 것이다. 이것은 파동波動이고, 공기空氣이고, 열熱이고, 가스이고, 빛光이다. 이것의 조화로 불火이 나오고, 그 작용으로 물水과 얼음氷이 나오고, 흙土이 만들어진다. 이러한 기氣. 화火. 수水. 토土의 원리로 볼 때 기氣는 만물을 형성하는 핵심 물질이면서 만물을 낳고 기르는 주체라는 것을 알 수 있다. 즉, 율려律呂의 분신이다.

실제로 기氣는 우리들 생활 속에서 어렵지 않게 느낄 수 있다. 특히 악력 운동을 하는 사람들이 또렷이 느낄 수 있는데, 잠을 푹 자고 일어났을 때와 적당한 운동 후, 또는 수행을 하고 난 뒤이다. 이때 주먹을 쥐어 보면 강한 힘이 느껴지고 손가락도 굵고 억센 느낌을 받는다. 그러나 이와 반대되는 상황이거나 몸이 안 좋을 때는 주먹을 쥐어도 힘이 없고 손가락도 가늘게 느껴진다. 이때는 두 손바닥을 맞대고 마찰을 가해도 뜨거운 열이 발생하지 않는다. 그 이유는 많은 기氣가 빠져나갔기 때문이다. 이러한 현상으로 미루어 볼 때 기氣는 만물의 원천이라는 것을 알 수 있다. 더불어 기氣는 곧 인人이라는 것을 깨닫게 된다. 이것을 천부경을 통해 풀어 보면,

율려律呂는 숫자로 1, 2에 해당한다. 이 수의 조화로 3, 4, 5, 6… 무수히 많은 수가 생성된다. 이러한 원리는 하늘과 땅, 해와

달, 양陽과 음陰, 낮과 밤, 남男과 여女, 불火과 물水 등으로 작용한다. 천부경에서 3이 1 다음으로 많이 나오는데, 그 3이 곧 기氣이다. 따라서 천지인天地人은 율려기律呂氣가 된다. 즉, 율律은 하늘, 여呂는 땅, 기氣는 사람이다. 이것을 정리하면,

天地人=律呂氣=天一 地二 人三
천지인=율려기=천일 지이 인삼

이라는 논리가 성립한다. 천부경 81자에는 이를 뒷받침하는 표현이 여럿 있다. 천일일天一一 지일이地一二 인일삼人一三, 천이삼天二三 지이삼地二三 인이삼人二三, 본심본태양本心本太陽앙명昴明, 인중천지일人中天地一 등이다. 이러한 정황으로 볼 때 인간의 본성이란 기氣가 완충完充된 인간임을 알 수 있다. 즉, 기氣의 조화로 천지의 울림을 들을 수 있는 사람이다. 이것을 달리 표현하면 일정한 도道의 경지에 오른 사람을 의미한다. 이때의 인간은 눈과 귀가 밝아 멀리 있는 것을 보고 들을 수 있다. 또한 몸은 가볍고 마음은 밝고 맑아 구름처럼 자유롭게 날 수가 있다. 이것은 필자의 생각만이 아닌 마고성 사람들은 자유롭게 날 수 있었다는 부도지의 기록과 상통한다. 천지의 기운을 받아 천지의 꿈과 이상을 실현하는 인간! 이런 이유로 인간이 천지에서 가장 소중한 존재가 되는 것이다.

천부天符의 이치로 보면 율려가 우주 만물의 창조주이므로 인류가 섬겨 온 하느님의 정식 호칭은 '율려하느님'이 된다. 더 정확히는 천지부모님이다. 율律이 아버지 하느님, 여呂가 어머니 하느님이다. 하느님을 각기 다르게 부르며 반목과 대립을 일삼지 말고 인류평화를 위해 율려에 대한 연구가 적극적으로 이루어졌으면 한다. 그런 의미에서 필자가 깨우친 "율려기律呂氣 천부경"을 적는다.

律始無始律析氣極無
盡本天律律地律呂人
律氣律積十鉅無櫃化
氣天呂氣地呂氣人呂
氣大氣合六生七八九
運氣四成環五七律妙
衍萬往萬來用變不動
本本心本太陽昂明人
中天地律律終無終律

—律呂氣 天符經 전문—
율려기 천부경

(천부天符의 이치에 따라 천부경에 표기된 숫자 1, 2, 3 대신 율律. 여呂. 기氣를 표기해 완성한 천부경)

律始無始律
율시무시율

율려律呂의 시작은 텅 빈 우주 공간이다.

析氣極無盡本
석기극무진본

기氣가 흩어져 극에 달해도 본 형상은 그대로이다.

天律律 地律呂 人律氣
천율율 지율려 인율기

하늘은 율律의 조화로 탄생했고, 땅은 율律과 여呂의 조화로 탄생했고, 사람은 율律과 기氣의 조화로 탄생했다.

律積十鉅 無櫃化氣

율적십거 무궤화기

율려가 쌓여 크게 폭발하면 우주 공간은 기氣로 가득 찬다.

天呂氣 地呂氣 人呂氣

천여기 지여기 인여기

하늘은 여呂와 기氣의 조화로 돌고, 땅도 여呂와 기氣의 조화로 돌고, 사람도 여呂와 기氣의 조화로 돈다.

大氣合六 生七八九

대기합육 생칠팔구

큰 기氣가 합하여 육(6)의 형상이 되고 다른 모양으로 퍼져간다.

運氣四 成環五七

운기사 성환오칠

사四 형태의 기氣의 흐름은 오五와 칠七의 형태로 순환한다.

律妙衍萬往萬來 用變不動本

율묘연만왕만래 용변부동본

율려의 오묘한 조화가 끝없이 퍼져 쓰이지만 본모습은 변하지 않는다.

本心本太陽 昂明

본심본태양 앙명

맑은 파동, 밝은 빛이다.
곧 율려기律呂氣 태초의 모습이다.

人中天地律

인중천지율

천지天地의 중심은 사람이다.

律終無終律

율종무종율

율려의 끝도 텅 빈 우주 공간이다.

이상으로 율려기律呂氣 천부경을 풀어 보았다.

원문 형태로 율려기 천부경을 써 놓고 보니 마치 천부天符를 풀어놓은 느낌이었다. 그런 이유로 실험 삼아 평소 즐겨 보던 텔레비전의 프로를 틀어 놓고 해석을 시작하였는데, 너무도 자연스럽게 빨리 해석을 끝낼 수 있었다. 과연 이것을 우연의 일치로만 단정할 수 있을까?… 천부경을 연구하는 학자와 우주의 신비를 밝히고자 하는 과학자들의 많은 연구가 뒤따랐으면 한다.

천부경은 대한민족의 3대 경전(천부경, 삼일신고, 참전계경)의 하나이자 인류 최초의 경전이다. 인류시원 국가인 환국으로부터 입에서 입으로 전해져 오던 것을 배달국 초대 천황인 거발환 환웅의 명에 의해 신지 혁덕이 녹도문으로 빗돌에 새겨 놓은 것을 훗날 최치원 선생이 발견하여 한문으로 번역한 뒤 서첩으로 만들어 세상에 알렸다고 한다.

그 후 외세의 잦은 침탈로 자취를 감추었다가 1917년 묘향산의 한 동굴에서 수도 중이던 운초 계연수 스님에 의해 발견되어 오늘에 이르고 있다. 천부경이 추구하는 궁극의 목표를 깨닫기 위해서는 천부경의 개념을 양분할 필요가 있다. 그중 하나가 천부심경天符心經이다. 오미五味의 화화禍로 본성을 잃어버린 뒤 참회의 눈물로 읊조린 마음속의 경전이다. 나머지 하나는 천부기경天符記經이다. 마음속의 경전을 표현 수단이 나오면서 기록으로 옮긴 천부경이다. 이것을 계기로 천부경은 새로운 국면을 맞게 된다. 천부경 수행에서는 마음속으로 읊조리는 천부경이 천부심경, 기록물로 된 천부경을 소리 내어 읽는 것이 천부기경이다. 율려기 천부경이 천부심경, 수원리 천부경이 천부기경에 해당한다.

천부경 81자는 비교적 쉬운 한자로 쓰여져 있다. 그러나 그 생각의 깊이는 쉽게 헤아릴 수 없을 만큼 심오하다. 고대에 살았던 선조들의 사상과 철학이 지금 이 시대에 살고 있는 우리들보다 훨씬 더 높았다는 것을 증명한다.

그만큼 천부경 81자에 담겨 있는 사상과 철학은 넓고 깊다. 그런 까닭에 천부경 해석은 학자들마다 조금씩 다르다. 따라서 필자의 해석도 정답일지는 의문으로 남는다.

인류가 전쟁 없이 평화롭게 살아가기 위해서는 고대에 살았던 선인들의 본성을 되찾던지, 아니면 종교 이념을 초월한 새로운 도道가 인류에 울려 퍼져야 한다. 따라서 대한민족의 자손이라면, 아니 온 인류가 하루에 한두 번쯤은 저 하늘을 쳐다보며 천부경을 읊조리는 생활 문화가 필요하다.

※ 고대사와 대한민족 역년 표기는 민족사학자들의 강연과 박제상의 부도지 및 안경전 역주 환단고기를 근거로 한 것임

저자의 공간

개천건국開天建國!! 하늘을 열고 나라를 세웠다. 이것이 진정한 우리 민족의 건국이념이다. 따라서 신화神話의 느낌이 강한 개천절을 개천건국절로 개칭하여 민족의 정체성을 바로 세워야 한다. 이와 함께 대한민족의 역년도 바로잡아야 한다.

대한민족 최초의 국가는 단군조선보다 천오백여 년 앞에 세워졌다. 아직도 우리들 가슴속에 살아 숨 쉬고 있는 배달민족! 배달국! 이것이 우리 민족이 세운 최초의 국가다. 이제 잃어버린 1565년의 배달국 역사를 되찾고 우리 민족의 국조도 단군이 아닌 배달국을 개국한 환웅천황으로 바로잡아야 한다. 그러기 위해서는 국민 모두가 한 단계 높은 의식의 눈으로 우리 역사에 새롭게 눈떠야 한다.

❖ 대한민족 역년

환국건기 9220년 개천배달 5920년
단군기원 4356년 서기 2023년

世和 김도반

❖ 대한민족 국통맥

환국桓國(환인)−배달신시倍達神市(환웅)−조선朝鮮(단군)−북
부여北夫餘 · 원고구려(해모수)−본고구려本高句麗(고주몽)−대
진국−발해大震國 · 渤海(대조영)−고려高麗(왕건)−근조선近朝鮮
(이성계)

※ 절은 석가를 모시는 곳이지만 본전本殿을 대불전大佛殿라
하지 않고 대웅전大雄殿이라 적고 있다. 이는 석가 이전의 우
리 민족의 국조인 환웅천황을 기리기 위함이다. 위쪽 삼성각
의 삼성은 환인천제, 환웅천황, 단군왕검을 일컫는다.

민족사학자들에 의해 밝혀진 바에 따르면 우리 민족의 국가명은 모두 밝음, 광명, 태양과 같은 뜻이 내포되어 있다. 이는 우리 민족이 천손 민족의 종통으로써 하늘을 섬기고 태양이 인류에게 끼치는 영향력에 대하여 감사해 하며 살았다는 방증이다. 그런 의미에서 현세를 살아가는 우리는 어떤 마음을 가지고 살고 있는지 반성의 시간이 필요한 시점이다. 따라서 추석을 태양감사절로 함께 정하여 조상의 음덕을 기리고 태양으로부터 받은 혜택에 감사함을 표하는 보다 뜻깊은 명절이 되었으면 한다. 아울러 신정, 구정의 명칭을 없애고 음력 1월 1일을 설날로 통일하여 불러야 한다. 신정新正, 구정舊正이란 명칭은 과거 일제가 우리 민족의 명절을 비하해서 붙인 이름이다. 일본이 쇠는 양력 1월 1일은 새로운 것이고(신정). 우리 민족이 쇠는 음력 1월 1일은 늙은이나 쇠는 구닥다리 같은 것(구정)이라는 뜻이 내포되어 있다. 이와 같은 씁쓸한 명절의 명칭이 아직까지도 지워지지 않고 있는 것은 참으로 가슴 아픈 일이다.

우리 민족의 양대 명절인 추석과 설의 명칭을 정리하면, 추석은 "추석한가위 태양감사절", 약칭 "추석한가위". 양력 1월 1일은 "새해 첫날". 음력 1월 1일은 "설날"로 불렀으면 한다. 추석을 추석한가위라 부르는 것은 큰 의미가 있다. 추석과 한가위는 음력 8월 15일을 뜻하는 우리 민족의 전통 명절로 같은 의미를 지닌다. 두 명칭이 다른 것은 추석은 한자韓 字 단어, 한가위는 우리 민족의 고대 생활어인 한어韓語라는 점이다. 우리가 우수한 한자와 한글을 보유하게 된 것은 한어, 곧 우리 선조들이 사용하던 말 자체가 뛰어났기 때문이다. 따라서 추석을 추석한가위라 표기하고 부르는 것은 우수한 한어, 한자, 한글을 세상에 드러내는 결과가 된다. 하루빨리 양대 명절의 명칭을 정리하여 천손 민족의 자손다운 도리를 다해야 할 것이다.

❖ 대한민족 3대 경전

천부경天符經, 삼일신고三一神誥, 참전계경參佺戒經

❖ 대한민족 철학사상

천지인 우주 광명사상
天地人 宇宙 光明思想

※ 대한민족 철학사상은 우리 민족의 국가명인 환桓, 단檀, 한韓에 잘 나타나 있다. 곧, 태양의 밝은 기운을 받아 광명인간으로 거듭나라는 뜻이다. 천부경天符經으로는 본심본태양本心

本太陽 앙명昻明이다.

❖ 대한민족 인류사상

◇ 홍익인간 사상 弘益人間 思想

홍익인간은 고대 조선 11대 도해단군이 선포한 염표문念標文의 16글자 중 맨 끝에 나오는 글귀이다.

즉, 일신강충一神降衷 성통광명性通光明

재세이화在世理化 홍익인간弘益人間이다.

내용을 요약하면, 하늘의 대광명大光明을 통해 하늘의 성품으로 인간세상을 밝게, 빛나게… 곧 널리 이롭게 하라는 뜻이다.

※ 대한민족− 고대의 배달민족, 한민족, 동이족 등을 포함한 환桓의 정신을 계승한 대한민국을 일컫는다.

❖ 우리 민족 DNA 보전

다문화 정책으로 다민족 국가가 되어 가고 있는 대한민국! 이것이 인류평화를 가로막는 길이 될 수 있다는 것을 인지하고 있는 국민이 얼마나 될까? 고대로부터 우리 민족은 우수한 유전자를 바탕으로 인류시원문명을 일구어 냈다. 오늘날의 한류가 그것을 증명한다. 이처럼 우수한 유전자를 가졌음에도 이루지 못한 꿈이 있다. 바로 홍익인간의 구현이다. 사해四海 평등, 민족자치의 덕치德治를 통해 평화로운 세상을 이루고자 했지만 결국 실패로 돌아가고 말았다. 조선이라는 국호가 정해지기 전 부도符都를 통해 원대한 꿈을 이루고자 했으나 일부 세력의 준동과 그에 동조하는 세력들로 인해 그 꿈을 이루지 못했다. 그 화禍가 지금까지도 이어져 인류가 평화의 길로 나아가지 못하고 있으니 참으로 통탄할 일이 아닐 수 없다. 4천여 년 전 부도의 역曆, 곧 달력은 1달 28일, 1년 13달의 달력을 사용했다. 이는 마고력으로 날짜와 요일이 항상 일치하여 천부天符의 이치, 하도河圖의 원리와 부합하는 만민평등의 원칙과 상통한다. 그러나 준동 세력은 만민평등에 반하는 오행五行의 논리를 내세우며 부도의 역을 따르지 않았다. 준동 세력이 황당무계한 오행설을 주장하며 사용한 달력이 지금 우리가 사용하고 있는 달력, 곧 그레고리력이다. 이는 복잡하기만 할 뿐 1달이 28일, 29일, 30일, 31일로 날짜와 요일이 불규칙하여 천지의 이치와 어긋난다. 이러한 생각이 강자가 약자를 억압하는 풍조로 이어져 전쟁의 역사가 끊이지 않고 있는 것이다. 우리 인간은 천지부모의 자식이다. 그러므로 당연히 천지의 이치와 어긋나는 행동을 해서는 안 된다. 굳이 과학을 들먹이지 않더라도 지금 우리가 사용하고 있는 주력週曆, 곧 1주일에는 천지의 이치가 작용하고 있다. 일월日月은 우주의 원리, 화수목 금토火水木金土는 지구의 원리로 둘은 서로 맞물려 하나처럼 돌아간다. 따라서 어떠한 생명체라도 이러한 원리를 벗어나면 살아갈 수가 없다. 인간이 모든 생명의 주체이고 천지의 이치로 살아가니 천지부모의 자식이 되는 것은 당연한 일이다. 또한 주력週曆에는 만물의 생성 원리와 오행의 상생 이치가 들어 있으니 천지부모의 자식인 우리 인간은 이것에 늘 깨어 있어야 한다.

주력의 연원은 칠회력七回曆, 더 정확히는 칠회제신력七回祭神曆이다. 이는 우리 민족의 신교시대에 주기적으로 행해졌던 제천祭天 행사이며 칠성력七星曆을 뜻한다. 배달국 14세 치우천황 때 자부紫符 선사가 일월의 운행경로와 도수를 측정하고 수화목금토水火木金土 오행의 수리數理를 살펴 칠성력을 만든 데서 유래한다.

〈칠회력七回曆〉

첫째 날 천신天神께

둘째 날 월신月神께

셋째 날 수신水神께

넷째 날 화신火神께

다섯째 날 목신木神께

여섯째 날 금신金神께

일곱째 날 토신土神께

　이상은 우리 민족의 사서인 환단고기에 실린 내용이다. 여기에 어떤 반론을 갖다 대도 지금의 주력이 우리 민족의 문화라는 것을 부정하기 어렵다. 이처럼 우수한 유전자로 찬란한 문화를 일구어 냈지만 인류가 한형제처럼 평화롭게 살고자 한 홍익인간은 구현하지 못했다. 선조들이 못 이룬 꿈을 이루기 위해서는 대한민국이 세계 초일류 국가가 되어야 한다. 그러나 지금과 같은 다문화 정책이 계속 추진된다면 그와 같은 꿈을 이룰 수가 없다. 우수한 우리 민족의 유전자가 파괴되기 때문이다. 따라서 일정 수준의 유전자를 유지하는 정책이 뒤따라야 한다. 국제결혼 혼인신고 총량제(일정 수치에 도달하면 그해에는 혼인신고 접수 불허)와 동족혼 우대정책(결혼비용 지원, 공공주택 입주 등의 혜택)을 펴면 되리라고 본다. 우리 민족의 DNA 보전은 선조들이 못 이룬 인류평화의 꿈을 실현시키기 위해 반드시 실천되어야 한다. 이러한 것이 먼 훗날의 일이라고 방심하면 지금 전 세계가 누리고 있는 한류문화도 침체기와 쇠퇴기를 거쳐 소멸기로 접어들고 말 것이다.

마고력

麻姑曆

(한 달 28일 1년 13달)

1월						
日	月	火	水	木	金	土
1	2	3	4	5	6	7
8	9	10	11	12	13	14
15	16	17	18	19	20	21
22	23	24	25	26	27	28

2월						
日	月	火	水	木	金	土
1	2	3	4	5	6	7
8	9	10	11	12	13	14
15	16	17	18	19	20	21
22	23	24	25	26	27	28

한 단계 높은 대한민국 환桓의 자손 대한민국

3월						
日	月	火	水	木	金	土
1	2	3	4	5	6	7
8	9	10	11	12	13	14
15	16	17	18	19	20	21
22	23	24	25	26	27	28

마고력 달력은 칠성력七星曆, 곧 주력週曆과 월력月曆이 조화를 이루는 우리 민족의 달력이다. 이러한 것은 우리 민족의 문자인 한자韓字에 명확히 나타나 있다. 삼 마麻+날 일日의 '달력－력'이 그것이다. 마고력은 한 해의 첫날을 원단元旦이라 하고, 그해의 마지막 달을 29일로 하여 지구의 자전과 공전 주기인 365일을 맞췄다. 이 달력은 수천 년의 세월이 흘러도 날짜와 요일이 변하지 않는다.

그레고리력

(한 달 28일 29일 30일 31일 1년 12달)

1월

日	月	火	水	木	金	土
1	2	3	4	5	6	7
8	9	10	11	12	13	14
15	16	17	18	19	20	21
22	23	24	25	26	27	28
29	30	31				

2월

日	月	火	水	木	金	土
			1	2	3	4
5	6	7	8	9	10	11
12	13	14	15	16	17	18
19	20	21	22	23	24	25
26	27	28				

3월						
日	月	火	水	木	金	土
			1	2	3	4
5	6	7	8	9	10	11
12	13	14	15	16	17	18
19	20	21	22	23	24	25
26	27	28	29	30	31	

그레고리력은 태양의 위치에 기반을 둔 달력으로 전 세계의 표준이 되고 있지만 날짜와 요일이 불규칙하여 천지의 이치와 어긋난다. 실제로 마고력 달력을 보고 있으면 날짜와 요일이 조화를 이루어 마음이 편안한 느낌을 받는 반면, 그레고리력 달력을 보고 있으면 날짜와 요일이 불규칙하여 마음이 불편한 느낌을 받는다.

우리 민족의 사서史書인 부도지에서는 단군조선의 마고력을 따르지 않고 그레고리력을 사용하며 항거한 사건을 오행五行의 변이라 적고 있다. 이 시대에서는 달력의 제작 권한이 천자권天子權을 가진 부도에 있었기 때문에 부도의 달력을 쓰지 않고 다른 달력을 제작하여 쓰는 것은 쿠데타나 다름이 없다. 이 사건을 계기로 동북아에서는 피비린내 나는 전쟁의 역사가 시작된다. 이처럼 불길한 역사를 지닌 그레고리력을 굳이 계속 사용할 이유가 없다. 마고력 달력은 그레고리력 달력보다 24절기와 더 잘 맞고 달이 바뀌어도 날짜와 요일이 바뀌지 않아 여성들이 생리주기를 관리하는 데에도 매우 편리한 달력이다. 무엇보다 그레고리력 사용이 평화를 깬 시발이라는 점에서 전 세계의 마고력 사용은 이 시대의 소명이다.

　우리 민족의 유전자를 보전하기 위해서 우리 정부가 관심을 가져야 할 해외 지역이 있다. 현재 코리부랴트족으로 불리는 우리 민족의 중심 부족인 과거 코리족이다. 부리야트는 16세기 러시아군이 이곳 바이칼까지 진군해 와서 숲이 많은 것을 보고 '숲에 사는 민족'이라는 뜻으로 부리야트로 부른 데서 유래한다. 우리 학자들 중에는 이곳을 방문한 사람이 많은데, 방문 후에는 한결같이 하는 말이 있다고 한다. 그것은 마치 고향에 다녀온 느낌이라는 것이다. 이곳에 사는 코리족이 우리 한국인보다 더 한국인 같은, 마치 시골의 할머니, 할아버지, 삼촌, 아저씨와 똑같은 모습이라는 것이다. 비록 말은 통하지 않지만 서로의 눈빛에서 같은 민족의 동질성을 강하게 느낄 수 있다고 한다. 거기다가 한국에서 왔다고 신분을 밝히면 서슴없이 "너희는 여기서 건너갔다"는 말을 빼놓지 않는다고 한다. 실제로 민족사학자들에 의해 코리족의 일부가 이동한 것이 밝혀졌는데, 처음엔 동몽골로 이주했고, 다시 만주로 이주하여 고리국을 세웠고 후에 부여를 세운 뒤 고구려를 건국한 것으로 밝혀졌다. 대한민국의 영문인 코리아를 거슬러 올라가면 바이칼 코리족과 만나게 된다. 즉, 고려-고구려-고리-코리이다.

지금 대한민국은 다민족화가 급속히 진행되고 있다. 이대로 가면 머지않아 우리의 원형을 잃어버릴 수도 있다. 따라서 몽골 정부와 협상을 통해 코리족이 사는 지역을 매입하여 "대한민족 전통보전지역"으로 지정, 생활비 지원은 물론 코리족끼리 혼인하면 결혼 비용도 지원해 주고 한국어와 한국문화를 보급하는 등의 정책을 펴면 우리 민족의 유전자 보전에 많은 기여를 하게 될 것이다. 특히 이곳에는 100%의 거대한 금강송 군락지가 있다고 하니 금강송을 주 품종으로 쓰고 있는 우리나라의 임업연구에도 많은 도움이 되리라고 본다.

코리족과 몽골인들은 우리와 우리나라를 '솔롱고스'라고 부른다. 이 말은 '무지개'라는 뜻으로 꿈과 희망을 담고 있다. 바이칼에서 동몽골로, 이곳에서 만주로 이주하여 다시 국가를 세울 수 있다는 희망이었을 것이다. 그렇다면 몽골인들은 왜 대한민국을 솔롱고스 또는 '형제의 나라'라고 부르는 것일까? 답은 같은 코리족 후손이기 때문이다. 코리족 여인 알랑고아가 몽골로 이주하여 칭기스칸의 가문을 이루었다는 것이 민족사학자들에 의해 밝혀졌다. 코리족의 여인 알랑고아가 칭키스칸의 조상이 되니 한국과 몽골이 형제국이 되는 것은 당연한 일이다. 아무쪼록 우리 민족의 미래를 위해 코리족에 대한 관심이 좀 더 많아졌으면 하는 바람이다. 단, 그곳을 방문할 때 그들이 우리보다 생활 수준이 낮다고 하여 업신여기는 행동을 보여서는 안 된다. 현시대를 살고 있는 코리족 마을 사람과 대한민국이 같은 코리족의 후손이지만 학렬상 코리족 마을 사람들이 우리보다 높다는 것을 잊지 말아야 한다.

코리족의 보전은 잃어버린 우리 민족의 역사를 복원하는 차원에서 매우 중요한 일이다. 47대 고열가단군의 왕조가 망한 뒤 우리 민족의 이동 경로가 미궁에 빠져 있는데, 코리족이 잃어버린 역사의 연결 고리 역할을 할 수 있기 때문이다. 단군조선이 망한 후 우리 민족이 이동한 경로는 크게 세 분류로 나누어 볼 수 있다. 그중 한 분류가 일본 열도이다. 이와 같은 것은 민족사학자들에 의해 이미 밝혀진 일이다. 또 한 분류는 우즈베키스탄과 카자흐스탄 등의 지역이다. 이들 지역의 국가 중에는 단군의 초상을 자국 화폐에 넣을 정도이니 단군조선의 후손이라는 것을 부정하기는 어렵다. 나머지 한 분류는 바이칼의 코리족이다. 이러한 것을 바탕으로 우리 민족의 계보를 연결하면, 환국−배달신시-단군조선-코리족-고리국-부여-고구려(백제·신라)-고려-근조선-대한제국-대한민국이 된다. 이러한 정황으로 볼 때 지금의 대한민국을 탄생시킨 숨은 주역은 코리족이다. 대한민족의 자손이라면 이들을 존중하는 마음을 가져야 한다. 그러한 마음이 하나둘 모여서 선조들이 못 이룬 홍익인간의 구현, 곧 인류 평화를 실현하는 계기가 되었으면 한다.

세계 3대
실현과제

천부경 수행의 생활화

이것으로 얽히고설킨 세계의 난제들을 풀어낸다.

K의료체계, K기본소득의 실시

이것으로 면역인간을 완성하고 굶어 죽는 사람이 없는 세상을 만든다.

인류평화 실현

인류가 평화롭게 살아가는 것은 하늘의 뜻에 부합하는 일이다.

태극기의
이해

우리나라 국기인 태극기에는 홍익인간 사상이 녹아 있다. 인류평화 지향 정신이다.

최근 민족사학자가 밝혀낸 바에 의하면 4괘 태극기가 처음 사용된 것은 조일전쟁 때 이순신 장군이 탔던 배의 지휘선을 표시할 목적으로 쓰였다. 그 후 1882년 5월 22일 조미수호 통상조약, 곧 미국과의 통상조약이 계기가 되어 4괘 태극기가 본격적으로 사용되었다. 이것으로 팔괘 태극기가 처음으로 사용되었고, 1882년 9월 박영효가 고종의 명을 받아 수신사의 소임을 위해 일본으로 가던 중 팔괘가 복잡하다고 생각하고 4괘를 그려 넣어 지금의 4괘 태극기를 완성했다는 주장은 설득력을 잃게 되었다.

팔괘 태극기는 괘3인 건乾(하늘·양陽)이 위에, 괘6인 곤坤(땅·음陰)이 아래에, 괘5인 감坎(물·음陰)이 오른쪽에, 괘4인이離(불·양陽)이 왼쪽에 위치해 있다. 지금의 대각선 4괘는 8괘에서 왼쪽으로 한 칸씩 이동시켜 4괘 태극기가 되었다. 태극기 중앙의 원圓 중 적색은 양陽, 청색은 음陰을 상징하며 음양의 상생조화를 뜻한다. 대각선의 4괘는 음양의 조화로 탄생된 천지만물의 자연스러운 흐름이다. 이런 이유로 4괘의 태극기보다 산과 바람 등이 들어 있는 팔괘의 태극기가 천지의 이치에 더 합당한 국기다. 부딪쳐서 부서지는 상극이 아닌 우주의 물질들이 순화되어 순환하는 상생의 원리가 태극기 안에서 펼쳐지고 있는 것이다. 그래서 태극기는 평화로운 세상, 인류평화를 지향하는 상징이 된다.

이와 같이 훌륭한 태극 팔괘를 그린 사람은 5천여 년 전에 살았던 태호복희 성제聖帝다. 배달국 5대 천황인 태우의 환웅천황의 12째 막내아들로 태어나 인류문명에 지대한 업적을 남겨 중국에서 삼황오제 중 한 분으로 추앙받는 우리 민족의 직계 조상이다.

주요 업적은 역사상 처음으로 신교神敎의 우주관을 밝혔고, 천부경의 원리를 깨달아 복희하도伏羲河圖를 그려 역철학의 시조가 되었다. 그 외에도 남녀의 결혼제도를 처음으로 정하고 24절기를 만들어 농사를 편리하게 짓게 하는 등 동양은 물론 서양의 철학과 과학에까지 지대한 영향을 끼친 인류문명의 조종祖宗이다.

이처럼 위대한 인물을 조상으로 둔 우리 자손들이 어떠한 마음가짐으로 살아야 할지를 태극기를 바라보며 한 번쯤 생각해 보는 시간을 가졌으면 한다.

※ 현 4괘 태극기에 대하여 필자의 견해를 밝히고자 한다. 필자는 미신을 잘 믿지 않는다. 그러나 작금의 나라 상황과 우리 민족의 수난사를 되돌아볼 때 현재 사용 중인 4괘 태극기의 문제점을 지적하지 않을 수 없다. 4괘 태극기를 사용한 후 우리 민족의 수난사를 보면 일제의 잔혹한 식민통치, 동족상잔의 비극 6.25, 군사독재정권의 국민탄압, 역대 대통령들의 비극적인 말로, 청산되지 못한 일제의 잔재, 첨예하게 대립하고 있는 여야의 정치사 등을 들 수 있다. 위에서 적었듯이 대한민국의 태극기는 복희팔괘를 그대로 그린 8괘 태극기가 되었어야 했다. 8괘 태극기는 천지의 이치와 사방위가 바른 음양상생의 조화도이다. 이 속에서 천지만물의 자연스러운 흐름이 이루어지고 이는 홍익인간의 구현, 곧 평화로운 세상을 지향하는 상징이 된다. 물론 4괘 태극기라고 해서 음양 상생의 조화가 이루어지지 않는 것은 아니지만 8괘 태극기에는 미치지 못한다. 4괘 태극기가 문제가 되는 것은 잘못된 도안에 있다. 즉, 지금의 4괘 태극기는 복희팔괘처럼 하늘, 땅, 달(물), 해(불)이 상하좌우가 바르지 않고 대각선으로 어그러져 있어서 천지의 이치와 크게 어긋난다. 다시 말하면, 현재 사용 중

인 4괘 태극기는 하늘을 뜻하는 건괘가 못을 뜻하는 태괘 자리에, 땅을 뜻하는 곤괘가 산을 뜻하는 간괘 자리에, 물과 달을 뜻하는 감괘가 바람을 뜻하는 손괘 자리에, 불과 해를 뜻하는 이괘가 우레를 뜻하는 진괘 자리에 위치해서 화禍를 불러올 수 있는 형국이다. 하루빨리 국민적 합의를 거쳐 8괘 태극기의 사용을 적극 추진해야 한다. 4괘 태극기의 도입은 복희팔괘의 원리를 깨우치지 못한 데서 기인한다. 또한 천지의 이치를 살피기보다는 태극기의 모양에 비중을 두었기 때문이다. 8괘 태극기는 결코 복잡한 태극기가 아니다. 좌측에는 양陽을 의미하는 건乾, 태兌, 이離, 진震이, 우측에는 음陰을 의미하는 손巽, 감坎, 간艮, 곤坤이 위치해서 음양의 조화를 한눈에 느낄 수 있다. 따라서 보기에도 더 위용스러운 8괘 태극기의 사용을 주저할 이유가 없다. 훗날 우리 민족 계열의 연방 국가가 탄생하면 4괘 태극기를 내어 주기 위해서도 대한민국의 국기는 8괘 태극기가 되어야 한다. 그때의 4괘 태극기는 지금처럼 대각선으로 천지가 어그러진 4괘 태극기가 아닌 상하좌우가 바른 건곤감리 4괘의 태극기가 되어야 한다.

별 우주
인간

가끔 이런 의문을 가져 본다. 하늘과 땅과 사람은 어떤 관계일까 하는 의문이다. 여기에는 어떤 관계가 존재하는 것일까? 어떤 이유로 사람들은 자신이 죽으면 하늘나라로 간다고 여기는 것일까? 이 의문을 풀기 위해서는 인간 최초의 고향에 대한 끝없는 질문을 던져야 한다.

대부분의 인간은 어릴 때 매우 고통스럽거나 공포심을 느낄 때면 무의식적으로 "엄마"를 찾는다. 그리고 성인이 되어서 똑같은 순간을 맞게 되면 "하느님"을 찾는다. 이때의 하느님은 섬기는 신神이 아닌 인간의 아버지를 뜻한다. 지구의 어머니, 우주의 아버지다. 이 대목에서 인간의 원고향이 지구가 아닌 우주라는 것을 느끼게 한다. 이것이 맞다면 최초의 인간은 육肉이 아닌 영령靈이라는 얘기가 된다. 기천령지육성旣天靈地肉成. 줄여서 천령天靈, 지육地肉, 하늘의 영체가 땅에 와서 육체가 되었다는 뜻이다. 실제로 이러한 것을 뒷받침해 주는 과학적인 근거가 있다. 우주의 별들 중 인간의 눈동자를 닮은 별이 있고, 사람이 서서 양팔을 벌리고 있는 듯한 모양의 별도 있다고 한다. 또한 최근 개발된 망원경으로 우주 공간의 미세한 입자들을 관찰한 결과 인간의 뇌구조와 매우 흡사하다는 것을 밝혀내기도 했다. 이러한 것으로 볼 때 최초의 인간은 영령靈일 가능성이 높다. 다만 우주의 어떤 작용으로 인간이 영체靈體로 탄생했고, 어떤 작용에 의해 육의 모습으로 바뀌었는지에 대한 의문이 남을 뿐이다.

부도지에서는 율려의 파동, 즉 팔려八呂의 음으로 인간이 태어났다고 하는데 연구의 대상이 아닐 수 없다. 천부경에서 천일天一, 지일地一, 인일人一로 하늘, 땅, 사람을 동일격으로 표현하고 있는 것으로 보아 최초의 인간이 육체가 아닌 영체일 가능성을 높여 주고 있다. 이러한 것을 뒷받침하는 한자도 있다. 그것이 아이 밸 태胎이다. 이 한자의 형성은 달 월月+별 태台인데, 달 월月은 고기 육肉 자이기도 하므로 육체와 별의 결합, 곧 기영체와 육체의 결합이다. 중요한 건 우주의 기영체가 모체의 자궁 속으로 들어와 육체를 형성한 것인지, 아니면 기氣의 작용으로 모체의 태아가 기체에서 육체로 변한 것인지 연구의 대상이 아닐 수 없다.

기氣가 만물을 형성하고 기른다는 점에서 이와 같은 것을 무시할 수는 없을 것 같다. 기氣는 모든 생명의 근원이기 때문에 기氣가 없는 삶은 존재할 수 없다. 지상의 나무와 채소, 곡식 등이 적당한 햇빛과 물만 있으면 잘 자랄 것 같지만 여기에 기氣가 작용하지 않으면 모두 쭉정이가 되고 만다. 이러한 정황으로 볼 때 최초의 인간, 최초의 형성은 기영체일 가능성이 높다. 아이 밴 낌새가 있을 때 '태기胎氣가 있다'고 말하는 생활문화 속에서도 그러한 것을 느낄 수 있다. 만약 이러한 것을 과학의 힘으로 밝혀낼 수만 있다면 지금과 같은 생명 경시 풍조는 사라지게 될 것이다.

언젠가는 영성靈性의 시대가 도래할 것이다. 그때에 천부경은 인류가 총성을 멈추고 평화롭게 살아갈 수 있는 좋은 지침서가 되리라 본다. 그런 날을 위해 인류가 기초 한글과 한자 900자 정도는 반드시 익혀야 한다. 그 이유는 천부경을 영어나 기타의 언어로 번역하는 것은 한계가 있기 때문이다. 천부경은 숫자로 천지의 이치를 설명하고 있는 만큼 이 경전을 통해 인류사의 실체가 드러날 수도 있다.

지구상에는 수많은 미스터리가 존재한다. 그 대표적인 것이 피라미드다. 이에 대한 비밀은 지금까지도 밝혀지지 않고 있다. 피라미드라는 명칭은 어디로부터 온 것이며 어떤 의미를 가지고 있는 것일까?… 또 축조물은 어떤 원리로 설계되었으며 무엇을 표현한 것일까?… 어떤 심리가 작용하여 그처럼 큰 구조물을 지구촌 곳곳에 세워 놓았는지 참으로 궁금한 일이 아닐 수 없다. 피라미드에 대한 지금까지의 주장은 왕의 무덤, 전기 생산을 위한 발전소가 지배적인데 이는 천지의 이치와 맞지 않다. 아무리 왕의 권위가 높다고 해도 무덤으로 쓰기 위해 그처럼 큰 구조물을 축조할 리가 없다. 발전소도 전기 생산 능력을 가진 사람들이라면 피라미드보다 작고 간편하게 발전소를 건설해서 전기를 생산했을 것이다. 이러한 주장보다는 승천昇天을 위한 공간 쪽에 더 무게가 실린다. 피라미드의 명칭 또한 세모꼴의 과자와 빵을 뜻하는 그리스어 피라미스에서 유래했다고 하는데 거대한 피라미드를 축조해 놓고 그런 가벼운 명칭을 붙이는 것은 천지의 이치와 크게 어긋난다. 피라미드는 천지인을 위한 축조물이다. 그런 이유로 사후死後 승천과 관련이 있다. 이것을 천부경天符經을 통해 풀어 보면 다음과 같은 답이 구해진다.

천부天符 문화와 천부경의 이치로 보면 인간은 천지부모의 자식이다. 따라서 그러한 눈으로 피라미드를 바라보면 피라미드는 천부경의 원리로 설계되어 원圓, 방方, 각角, 곧 동그라미, 네모, 세모로 연출된 축조물이라는 것을 알 수 있다. 이는 대한민족의 천부天符 문화로부터 왔다. 원圓, 방方, 각角은 하늘, 땅, 사람, 만물을 뜻하는 것으로 천지와 하나 되고자 하는 천지부모 자식의 마음을 표현한 것이다. 그러므로 피라미드의 축조물은 천지만물도, 곧 만물이 천지와 하나되는 곳이다. 이것의 구축도는 땅을 상징하는 네모를 먼저 그리고 그 안에 하늘을 상징하는 동그라미를 그린 뒤 한복판에 우주의 씨알을 뜻하는 태극점을 찍는다. 그런 다음 사람을 상징하는 세모를 중앙의 태극점을 기준으로 아래로 그린다. 그다음은 그려진 삼각형의 꼭짓점을 기준으로 역삼각형을 반대편에 그린다. 이것으로 피라미드 축조를 위한 구축도가 완성된다. 이 구축도는 현존하는 피라미드, 그중에서 중동지역에 있는 피라미드의 일부 모양과 정확히 일치한다. 하늘을 상징하는 동그라미를 먼저 그리면 밑이 둥근 모양의 피라미드가 된다. 실제 축조 과정에서는 하늘을 상징하는 동그라미는 쓰지 않을 수도 있다. 내용을 좀 더 적으면, 아래의 삼각형은 머리를 위로 두고 서 있는 사람의 형상이고, 위의 역삼각형은 머리를 땅에 처박고 있는 초목을 의미한다. 이때 자동으로 형성된 좌우의 삼각형은 머리를 옆으로 두고 있는 들짐승과 날짐승을 뜻한다. 이러한 것의 축조 원리와 뜻을 기록으로 남기지 않은 것은 심각心刻의 원칙이 적용된 것으로 보인다. 즉, 피라미드의 축조 공사는 매우 신성한 작업이므로 중요한 것은 기록하지 않고 각자의 마음속에 새긴다는 원칙이다. 이는 타민족의 침략 시 피라미드가 파괴되지 않고 오래도록 보존되기를 바라는 마음이 모아진 결과다. 침략국의 문화보다 뛰어나다는 것을 알게 되면 눈에 거슬려 파괴하겠지만 그 의미를 모르면 굳이 고생을 자초하며 거대한 피라미드를 파괴할 이유가 없다. 만약 피라미드가 팔각의 형태를 가지고 있다면 그것은 우리 인간을 탄생시킨 팔려음八呂音을 상징할 것이다. 이런 식으로 접근하면 피라미드는 하늘에 좀 더 가까이 다가가기 위한 축조물이 되고 피라미드의 내부는 잃어버린 천지본음을 듣기 위한 공간이 된다.

피라미드의 명칭은 대한민족의 생활어 중 특수 언어인 "피리미딘"에서 온 것으로 보인다. 이를 뒷받침할 수 있는 문자가 존재한다. 그 근거가 우리 문자인 한자韓字에 남아 있다. 입 구口+빽빽할 밀密의 피리미딘−밀이다. 이것이 서양으로 전해져 한어인 피리미딘은 피라미드의 명칭으로, 산 위에 빽빽하게 쌓아 올린 모양의 고대 한자 '밀'은 피라미드의 구축도를 그리는 데 참고 자료로 쓰였을 가능성이 크다. 서양식 피라미드와 밀접한 국가의 언어에서도 피리미딘이 피라미드의 원어라는 것을 느낄 수 있다. 피리미딘을 힌디어로 번역하면 빠이라마딘, 그리스어로는 삐리미딘니, 히브리어는 삐라미딘으로 발음된다. 피리미딘이란 3가지 다이아진의 하나로 고리 1번 위치와 3번 위치에 질소 원자를 가지고 있는 유기화합물을 뜻한다.

피라미드에 대하여 정리하면, 피라미드 문화는 대한민족의 천부天符 문화, 곧 천부단天符壇에서 태동했고, 축조물은 하늘. 땅. 사람. 만물을 표현한 천지만물도이다. 뜻은 천지와 하나 되고자 하는 천지부모 자식의 마음을 표현한 것이다. 명칭은 대한민족의 생활어 중 특수 언어인 피리미딘에서 왔다. 이 명칭에 대해 좀 더 적으면, 피리미딘의 유기적 성질은 천부경의 천지인 원리와 피라미드의 축조물과 정확히 부합한다. 천부경의 삼극. 곧 천지인은 셋으로 쪼개져도 하나가 되는 원리이다. 천부경 81자 중 석삼극析三極 무진본無盡本이 그것을 나타내고 있다. 피라미드의 축조물도 유기화합물적인 성격이 강하다. 큰 돌을 깎아서 쌓았지만 바늘 하나 들어가기 힘들 정도로 돌과 돌은 유기적으로 결합되어 있다. 이러한 것이 피리미딘을 피라미드의 원어로 볼 수밖에 없는 이유다.

천부단은 크게 상징단과 실용단으로 나누어 볼 수 있는데 강화도의 참성단이 천제를 올리는 실용단에 속한다. 이것을 참고로 상징 천부단을 그리면, 먼저 하늘을 상징하는 동그라미를 그리고 그 안에 땅을 상징하는 네모를 그린다. 그런 다음 정중앙에 우주의 씨알을 뜻하는 태극점을 찍고 위에서 그린 피라미드처럼 아래로는 사람을 뜻하는 정삼각형을, 위로는 초목을 뜻하는 역삼각형을 그리면 상징 천부단이 완성된다. 이것은 실제로 지구촌 곳곳에서 볼 수 있는 모양이고 성스러움 그 자체다. 이런 구축물을 완성하면 사면체의 삼각형 안에 작은 삼각형이 하나씩 들어 있는 형상이 된다. 이 여덟 개의 삼각형은 천지만물을 탄생시킨 팔려음을 뜻한다. 곧 빛과 소리다. 이러한 음양의 조화가 천지만물과 어울려 끝없이 돌아가는 형상이다. 삼각형 속의 작은 삼각형은 만물이 만물을 낳는 것을 가리킨다. 즉, 사람이 사람을 낳고, 초목이 초목을 낳고, 들짐승이 들짐승을 낳고, 날짐승이 날짐승을 낳고 살아가는 이치다. 이 형상은 사물과 사물의 조합으로도 나타낼 수 있다. 즉, 사람이 나무에 등을 대고 기대거나 끌어안은 상태에서 양옆으로 들짐승과 날짐승이 와서 나무를 보고 있으면 완성된다. 이것이 상징 천부단, 곧 피라미드 축조물의 원리다. 천부天符 문화는 우리 민족이 주체이지만 과거 함께 살았던 세계인들의 유전자 속에서도 여전히 천부 문화가 숨 쉬고 있다.

지금은 첨단과학시대다. 그런 까닭에 나라마다 상업이나 군사 목적으로 우주개발에 열을 올린다. 그러나 이러한 행위는 반드시 지양되어야 한다. 우주개발은 인류에게 꼭 필요한 것 외엔 더 이상 손을 대서는 안 된다. 지구의 오염으로 기후재앙도 모자라 저 신성한 우주 공간마저 더럽힌다면 우리 인간은 천지에 씻을 수 없는 대죄를 짓게 된다. 따라서 앞으로의 우주개발은 각 나라가 벌이는 상업이나 군사 목적이 아닌 전 세계가 하나 되어 벌이는 우주개발 사업이 되어야 한다. 이를 위해 "세계우주개발연합"과 같은 기구가 필요하고, 각국의 국가재정 형편에 따라 분

담금을 내는 제도도 마련되어야 한다.

인류가 함께 만든 우주탐사선 지구1호! 이 우주선의 발사를 통해 인간 최초의 고향을 찾아가는 위대한 여정이 시작되었으면 한다.

※ 지금처럼 수행이 부족한 상태로 무분별한 우주 개발이 추진되면 지구에 엄청난 재앙을 초래할 수 있다. 처음엔 상업 목적으로 우주 개발이 진행되겠지만 그것이 군사용 무기로 돌변하는 것은 한순간이다. 따라서 UN을 통한 우주개발 협약 및 제한에 관한 규정이 마련되어야 한다. 어길 시는 전 세계의 제재가 뒤따라야 함은 물론이다.

천부경
수행법

오염된 몸은 물로 닦고 오염된 마음은 기氣로 닦는다.
참 기氣는 수행을 통해서만 얻을 수 있다.
기氣가 완충되면 눈과 귀가 밝아지고 마음이 맑아진다.

수행은 참나를 찾아가는 여정이다. 이 속에서 인간은 왜 태어
났고 어떻게 살아야 하는가에 대한 답이 구해진다. 수행의 기본
은 명상이다. 이 과정에서 비로소 천지부모와 만나는 길이 열린
다. 그 길을 갈 수 있느냐는 각자의 마음에 달려 있다. 사람들은
저마다의 목적을 가지고 수행을 하지만 근본 목적은 참나의 회복
이다. 참나는 천지부모와 하나되는 것이다. 따라서 지금 자신의
모습이 본래의 모습이 아니라는 것을 깨닫는 순간 수행을 시작하
게 된다. 그렇다면 인간의 참모습이란 어떤 모습일까?… 그 답은

천부경 81자 중 본심본태양本心本太陽 앙명昻明을 통해 유추해 볼 수 있다. 이 문구를 직역하면 인간의 본성, 즉 본마음은 태양처럼 밝고 맑다는 뜻이다. 이것이 참나, 하늘의 신성神性을 지닌 천지부모의 자식이다. 우리는 지금 이러한 모습을 다 잃어버렸다. 천부경 수행은 잃어버린 본성을 되찾고 천지부모와 하나 되고자 하는 노력의 과정이다. 그런 이유로 천부경을 읊조리며 가슴 깊이 새기는 것은 천지와 소통하는 길이 된다. 고대의 선인들이 우주광명을 체험하기 위해 수행을 생활화한 것도 이런 본성을 되찾기 위한 끝없는 노력이었다. 필자는 이와 같은 것을 감안하여 천부경 수행법을 정립해 보았다.

천부경 수행은 60분과 30분 중 하나를 선택해서 하면 되는데, 60분은 시간적 여유가 있는 사람이, 30분은 그렇지 못한 사람이 수행하면 된다(시간은 개인의 사정에 따라 정하면 된다).

처음 20분 혹은 10분은 천부경을 읽고 그 뜻을 가슴에 새기는 과정이다. 천부경에 자기 나름대로 곡을 붙여 노래 형식으로 부르거나 시를 읽듯이 읊조리면 된다. 더불어 천지부모와 하나 된다는 마음으로 그 뜻을 가슴 깊이 새겨야 한다.

천부경 음독은 각자 개성에 맞게 하면 되는데 대체로 다음과 같은 음독법으로 하면 된다.

처음 1독은 눈을 지그시 감거나 뜬 상태로 노래 형식으로 읽고, 2독은 시를 읊조리듯 해석만 하고, 3독은 신문의 사설을 읽듯 본문을 읽고 해석을 동시에 하면 된다. 이것을 반대로 하는 것도 하나의 방법이다.

그다음 20분 혹은 10분은 정좌正坐하여 집중력을 증진시키기 위한 심호흡 과정이다. 이 과정은 척추-관절이 안 좋은 사람은 관절 건강을 해칠 수 있으므로 의자나 침대를 이용하는 것이 바람직하다. 어깨의 힘을 뺀 상태에서 하복부에 힘을 주고 복식호흡 혹은 반복半腹 반흉半胸 호흡을 10분 혹은 20분 이상 하면 된다. 호흡 방법은 깊고 길게, 들숨은 코로, 날숨은 입으로 내쉬면 된다.

마지막 20분 혹은 10분은 "천부경 명상수행" 과정이다. 맑아진 뇌를 통해 인간의 원고향인 우주 공간을 탐사한다. 두 눈을 지그시 감고 마음속에 우주 공간을 그린다. 그런 다음 상상력을 동원하여 우주 공간 속으로 들어간다(이때 정신을 집중해야만 우주 공간 속으로 들어갈 수 있다).

텅 빈 우주 공간에 파동波動이 일어난다. 율律의 탄생이다. 암흑 속의 파동은 점차 빛의 형태를 띠며 사방팔방으로 퍼져간다. 여呂와 팔려음八呂音의 출현이다. 이것의 작용으로 기氣가 나오고 1에서 9까지의 자연수 형태로 우주를 구성하는 물질, 곧 해와 달과 지구 등 수많은 별들이 탄생한다. 그 과정에서 사람 모양의 기영체氣靈體가 만들어진다. 인간의 탄생이다. 이러한 광경이 마치 눈앞에서 펼쳐지는 상상을 하며 우주 공간을 탐사한 뒤 지구로 돌아와 눈을 살며시 뜨고 수행을 마무리하면 된다. 이것이 천부경 명상수행이다. 이 상상도는 천부天符의 이치에 따라 그려진 그림이다. 이런 과정의 수행을 반복하면 자연스럽게 자신이 천지부모의 자식이라는 것을 깨닫게 되고 밝고 맑은 본성을 되찾고자 하는 욕구가 싹트게 된다. 이때 천지복본, 천지본음 같은 주문을 마음속으로 되뇌면 잃어버린 본성을 회복하는 데 도움이 된다.

천지본음天地本音은 인간이 타락하기 전에 들었던 천지의 울림이고, 천지복본天地復本은 잃어버린 천지의 소리를 다시 듣고자 하는 인간의 간절한 외침이다. 따라서 천부경의 천부天符는 천지만물과 인간을 탄생시킨 율려律呂의 운행 형상인 천부의 원리를 숫자 형태로 나타낸 것이고, 경經은 천부天符의 이치를 깨달아 잃어버린 본성을 되찾고자 하는 인간의 마음이다. 그러므로 천부경 수행은 천지의 이치를 깨달아 천지와 하나 되고 천지부모의 자식다운 모습을 찾아가는 진아眞我의 여정이다. 천부경 81자를 읊조리는 주문수행도 하늘과 소통하는 길이 된다.

필자는 이러한 수행과정을 "천부경 수행", "K수행"이라 정의했다. 이와 같은 수행문화가 발달했던 고대에는 별다른 범죄나 전쟁이 없었다고 하니, 돈 한 푼 안 들어가는 위대한 인류평화 사업을 방치할 이유가 없다. 천부경 수행문화 속에 총성이 멎고 무기가 사라지는 새로운 인류의 탄생을 소망해 본다.

※ 천부경 명상수행을 할 때 율려기律呂氣 천부경을 음독하면 율려, 곧 천지부모에 좀 더 가까이 다가갈 수 있다. 수원리數原理 천부경이 천지만물의 이치를 수로 나타낸 반면, 율려기 천부경은 율려의 활동상과 결과를 나타낸 것이기 때문이다.

율려기 천부경은 번개처럼 스쳐가는 깨달음 속에서 얻어 낸 하늘의 계시 같은 것이다. 잃어버린 대한의 역사가 복원되기를 바라는 마음과 천부경이 전 세계로 울려 퍼져 인류가 한 형제처럼 평화롭게 살았던 심성을 되찾았으면 하는 필자의 소망이 하늘을 움직인 것이 아닌가 하는 생각이다.

부디 천부경 수행이 전 세계로 울려 퍼져 인류가 한 형제처럼 살았던 평화로운 시대를 하루빨리 맞이했으면 하는 바람이다.

一始無始一析三極無

盡本天一一地一二人

一三一積十鉅無櫃化

三天二三地二三人二

三大三合六生七八九

運三四成環五七一妙

衍萬往萬來用變不動

本本心本太陽昂明人

中天地一一終無終一

일시무시일석삼극무

진본천일일지일이인

일삼일적십거무궤화

삼천이삼지이삼인이

삼대삼합육생칠팔구

운삼사성환오칠일묘

연만왕만래용변부동

본본심본태양앙명인

중천지일일종무종일

-數原理 天符經 전문-

수원리 천부경

律始無始律析氣極無

盡本天律律地律呂人

律氣律積十鉅無櫃化

氣天呂氣地呂氣人呂

氣大氣合六生七八九

運氣四成環五七律妙

衍萬往萬來用變不動

本本心本太陽昂明人

中天地律律終無終律

율시무시율석기극무

진본천율율지율려인

율기율적십거무궤화

기천여기지여기인여

기대기합육생칠팔구

운기사성환오칠율묘

연만왕만래용변부동

본본심본태양앙명인

중천지율율종무종율

−律呂氣 天符經 전문−

율려기 천부경

율려기 천부경은 수원리 천부경에 표기된 숫자 1, 2, 3 대신 천부天符의 이치에 따라 율律. 려呂. 기氣를 표기해 완성한 천부경이다.

一始無始一
일시무시일

하나가 시작하여 무無가 되고, 다시 하나로 시작하네.

析三極無盡本
석삼극무진본

하늘. 땅. 사람이 나뉘어 멀리멀리 흩어져도 근본은 변하지 않고 본래의 모습으로 되돌아오네.

天一一 地一二 人一三
천일일 지일이 인일삼

하늘은 창조 운동의 뿌리로서 일이 되고, 땅은 생명 생성 근원되어 이가 되고, 사람은 천지의 꿈과 이상을 실현하여 삼이 되니,

一積十鉅 無櫃化三

일적십거　무궤화삼

하나가 쌓여 크게 되고, 천지인의 도道 세상이 열리네.

天二三 地二三 人二三

천이삼　지이삼　인이삼

하늘과 땅과 사람은 음양 운동으로 작용하고,

大三合六 生七八九

대삼합육　생칠팔구

천지인 삼수 합해 육수되고 무수히 많은 수를 낳는다네.

運三四 成環五七

운삼사　성환오칠

천지만물은 삼수와 사수로 운행하고 오수와 칠수로 순환하니,

一妙衍萬往萬來 用變不動本

일묘연만왕만래　용변부동본

하나가 오묘하게 작용하여 넓고 크게 쓰이지만 근본은 변하지 않고 하나로 되돌아오네.

本心本太陽 昻明

본심본태양　앙명

인간의 마음은 본디 어질고 착하여라.

人中天地一

인중천지일

어질고 착한 마음 천지 중심되고 존귀한 태일太一되니,

一終無終一

일종무종일

하나가 끝나서 무無가 되고, 다시 하나로 끝이 나네.

〈수원리數原理 천부경〉

律始無始律

율시무시율

율려律呂의 시작은 텅 빈 우주 공간이다.

析氣極 無盡本

석기극 무진본

기氣가 흩어져 극에 달해도 본 형상은 그대로이다.

天律律 地律呂 人律氣

천율율 지율려 인율기

하늘은 율律의 조화로 탄생했고, 땅은 율律과 여呂의 조화로 탄생했고, 사람은 율律과 기氣의 조화로 탄생했다.

律積十鉅 無櫃化氣

율적십거 무궤화기

율려가 쌓여 크게 폭발하면 우주 공간은 기氣로 가득 찬다.

天呂氣 地呂氣 人呂氣

천여기 지여기 인여기

하늘은 여呂와 기氣의 조화로 돌고, 땅도 여呂와 기氣의 조화
로 돌고, 사람도 여呂와 기氣의 조화로 돈다.

大氣合六 生七八九

대기합육 생칠팔구

큰 기氣가 합하여 육(6)의 형상이 되고 다른 모양으로 퍼져
간다.

運氣四 成環五七

운기사 성환오칠

사(4) 형태의 기氣의 흐름은 오(5)와 칠(7)의 형태로 순환한다.

律妙衍萬往萬來 用變不動本

율묘연만왕만래   용변부동본

율려律呂의 오묘한 조화가 끝없이 퍼져 쓰이지만 본모습은

변하지 않는다.

本心本太陽 昻明

본심본태양 앙명

맑은 파동, 밝은 빛이다.
곧, 율려기律呂氣 태초의 모습이다.

人中天地律

인중천지율

천지의 중심은 사람이다.

律終無終律

율종무종율

율려律呂의 끝도 텅 빈 우주 공간이다.

〈율려기律呂氣 천부경〉

이상으로 천부경 수행에 도움이 되고자 해석을 붙여 보았다. 이것으로 참나를 찾아가는 뜻깊은 여정이 되었으면 한다.

필자가 천부경을 접하면서 깨달은 것 중에는 인간의 죽음에 관한 것이 있다. 누구라도 한 번쯤은 인간의 사후에 대하여 의문을 가져 보았을 것이다. 죽음으로써 인간의 삶은 끝나고 마는 것인지, 아니면 영체로 환생하여 다시 살 수 있는 것인지, 참으로 궁금한 일이 아닐 수 없다.

이 의문을 풀기 위해서는 인간 자체를 먼저 알아야 한다. 인간은 육체와 영혼으로 구성되어 있다. 달리 말하면 볼 수 있는 영역과 볼 수 없는 영역이다. 우주도 보이는 물질과 보이지 않는 물질로 구성되어 있으니 인간이 천지부모의 자식인 것은 상상이 아닌 과학에 근거한 분명한 사실이다. 이 중 육체는 사후에 육肉이 소멸하고 체體인 뼈가 남는다. 영혼은 혼魂이 소멸하고 영靈이 남는다. 이는 살이 썩어 없어지고 뼈가 남는 육체와 같은 원리다. 천지의 이치로 보면 혼은 지상을 떠돌다 소멸하고 영은 인간의 원고향인 우주로 가야 한다. 과연 그럴까?··· 필자의 깨달음은 우주로 가는 영과 가지 못하는 영이 있다. 원고향으로 돌아간 영은 본모습을 되찾아 영체로서의 삶을 살 수 있지만 우주로 돌아가지 못한 영은 지상을 떠돌다 혼처럼 소멸하고 만다. 이유는 천지부모의 자식으로서 지닌 본성인 하늘의 신성神性, 곧 천기天氣가 고갈되었기 때문이다. 우주선이 연료가 없어 우주로 날아갈 수 없는 이치와 같다. 이 대목에서 우리 인간이 지상에서의 삶을 어떻게 살아야 할 것인가가 정해진다. 답은 천지부모의 자식다운 삶을 사는 것이다. 그래야만 신성이 고갈되는 것을 막을 수 있다. 약한 자를 억압하지 않고 남을 해하지 않는 삶! 천지의 원리가 담겨 있는 천부경을 늘 가까이하며 수행을 생활화하는 삶! 이것이 천지부모의 자식으로서 살아야 할 본분이고 도리이다.

인류에게 보내는
저자의 세 가지 제안

첫 번째 제안. 한국어(한글+한자 900자)를 인류공용어로 지정하여 어릴 때부터 배우게 하자.

두 번째 제안. 천부경 수행을 생활화하여 저마다 천지의 이치를 깨닫자.

세 번째 제안. 전 세계가 합의하여 무기개발을 중단하고 그 비용으로 매월 50만 원 이상 지급하는 K기본소득을 실시하자.

한국어는 1음 2체의 입체적인 구조를 가진 위대한 언어 문자이다. 인류 최초의 문자인 도형을 바탕으로 창제된 한자와 가장 간편한 문자인 한글이 결합된 한국어를 인류가 함께 배우는 것은 잃어버린 인류의 역사를 함께 탐구하는 것과 같다. 더불어 인류의 문맹률을 낮추고 인류평화에도 기여할 수 있다는 것이 필자의 생각이다. 세계의 석학, 지성인, 정치지도자들의 현명한 결단이 있었으면 한다.

천부경 수행은 종교나 이념에 구애받지 않고 누구나 자유롭게 할 수 있는 수행문화다. 이 수행을 생활화하면 천지의 이치를 깨닫게 되어 자기 자신이 하늘의 신성을 지닌 존엄체라는 것을 알게 된다. 또한 이 수행을 생활화하면 정신건강과 치매예방에도 도움이 되니 굳이 마다할 이유가 없다.

무기개발을 중단하고 그 비용으로 K기본소득을 실시하자는 필자의 제안이 지금의 의식으로는 실현 불가능한 일일 것이다. 그러나 천부경 수행을 생활화하여 천지의 이치를 깨달은 의식의 눈으로 보면 결코 실현 불가능한 일이 아니다. 전 세계에서 하루에 굶어 죽는 사람이 많다는 것을 감안하면 만물의 영장인 우리 인간이 왜 이렇게 살고 있냐 자책하며 고개를 떨굴 일이다. 특히 기후재앙과 싸우기도 힘든 상황에서 전쟁을 일으키는 것은 인간답지 못한 행동이다.

필자가 입안한 K기본소득 방안을 세계 각국에 맞게 적용하여 전 세계인이 매월 50만 원 이상 지급받는 K기본소득 시대가 하루빨리 열렸으면 한다.

附

錄

부록

한중러미
세계평화 추진 협력체

　한중 두 나라에는 오랜 세월 동안 풀리지 않고 있는 두 개의
매듭이 존재한다. 그것이 언젠가는 양국의 흥망성쇠를 좌우하는
중요한 사안이 될 수도 있지만 양국 모두 문제의 심각성을 인식
하지 못하고 있는 것 같다.

　중국 쪽에 꼬여 있는 매듭은 대한민족이 중국의 종가宗家라
는 것을 인식하지 못하고 있거나 알아도 인정하지 않고 있는 것
이고, 한국 쪽에 꼬여 있는 매듭은 국내 강단사학계에서 대한민
족의 고대사를 인정하지 않고 있는 일이다. 꼬여 있는 이 매듭
을 풀지 못한다면 중국은 세계 각국과 갈등이 심해져 쇠퇴의 길
을 걷게 될 것이고, 한국은 역사의 뿌리가 없는 신화의 민족으로
굳어질 것이다(중국이 남북한을 중국의 종가 국가로 인정하면 이
문제는 동시에 해결된다).

대한민족 철학사상에서 밝혔듯이 환단고기나 부도지符都誌의
기록으로 볼 때 혈통은 다르지만 중국은 대한민족의 삼촌의 나라
나 다름없다. 굳이 고대사를 들먹이지 않더라도 대한민족과 가장
닮은 유전자를 가진 민족이 만주족(일본인들의 유전자가 대한민
족과 가장 가까운 것으로 나왔지만 일본은 과거 우리 민족이 건
너가 개척한 땅이므로 특별히 의미를 부여할 필요는 없다)이고,
지금도 국경을 맞대고 살고 있는 것이 그것을 증명한다. 현실이
이러한데도 중국은 왜 대한민족 자손의 나라인 남북한을 종가로
인정하지 않는 것일까? 여기에는 여러 가지 원인이 있겠지만 가
장 큰 원인은 공산사회주의의 이념 탓이 크다. 대한민족이 천자
국의 종통 자손이라면 중국은 천자국의 주축 자손이다. 그런 품
격과 신성을 지닌 자손의 입에서 대한민족을 종가로 인정하지 않
은 채 중국에 조선족 자치주가 있다는 이유만으로 판소리와 김치
같은 대한민족의 전통문화를 중국의 것이라고 말할 순 없다. 중
국이 이런 주장을 펴려면 남북한을 장손국長孫國으로 인정하고
그에 걸맞는 예우를 해야 한다. 그런 절차도 없이 판소리와 김치
같은 것을 중국의 것이라고 하는 것은 낡은 공산사회주의의 이념
탓이라고밖에 볼 수 없다. 다시 말해 진정한 중화민족의 자손,
천손 민족의 차손次孫다운 모습이 아니라는 얘기다.

　　이와 관련하여 중국, 중국인들에게 충정 어린 제안을 하고자
한다. 그것이 "신중화주의新中華主義" 혹은 "중화인민주의中華

人民主義"의 선언이다. 낡은 공산사회주의의 이념을 과감히 벗어던지고 역사가 바로 서는 나라, 인민이 주체가 되어 세계 중심 국가로의 지향을 선언하는 일이다. 이렇게 환골탈태를 하게 되면 대한민족 자손의 나라인 남북한을 자연스럽게 중국의 종가 국가로 인정하게 된다. 그렇게 되면 지금 전 세계에 불고 있는 한류가 중국의 문화가 될 수 있다. 종가국인 대한민국의 한류를 자랑스러워하며 그것이 형제국인 중국의 문화라고 말하는 것을 어느 누가 부정하겠는가. 중국이 이런 식으로 변화하여 국가를 운영하게 되면 불편한 간자를 폐지하고 한국 정부의 도움을 받아 한글을 가져다 쓰면 된다. 종가국의 글자는 곧 형제국의 글자이기도 하다. 따라서 대한민국 문화에 종속된다는 우려를 할 필요는 없다. 중국이 누릴 혜택은 또 있다. 중국 곳곳에 잠들어 있는 인류시원문명의 유물을 발굴하여 관광자원화하는 일이다. 이것이 실현되면 중국은 해마다 천문학적인 관광수입을 올릴 수 있다. 그러나 중국이 변하지 않고 지금과 같은 길을 계속 간다면 언젠가는 일본과 같은 꼴이 되고 말 것이다.

일본의 국력이 쇠퇴해진 것은 여러 가지 원인이 있겠지만 가장 큰 원인은 대한민족을 조상으로 인정하지 않고 있는 점이다. 만약 일본이 남북한을 조상의 나라로 인정하고 과거의 잘못을 진심으로 사죄했다면 지금과 같이 쇠퇴의 길을 걷지는 않았을 것이다.

필자는 형제국인 중국이 일본과 같은 전철을 밟지 않기를 바란다. 그렇게 되는 것은 세계경제에도 매우 불행한 일이다.

언젠가 중국이 필자의 제안대로 환골탈태를 한다면 꼭 해야 할 사업이 있다. 그중 첫 번째가 지구환경 보호이고, 두 번째가 인류평화 실현, 세 번째는 K기본소득을 실시하여 전 세계인이 매월 50만 원 이상의 기본소득을 지급받는 시대를 여는 일이다. 이러한 과업을 달성하기 위해선 한국과 중국의 힘만으론 안 되고 다른 두 나라의 협조가 있어야 한다.

그중 한 나라가 러시아다. 러시아는 현재 중국, 북한과 국경을 맞대고 있고, 역사적으로도 남북한과는 사촌 이상의 가까운 나라다. 나머지 한 나라는 미국이다. 미국은 세계 최강국이고 세계경제의 중심이다. 이런 나라의 협조 없이는 위에서 언급한 3대 과업을 달성할 수가 없다. 현재 미중 간의 무역분쟁이 심각하다고 망설일 필요는 없다. 국제무역은 단순 논리로 접근하면 의외로 쉽게 풀 수 있다. 즉, 중국이 잘 만들고 미국이 그렇지 못한 제품은 중국이 만든 것을 수입해서 쓰면 되고, 반대로 미국이 잘 만들고 중국이 그렇지 못한 것은 미국이 만든 제품을 수입해서 쓰면 된다.

필자는 3대 과업의 실현을 위해 중국이 먼저 화해의 손을 내밀었으면 한다. 그것이 천자국의 주축 자손, 국가다운 행동이다. 이런 식으로 해서 일이 잘 진행되면 3대 목표 사업인 지구환경 보호, 인류평화, K기본소득의 실현을 위한 기구를 만들어야 한다. 그것이 "한중러미 세계평화 추진 협력체"다. 훗날 이런 기구가 결성되어 필자의 제안대로 사업이 추진된다면 인류역사상 가장 위대한 선언이 될 것이다.

3대 과업을 추진하기 전에 먼저 해결해야 할 것이 있다. 반으로 잘려진 한반도를 평화적으로 잇는 일이다. 이것을 그대로 놓아둔 채 인류평화 사업을 펼치는 것은 이치에 맞지 않다. 남북통일이든, 자유통상 자유왕래든, 분단된 남과 북을 평화적으로 연결한 뒤 3대 사업을 펼쳐야 한다. 그리되면 한반도의 평화로운 기운이 전 세계로 뻗어 나가 인류가 좀 더 평화롭게 살 수 있는 토대가 마련될 수 있다.

이를 위해 한중러미가 적극 나서야 한다. 필자의 생각으론 이 지구상에서 자연에 관한 것 빼고는 한중러미가 힘을 합치면 못해낼 일이 없다고 본다. 지형으로 보나, 이치로 보나, 인류평화를 위해서는 잘려진 한반도는 반드시 이어져야 한다.

앞에서 제안한 3대 사업을 성공시키기 위해서는 한중러미 4개국이 모범을 보여야 함은 물론이다. 더 나아가 구체적인 행동으로 보여주어야 한다. 즉, 한중러미 4개국이 합의하여 무기개발을 중단하고 그 비용으로 한중러미 4개국 국민들이 매월 50만원 이상의 K기본소득을 지급받을 수 있게 해야 한다. 그런 다음세계 각국이 인류평화 사업에 동참할 것을 제안하면 전 세계가 흔쾌히 동참을 결의할 것이다. 이렇게 동참의사를 밝힌 나라들을 한중러미 세계평화 추진 협력체의 회원국으로 가입시켜 회원국 국민들이 K기본소득의 혜택을 누릴 수 있게 한다면 전 세계인들이 지금보다 더 많은 복지혜택을 누리며 살 수 있다. 이와 함께 한중러미 상호 간의 일정 규모 이상의 무역거래는 한중러미 공용 전자화폐만 사용하게 하여 종이 화폐의 제작 비용을 줄여 그것을 K기본소득 사업의 재원으로 쓰는 방안도 고려해 봐야 한다.

마지막으로 제안하고 싶은 것은 "세계국경축제일"의 지정이다. 대한민족의 개천절인 10월 3일을 세계국경축제일로 지정하여 국경을 맞대고 살아가는 주민들이 서로의 문화를 나누며 화합을 다지는 날로 만들었으면 한다.

지나온 인류사는 창조와 파괴, 복구의 역사였다. 우리 인류가 창조와 발전, 보존의 역사로 이어지지 못한 것은 전쟁 때문이었다. 깨어나지 못한 인간들의 부끄러운 모습이다. 이제 그 오욕의 역사를 청산하고 명예를 회복할 때가 됐다. 그것이 한중러미 세계평화 추진 협력체를 결성하는 것이고, 이러한 기구를 통해 총성은 멎게 하고 K기본소득 같은 복지혜택은 누리는, 새로운 인류로 거듭나는 일이다. 이것이 천손 인족의 종통 자손으로 이 땅에 온 필자의 충정 어린 외침이다.

❖ 1만 년의 여정, 그리고 회귀

요즘 전 세계적으로 불고 있는 한류 열풍을 보면서 1만여 년의 여정을 마치고 본국으로 회귀하는 인류사를 떠올려 보게 된다.

대한민족의 고서古書인 환단고기의 기록에 의하면 우리 민족이 주체가 되어 전 세계가 함께 세운 나라 환국桓國이 있었다. 이 환국이라는 거대 국가 안에는 12지국이 있었는데, 동편에는 월지국, 양운국, 개마국(웅심국), 구막한국, 매구여국(직구다국), 일운국, 비리국, 구다천국(독로국)이 있었고, 서편에는 사납아국, 매구여국(직구다국), 수밀이국, 우로국(비나국)이 있었다. 이 환국은 일곱 분의 환인桓仁 천제가 다스렸고 역년은 3301년이다.

그 존함은,

1세 안파견安巴堅
2세 혁서赫胥
3세 고시리古是利
4세 주우양朱于襄
5세 석제임釋提壬
6세 구을리邱乙利
7세 지위리智爲利 환인이다.

이분들의 평균 수명을 보면 400세가 넘는다는 것을 알 수 있는데, 맑은 물과 공기를 마시며 하늘과 하나 되기 위해 수행을 생활화하면 이렇게 오래 살 수 있는 것인지 연구의 대상이 아닐 수 없다. 이렇게 인류는 환국이라는 거대 국가를 건설하여 12지국으로 나누어 일곱 분의 환인천제가 다스리는 천통天通의 행정력 아래 함께 살았다.

이처럼 한 형제 같이 살았던 인류가 세월이 흐르고 기후가 변하면서 동쪽에 있던 나라들은 동쪽으로, 서쪽에 있던 나라들은 서쪽으로 뻗어 나가 동서양의 문명을 이루었다. 여기서 주목할 나라는 매구여국과 수밀이국이다. 매구여국은 동쪽과 서쪽에 존립했던 나라이고 수밀이국은 서양문명을 탄생시킨 수메르문명과 깊은 관계가 있다고 여겨지기 때문이다. 한중러미 세계평화 추진 협력체가 본격적으로 가동되면 '인류문명탐사단'을 결성해서 전 세계가 함께 연구해 보아야 할 과제라 생각된다.

환단고기의 면면을 볼 때 이 고서古書는 인류의 문명집단이 이동한 경로를 자연스럽게 드러내고 있다. 즉, 커발한 환웅천황를 중심으로 동쪽으로 이동한 동환족東桓族과 중국의 시조라고 할 수 있는 반고가 중심이 되어 중원으로 이동한 중환족中桓族, 수밀이국을 중심으로 서쪽으로 이동하여 수메르문명을 탄생시킨 서환족西桓族이 그것이다. 따라서 지금 전 세계에서 불고 있는 한류 열풍은 대한민족이 단순히 노래를 잘 부르고 춤을 잘 추고 연기를 잘해서가 아닌 먼 옛날 함께 살았던 주축 국가에 대한 향수 같은 미세한 DNA가 작동되었다는 생각을 지울 수 없다. 이러한 것을 전 세계가 관심을 갖고 연구해 보았으면 한다.

지금 인류는 공생이냐 공멸이냐 하는 중요한 기로에 서 있다. 이제 우리가 가지고 있는 이념의 틀을 벗어던져야 한다. 공산사회주의, 자유민주주의라는 틀에 갇혀 대립과 투쟁을 계속한다면 인류는 공멸의 길로 빠져들 수밖에 없다. 따라서 인류가 한 형제처럼 평화롭게 살았던 빛의 인간, 광명한 인간의 시대, 곧 환국桓國의 "환인주의桓人主義"로 거듭나야 한다. 이것이 우리 인류가 공멸을 피할 수 있는 최선의 방책이다.

❖ K의료체계

K의료체계는 국가가 국민의 건강을 관리하는 글로벌 상생방역 건강증진 프로젝트다. 이것은 예방의약 의료체계를 기초로 한다.

되도록이면 병에 걸리지 않게, 병에 걸리더라도 작은 병이 큰 병이 되지 않게 하여 살아 있는 동안 저마다 건강한 삶을 누리게 하는 것을 목표로 한다. 최종 목표는 어떤 바이러스에도 견딜 수 있는 면역인간의 완성이다.

이러한 목표를 달성하기 위해선 수술대에 눕는 환자 수를 최대한 줄여야 하고, 그렇게 되기 위해서는 "예방병원"의 설립은 필수다.

K의료체계에서의 1차 의료기관은 예방병원(질병 예방과 경증 환자 치료)이다. 국민의 질병 예방을 위해 적당한 위치마다 중소형 규모로 짓고 그 안에 치과, 안과, 내과, 한의과 등이 일체가 되어 국민들의 질병 상담과 예방을 위해 최선을 다한다.

2차 의료기관인 치료병원(중증 환자 치료 및 수술)도 같은 방식으로 중소형과 대형으로 지어서 예방병원에서 해결하지 못한 국민들의 질병을 치료하고 회복시키는 일을 맡는다.

이러한 의료체계를 좀 더 효과적으로 운영하기 위해서는 아기가 태어나면 체질을 판별하여 보관하는 것이 중요하다.

이와 같은 자료에 따라 아기가 성장하면서 어떤 음식을 주로 먹어야 하고, 어떤 운동을 해야 건강에 이로운지가 결정된다. 따라서 국민들의 질병을 예방하고 치료가 효과적으로 이루어지기 위해서는 예방병원과 치료병원이 체질 데이터를 공유해야 한다.

K의료체계를 시행하여 정착시키게 되면 국민들은 친환경 1차 백신을 맞은 것과 같은 효과가 생겨 건강한 삶을 영위할 수 있다. 또한 의료비 지출이 크게 줄어 그 재원을 K기본소득의 재원으로 활용할 수도 있다. 정부는 이런 점을 깊이 인식하고 K의료체계와 K기본소득을 시행하여 국내에 정착시킨 뒤 전 세계로 보급하는 일을 게을리하지 말아야 한다.

훗날 필자의 제안대로 이런 제도가 추진되어 성공을 거둔다
면 그것은 최고의 한류, 위대한 한류가 될 것이다.

❖ 복희팔괘는 우주원리 해설서

복희팔괘伏羲八卦는 천지만물 음양 상생의 조화도이다. 여기
에서 양극과 음극, 태극이 태동했다.

8개의 괘 중 괘 전체는 우주와 팔려음八呂音을 뜻한다. 팔려
음은 우주의 소리, 천지의 소리다. 이 팔려의 음이 사방팔방으로
퍼져 나가 64음, 곧 64괘가 되는 원리다. 이는 같은 성질을 가진
우주의 물질들이 크기 별로 생성되는 것을 가리킨다. 팔려음은
천지만물을 탄생시킨 매개 수로 지구촌 곳곳에, 특히 종교계에
널리 퍼져 있다. 복희팔괘의 각각의 괘는 천지의 물질을 뜻한다.

대한민족은 천손 민족의 종통이기 때문에 천지인 3수와 함께
8이라는 숫자가 생활 깊숙이 들어와 있다.

단군조선시대의 8조금법, 삼국시대와 고려시대의 팔관회, 조선
시대의 조선팔도, 비록 지금 남과 북이 분단되어 있지만 충청남도
와 북도, 경상남도와 북도, 전라남도와 북도, 경기도와 강원도가
그것을 증명한다. 북쪽도 이러한 전통을 그대로 유지하고 있다.

복희팔괘는 복희하도河圖로부터 왔다. 지금 비록 황하에서 머리는 용을, 몸은 말을 닮았다는 동물이 나오는 것을 보고 깨달음을 받아 하도를 그렸다는 용마하도龍馬河圖설이 정설로 되어 있지만 이는 이치에 맞지 않다. 이것은 복희 성제聖帝의 업적을 비하해 와전된 말(기록)이다. 그러므로 용마하도라 칭하게 되면 복희성제를 대필가로 전락시키는 꼴이 되고 만다. 신묘神妙한 용마의 등에 55개의 점이 새겨져 있는 것을 그대로 옮겨 적은 것에 불과한 사람이 되는 것이다. 따라서 용마하도가 아닌 복희하도로 부르는 것이 맞다.

천지의 이치로 볼 때 복희하도는 천부경의 이치를 깨우친 복희성제가 흐르는 강물을 보고 천부경에 펼쳐진 음양 상생의 조화가 강물 속에서도 펼쳐지고 있다는 것을 깨닫고 그린 것이다. 그러므로 하도에 쓰인 양陽과 음陰의 형상은 점이 아닌 강물의 "물방울"이다. 흰 물방울이 밝음을 뜻하는 양陽, 검은 물방울이 어둠을 뜻하는 음陰이다. 그 후 천지만물의 조화원리를 좀 더 쉽게 풀어 세상에 전하기 위해 그린 것이 복희팔괘도이다. 여기에서는 천부경의 대삼합육大三合六 생칠팔구生七八九와 운삼사運三四 성환오칠成環五七이 적용된다. 즉, 우주에는 같은 크기와 다른 크기의 물질들이 일정한 규칙에 따라 생성되는 법칙과 그 물질들의 흐름이 한 방향이나 같은 형태로 흐르지 않는다는 깨달음이다. 즉, 겉으로 보기엔 강물이 순탄하게 일(一)자로 흘러가는 것 같지만 그 흐름은 때때로 장애물을 만나 끊어지기도 하고 소용돌이가 되어 회전하는 형태를 띠지만 곧 제 모습을 되찾아 유유히 흘러간다는 깨달음이다. 그러므로 복희팔괘에 쓰인 괘의 형상은 "물줄기"가 된다.

복희팔괘의 이치로 보면 천지만물은 반회반직半回半直, 즉 어느 한 방향으로만 흐르지 않고 반은 회전 운동을 하고 반은 직선 운동을 하는 원리이다. 지구상에서도 이러한 원리가 그대로 작용하고 있다. 곧 건전지의 작동 같은 것이다. 복희팔괘는 이러한 우주의 원리를 한자와 숫자를 표기하여 쉽게 설명하고 있다. 즉 건乾(1), 하늘이 열리고. 태兌(2), 물질과 물질이 서로 바뀌고. 이離(3), 불(빛)이 나와 흩어지고. 진震(4), 우레가 친다. 여기서 회전 운동을 계속하여 바로 땅으로 가면 물질과 물질이 충돌하여 파괴됨으로 직선 운동을 하여 손巽(5), 물질을 부드럽게 하고. 감坎(6), 물질의 열을 식힌 뒤. 간艮(7), 새로운 성질, 흐름으로 바꾸어. 곤坤(8), 평안한 곳(땅)에 이른다.

복희팔괘의 이치로 보면 1에서 4까지는 회전 운동을 하고 4에서 5까지는 직선 운동을, 5에서 8까지 다시 회전 운동을 하는 원리이다. 이것이 우주의 순환 원리이고 지금까지 우주가 존재하는 이유다. 이 과정에서 우주의 물질들이 자연스럽게(성질에 따라) 나누어지고 위쪽과 왼쪽이 하늘을 뜻하는 양陽, 아래쪽과 오른쪽이 땅을 뜻하는 음陰이 된다. 태극太極은 우주의 씨알이고 물질과 물질을 나누는 극점, 곧 양극과 음극이 만나는 완충선緩衝線이다. 무극無極은 양극과 음극이 나뉘어지기 전의 우주, 곧 천체가 생성되기 전의 우주를 뜻한다. 복희팔괘의 이치로는 건乾(하늘), 태兌(못), 이離(불.태양), 진震(우레)는 양陽이고 이 중 이離가 양극이다. 나머지 괘卦 가운데 손巽(바람), 감坎(물.달), 간艮(산), 곤坤(땅)이 음陰이고 이 중 감坎이 음극이다. 태극은 양극의 극점에 위치한 진震(우레)와 음극의 극점에 위치한 손巽(바람)이다. 하도에서는 1~10까지 양수와 음수를 일치시키면 태극 모양이 되고 복희팔괘에서는 숫자의 순서대로 움직이면 태극 모양이 된다. 복희성제는 천부경의 이치를 깨달아 하도河圖를 그렸고, 그것을 쉽게 풀어 세상에 전하기 위해 복희팔괘를 그린 것이다.

이러한 정황으로 볼 때 복희팔괘는 점을 치기 위해 만든 것이 아니다. 이는 천지만물의 조화원리를 8개의 괘를 통해 설명하는 평화로운 세상, 홍익인간의 구현이다. 따라서 홍익인간은 하늘의 천부도天符圖를 땅에서 실현시키기 위한 대한민족의 인류평화 운동이다. 이처럼 위대한 사상을 담아 만든 것이 훗날 역철학인 주역周易으로 발전한 것이지, 점을 치기 위해 만든 것이 주역으로 발전된 것이 아니다.

아무튼 뒤늦게나마 이러한 것을 깨닫게 된 것을 다행으로 여기며 복희 성제聖帝의 업적에 무한한 존경과 깊은 감사의 마음을 표하고자 한다.

※ 복희성제聖帝를 표현할 때 '씨'를 붙이는 것을 흔히 볼 수 있는데, 이는 한족漢族이 동이족東夷族 출신인 복희성제를 비하하여 쓰인 것으로 직계 후손인 우리 민족이 쓰기엔 매우 부적절한 표현이다. 그와 같은 표현은 복희성제를 인두사신人頭蛇身, 곧 머리는 사람, 몸은 뱀을 닮았다고 기록한 중국의 고서에 동조하는 꼴이 되고 만다. 이러한 것을 떠나서 인류에게 크나큰 혜택을 안겨 준 인류문명의 조종祖宗에게 '씨' 자를 붙이는 것은 예의가 아니다. 복희성제 혹은 복희 성인聖人으로 표현하는 것이 올바른 표현이고 도리이다.

❖ 한자韓字–한글, 한국어를 말하다

한자는 20억 이상의 인구가 사용하고 있는 문자임에도 창제 주체가 명확히 밝혀져 있지 않다. 마치 작자 미상의 작품처럼 연구하는 국가 하나 없이 버려진 상태에 놓여 있다. 상황이 이렇다 보니 한자의 기원을 금문이나 갑골문, 창힐의 문자에 두는 것이 대부분이다. 한글 또한 녹도문자나 가림토문자로 추정할 뿐 세종대왕의 재창제 이전의 한글이 어떻게 세상에 나오게 되었는지 밝혀진 것이 없다. 그러나 한국어를 깊이 들여다보면 그 해답을 찾을 수 있다. 한국어는 한자 창제의 주체와 한글 탄생을 밝힐 수 있는 소중한 단서이다.

한국어의 뿌리는 대한민족의 생활어인 고대 한어韓語이다. 이 언어는 인류가 동서東西로 갈라지기 전에 사용했던 통용어이다. 지금과 같은 언어 문자 체계는 아니지만 큰 골격은 지금의 한국어와 같다. 세계 각국의 언어에 한국어와 비슷한 언어가 많고, 각국의 언어 문자의 창제 주체가 없는 것은 인류 언어의 뿌리가 우리말인 고대 한어이기 때문이다. 이와 같은 것을 밝혀내기 위해서는 빅데이터를 통한 통합언어 프로그램의 개발이 이루어져야 한다. 그런 다음 한국어와 범어인 산스크리트를 입력하고 세계 각국의 언어를 입력하면 드러날 일이다.

한국어는 1음 2체의 입체적인 구조를 가진 언어 문자이다. 과거에는 한자가 표기의 문자로 전면에, 한글, 한어, 곧 한글어가 대화의 문자로 후면에 위치했고, 지금은 한글이 표기의 문자로 전면에, 한자가 대화의 문자로 후면에 위치한다. 이런 관계로 컴

퓨터나 스마트폰에서 자판을 두드릴 때마다 한자와 한글이 함께 쓰인다. 우리가 움직일 때마다 그림자가 따라다니는 원리와 같다. 곧 흐린 날의 그림자다.

　한국어 중 한자와 한글은 천지인天地人의 원리로 창제된 천지인의 문자이다. 하늘을 상징하는 원圓, 땅을 상징하는 방方, 사람을 상징하는 각角이 시초다. 이 원圓. 방方. 각角은 천지인의 도형문자이고 인류문명의 모태로 우리 인간의 생활과는 분리될 수 없는 필연적인 관계이다.

　이 원. 방. 각. 즉 동그라미. 네모. 세모에서 한자의 1획 기본부수 한 일. 뚫을 곤. 불똥-점 주. 삐칠 별. 새 을. 갈고리 궐이 나왔고 이 여섯 개의 부수가 방향을 바꾸고 더하기와 빼기를 반복하면서 모든 한자를 구성해낸다. 한자의 1획 기본부수가 여섯 개인 것은 천부경天符經 81자 중 대삼합육大三合六에 기반을 두고 있기 때문이다. 즉 천일天一. 지이地二. 인삼人三의 천지인 삼수의 합이다. 1획 기본부수 중 주목해야 할 것은 새 을(乙)과 뚫을 곤(丨)이다. 이 두 개의 부수는 하늘과 소통한다는 의미를 담고 있으며 하늘을 뜻하는 도형문자 동그라미에서 왔다. 새가 상하좌우를 자유롭게 나는 원리를 적용해 여섯 개의 부수가 조금씩 방향을 바꾸면서 모든 한자를 구성해내는 것이다. 나머지 네 개의 부수는 땅을 뜻하는 네모에서 한 일. 갈고리 궐이 왔고, 만

물과 사람을 뜻하는 세모에서 불똥—점 주. 삐칠 별이 왔다. 이는
천부경 천이삼의 천이天二. 지이삼의 지이地二. 인이삼의 인이人
二. 곧 하늘과 땅과 사람이 음양 운동으로 작용하는 원리를 적용
해 여섯 개의 1획 기본부수를 만들어 낸 것이다. 그 후 한자의 창
제 과정에서 표음문자인 한글이 탄생되었다.

여섯 개의 부수 중 새 을乙은 특별한 부수이다. 고대로부터
음역자音譯字, 곧 한자의 음을 번역하는 데 많이 쓰였다. 새가
좌우 옆으로 앉으면 음과 뜻이 변하지 않고 밑으로 앉으면 글자
의 뜻과 음이 바뀌는 원리이다. 이를테면, 클 거巨 자 밑에 새 을
乙이 붙으면 걸—걸로 변하여 무엇을 걸다, 걸어두다의 뜻이 된
다. 같은 원리로 돌 석石 자 밑에 새 을乙이 붙으면 이름—돌 자
가 된다. 따라서 '돌쇠'라는 이름은 음역을 통해 쓰이게 된 이름
이며 '얕잡아보다'라는 뜻을 담고 있어서 머슴에게나 붙일 수 있
는 이름임을 알 수 있다.

한글은 한자韓字를 좀 더 쉽고 편리하게 표기하기 위해 만든
소리기호문자이다. 따라서 한글이 탄생되지 않았다면 지금과 같
이 훌륭한 한국어의 조합은 이루어지지 않았을 것이다. 이런 관
계로 글자의 뜻에 따라 입 모양이 바뀌는 원리가 한자와 한글이
같다. 이를테면 한자의 이합집산離合集散 같은 숙어이다. 이 중
떠난다는 뜻의 이離와 흩어진다는 뜻의 산散은 입 모양이 벌어지

고, 모인다는 뜻의 집集과 합한다는 뜻의 합合을 발음하면 입 모양이 다물어진다. 이와 같은 원리는 이별離別이라는 단어에도 잘 나타나 있다.

한글이 한자를 쉽고 편리하게 표기하기 위해 만든 문자이므로 그 재료는 당연히 천지인의 도형문자인 동그라미. 네모. 세모와 한자의 1획 기본부수다. 즉 동그라미. 네모. 세모는 자음으로, 이 중 네모가 핵심이다. 한자의 1획 기본부수 여섯 개는 모음으로, 이 중 한 일(一)과 뚫을 곤(ㅣ)이 핵심이다. 이 두 개의 부수로 탄생된 14개의 모음은 현재 사용 중인 모음의 모양과 정확히 일치한다. 이렇게 발전된 자음과 모음이 가림토加臨土문자와 훈민정음을 거쳐 지금의 한글이 되었다. 한글이 새소리, 물소리 등의 다양한 소리를 자유롭게 표현할 수 있는 것은 소리를 표현하기 위해 만든 글자이기 때문이다. 이런 이유로 한글은 독립적으로 완전한 언어 문자가 될 수 없고 표의문자인 한자가 있어야 완전한 언어 문자가 될 수 있다. 한자는 과학을 초월한 지혜의 문자이다. 그런 까닭에 한자에는 우리 민족의 정서가 그대로 녹아 있다.

한자는 만물의 뜻을 표현하기 위해 만든 글자이기 때문에 만물의 소리를 완전하게 표현할 수 없고, 한글은 한자음과 만물의 소리를 표현하기 위해 만든 글자이기 때문에 만물의 뜻을 완전하게 표현할 수 없다. 그러나 한국어(한어+한자+한글)은 마치 음

陰과 양陽이 조화를 이루듯 만물의 뜻과 소리를 완전하게 표현해낼 수 있다. 이런 관계로 한자와 한글은 같은 민족, 즉 우리 민족이 만든 같은 문자가 되는 것이다. 따라서 한자와 한글이 같은 문자가 아니라고 하는 것은 자신을 낳아 준 부모 중 한 사람을 부모가 아니라고 부정하는 것과 같고, 한자가 우리글이 아니라고 하는 것은 한글이 우리글이 아니라고 하는 것과 같다. 이런 이유로 일상 생활에서 주의해야 할 표현이 있다. 바로 순우리말과 순우리글이라는 표현이다. 한자를 배척하는 상황에선 반드시 주의해야 한다. 우리말, 우리글이라고 표현하면 한자가 포함되지만 순우리말, 순우리글이라고 표현하면 한자를 버리는 결과를 낳게 된다. 우리 민족이 만든 우리 문자인 한자를 우리들 스스로 우리 민족이 만든 문자가 아니라고 부정하는 결과를 낳게 되는 것이다. 그러므로 순우리말, 순우리글이라는 표현을 삼가고 한자, 한자어, 한자단어, 한글, 한글어로 표현해야 한다.

말과 글은 그 민족의 얼굴이고 정신이다. 한자가 있어 한국어가 있고 한국어의 힘으로 찬란한 문명을 이루어 오늘날의 한류문화를 낳았다. 그러나 그러한 것을 깨닫지 못하고 여전히 한자를 남의 나라 문자로 여기고 있으니 통탄할 일이 아닐 수 없다. 한자는 우리 민족에게 너무도 소중한 문자이다. 한자를 알면 한국어를 깊이 이해하게 되고, 한국어를 이해하게 되면 고대 한어를 알게 되고, 고대 한어를 알게 되면 인류 언어의 뿌리를 알게 된다.

한국어의 뿌리가 고대 한어韓語(우리말)인 만큼 이 언어 문자는 우리 민족만이 아닌 인류가 함께 사용했던 본환국本桓國과 분환국分桓國, 즉 전 세계의 통용어이다. 따라서 반쪽 뿐인 훈민정음 해례본만의 등재가 아닌 우리 문자 한자韓字와 한어가 포함된 한국어(한어+한자+한글)을 세계문화유산으로 추가 등재하여 하루빨리 그 위상을 되찾아야 한다. 더불어 문자와 인류문명을 탄생시킨 천부경과 원. 방. 각을 한국어와 함께 등재하여 천손 민족의 자손다운 도리를 다해야 할 것이다.

한자韓字와 한글, 한국어에 대한 설파는 막연한 추정이 아닌 필자가 천부경天符經을 접하면서 깨달은 것을 천지의 이치에 따라 적은 것이다. 그동안 이러한 것이 밝혀지지 않은 것은 그만큼 천부경을 가까이하지 않았다는 방증이기도 하다. 태곳적 천부天符를 받들어 모셨던 천손 민족인 우리 민족이 천부天符 문화와 천부경을 바탕으로 문자를 만들었다는 것은 당연한 이치다. 한국어에 대하여 덧붙이면, 한국어와 특별한 관계에 있는 범어梵語, 곧 산스크리트의 중요성을 간과해서는 안 된다는 점이다. 위에서 밝혔듯이 한글은 소리를 표현하기 위해 만든 글자이기 때문에 한국어 속에 담긴 글자의 뜻을 완전하게 표현해낼 수가 없다. 이런 이유로 한국어의 어원을 밝히는 일은 매우 중요하다. 다행히 우리 국민 중에 한자와 산스크리트를 전문적으로 연구하는 학자가 있어 한국어와 인류 언어의 뿌리를 밝히는 데 일말의 희망을 갖게 한다.

한자의 연원을 천부경과 원. 방. 각으로 확신하는 필자의 입장에서 볼 때 산스크리트는 고대 한어韓語를 표기하기 위해 만든 글자이다. 이것을 계기로 한자가 창제되었다. 그 후 여러 가지 이유로 한자와 멀어지게 되는데, 그러한 것이 한자에 나타나 있다. 한자는 설명이 불필요한 문자이다. 즉, 문자 자체가 뜻을 나타낸다. 그런 관계로 문자의 뜻을 설명하는 산스크리트는 한자가 발전할수록 쇠퇴의 길을 갈 수밖에 없다. 한자를 어느 정도 깨우치면 설명이 필요치 않기 때문이다. 좋은 예로, 생각 염念자를 들 수 있다. 생각의 사전적 의미는 1. 헤아리고 판단하고 인식하는 것 따위의 정신 작용. 2. 경험해 보지 못한 일을 머릿속으로 그림. 3. 무엇을 하기로 마음속으로 작정하거나 각오함이다. 한자에는 이러한 설명이 함축적으로 나타나 있다. 생각 염念 자의 형성은 이제 금今+마음 심心이다. 곧, 바로 이때의 마음이다. 생각이란 어떤 동기가 유발되었을 때 가지는 심리 작용이라는 것을 감안할 때 한자가 얼마나 과학적이고 지혜로운 문자인가를 느끼게 한다. 이와 같은 우리 선조들의 마음은 가을 추秋 자나 근심 수愁 자에도 잘 나타나 있다. 가을 추秋는 벼 화禾+불 화火이다.

가을의 사전적 의미는 무더위가 가고 찬바람이 들면서 단풍이 물들고 곡식과 과일이 익어 가는 계절이다. 한자에는 이러한 의미가 함축적으로 나타나 있다. 곧 '쨍쨍 내리쬐는 햇볕에 벼가 익어 간다'이다. 여기서의 불火은 해日를 의미한다. 쨍쨍 내리쬐는 햇볕에 벼만 익는 것이 아니고 온갖 곡식과 과일 따위가 함께 익어 간다는 것은 어렵지 않게 헤아릴 수 있는 일이다. 근심 수愁는 가을 추秋+마음 심心이다. 햇볕에 벼가 잘 익어 가면 기뻐해야 할 텐데 왜 근심이라는 의미를 나타내고 있는 것일까? 그것은 한자의 다양성에 기인한다. 곧 여기서의 불 화火는 해가 아닌 활활 타오르는 불을 뜻하기 때문이다. 애써 가꾸어 놓은 벼가 불에 타게 되었으니 그것을 바라보는 마음이 걱정인 것이다. 이러한 이치로 보면 한국어는 고대 한어+한자+한글이라는 정의가 성립한다. 또한 산스크리트는 고대 한자의 글자체인 전서篆書의 모태라는 결론에 도달하게 된다. 이러한 것을 한자 천지인天地人으로 풀어 보면, 天地人은 만물의 형상을 본뜬 한자이고, 하늘. 땅. 사람은 한어, 천지인은 소리기호문자인 한글이 된다. 같은 원리로 우리가 해마다 맞이하는 봄은 한어이고, 春은 한자, 춘은 소리기호문자인 한글이다. 이로써 천天이 어떻게 하늘 천天이 되었고, 춘春이 어떻게 봄 춘春이 되었는지 명확히 드러난다. 이와 같이 하늘, 땅, 사람, 봄을 뜻하는 단어 등은 문자가 없던 시절 우리 선조들의 가슴속에서 수없이 썼다 지웠던 고대 한어, 곧 고대 생활어인 것이다. 이와 같은 고대 한어가 우리 한자사전에 훈訓으로 남아서 한자 창제의 주체가 우리 민족임을 극명하게 드러내고 있다.

한자 음音의 원재료는 우리 민족의 고대 생활어인 한어이다. 즉, 물水을 뜻하는 한자는 물로, 나무木를 뜻하는 한자는 나무로 발음했다. 여기에 자연 현상과 인간의 생활 및 행동양식을 추가하여 창제되는 한자에 따라 앞글자나 뒷글자의 음을 붙이는 식이다. 그 후 한 글자 한 음 법칙의 편리한 문자체계를 만들기 위해 한어와 관련이 깊은 음을 붙이게 되었다. 즉, 천天의 천은 천부天符 문화의 천부의 이치에 따라 천성, 곧 하늘의 성품을 지닌 사람이라는 뜻에서 하늘 천天이 되었다. 이는 문자가 없던 시절부터 하늘을 천으로 인식하고 있었다는 얘기가 된다. 이와 같은 이치는 지地와 인人에도 두루 미친다. 즉, 지地의 지는 하늘과 소통한다는 의미를 지닌 지팡이에서 음을 따서 땅-지地가 되었다. 이는 지평선과 같은 개념이며 천부경의 '하늘과 땅과 사람은 하나'라는 이치가 적용된 것이다. 인人의 인은 상고시대 인간의 표상인 인자하다=어질다에 바탕을 두고 사물과의 인연을 강조하여 사람-인人이 되었다. 이 또한 천부경의 인간의 마음은 본디 어질고 착하다는 이치가 적용된 것이다. 이 밖에 강江의 강은 기존에 있던 음에 한자를 붙여 강-강江이 되었다(큰 내 강江이 좀 더 옳은 표현이다). 인간의 행동양식에서 따 온 한자음으로는 겨울-동冬을 들 수 있다. 이는 사람이 몹시 추울 때 보이는 행동인 '동동거리다'에서 음을 가져온 것이다. 그러므로 겨울-동冬이라는 한자는 겨울의 추운 현상을 나타내고 있다는 것을 알 수 있다. 우리말 겨울은 힘에 겨운 때라는 뜻으로 우리말 겨우에서 왔다. 난방시설이 제대로 갖추어지지 않은 고대 사회에서 겨울나기가 많이 힘들었음을 보여준다. 여기서 간과해선 안 될 것이 있다. 그것은 한자나 한글의 중요성 못지않게 문자가 없던 시절 우리 선조들이 사용했던 겨울이나 동동거리다와 같은 우리말의 중요성이다. 우리말과 한자는 불가분의 관계이다. 한자가 없어도 우리말은 존재하지만 우리말이 없으면 한자는 존재할 수가 없다. 우리말이 한자보다 더 중요한 것은 이런 이유에서다. 보물과도 같은 우리 민족의 고대 생활어인 한어가 적극적으로 연구되지 않아 항상 대하는 하늘. 해. 달. 별. 땅. 사람. 나무 같은 말이 어디서 왔는지, 무슨 뜻인지 전혀 모르고 있다. 이것을 천지의 이치에 따라 풀어 보면, 하늘이라는 말은 우리말 하염없이+늘에서 왔다. 곧 끝맺는 데가 없이 늘 아득한 것이 하늘인 것이다. 해는 하늘에서 파생된 말로 하늘의 이름과 같이 늘 하늘과 함께하는 벗이라는 뜻이다. 다른 이름은 양달이고 양달에서 나온 이름이 큰양달, 곧 태양이다. 달은 음陰의 성질에 따라 응달에서 착안하여 부르게 되었고, 월月은 천체 현상인 월식에서 음을 따서 달-월月이 되었다. 별은 별다르다에서, 성星은 하늘의 성씨, 성스럽다에서 음을 따서 별-성星이 되었다. 그러므로 우리말 별은 별다른 하늘의 성씨, 별다르게 성스럽다는 뜻이다. 땅이라는 말은 하늘과 따로 떨어져 있다는 의미이고, 사람이라는 말은 사리에 밝다. 곧 사람을 다른 동물과 구별하기 위해 쓰인 말이다. 이러한 것으로 볼 때 한자가 창제되기 전에 한자어와 한자 단어가 이미 존재했다는 것을 알 수 있다. 이것을 인지하지 못하면 우리말의 기원을 밝혀낼 수가 없다. 이런 식으로 접근하다 보면 나무 목木의 한자가 왜 목이 되었고, 나무라는 말의 뜻이 무엇인지도 밝혀진다. 나무 목木의 형성은 열 십十·사람 인人이다. 이는 사람과 관련이 깊다는 얘긴데, 사람의 신체 부위에서 첫음절이 목 발음이 나는 것은 목밖엔 없다. 나무는 고대 사회에서 우리 선조들이 하늘, 해, 달, 땅 다음으로 소중히 여겼기 때문에 나의 목, 나의 목숨과 같은 존재라는 의식의 결과물이다. 어떤 면에서는 가장 소중하게 여긴 것이 나무라고 할 수 있다. 밥을 짓고, 난방을 하고, 더운 여름날 햇볕까지 피할 수 있으며, 하늘과 소통하는 매개체라 생각했으니 나무야말로 나의 목숨 그 자체인 것이다. 고대 사회에서 즐겨 마시던 차도 생활언어의 음을 그대로 가져와서 차-차茶, 차-다茶가 되었다. 이런 식으로 음과 뜻에 따라 한자를 그리거나 창제되는 한자의 뜻에 따라 기존의 음을 가져다 쓰거나 새로 만들어 쓰는 원리이다. 사계절의 뜻과 음을 정리하면, 봄은 새싹이 나와 햇빛을 보다, 즉 보옴이고, 봄-춘春의 한자음은 기존 한자, 한자 단어인 춘삼월에서 왔다. 여름은 무더위에 열매가 열리다이고 여름 하夏의 한자음은 머리의 열기를 아래로 내리다. 곧 무더운 여름의 열기를 식힌다는 뜻에서, 가을은 곡식이 여물다. 농작물을 거두어들이다이고 가을 추秋의 한자음은 기존 한자, 한자 단어인 추수에서, 겨울은 힘에 겹다이고 겨울 동冬의 한자음은 인간이 몹시 추울 때 보이는 행동인 동동거리다에서 왔다. 따라서 한자 창제의 3요소는 원圓. 방方. 각角과 1획 기본부수, 우리 민족의 고대 생활어 및 생활상, 만물의 형상이다. 이러한 정황으로 볼 때 인류 문자의 근간은 하늘. 땅. 사람을 상징하는 원. 방. 각. 곧 동그라미, 네모, 세모이고 이것을 모태로 숫자와 생활문화. 철학 등이 발전했다는 것을 알 수 있다. 그러므로 지금 우리가 사용하는 한글은 고대 한자의 글자체인 전서篆書, 즉 산스크리트의 글자체를 모태로 동그라미. 네모. 세모와 한자의 1획 기본부수가 결합하여 탄생된 글자라는 것을 알 수 있다.

한자에는 우리 민족의 정서와 행동규범이 나타나 있는데, 말과 관련된 문자에 잘 나타나 있다. 한자에서 말을 나타내는 문자가 언言. 어語. 담談. 화話가 대표적인데 모두 말이 아닌 말씀으로 되어 있다. 이는 우리 민족이 천손 민족의 종통이라는 것과 우리 민족이 사용하는 말의 격이 높다는 것을 나타낸다. 즉, 말에 대한 중요성을 강조하고 있음을 알 수 있다. 이 중 말씀 언言

과 말씀 담談을 풀어 보면, 말씀 언言은 매울 신辛의 변형+입 구口이다. 매울 신辛은 고대 한자에서 바늘을 뜻하기도 한다. 말이 맵다는 것은 말에 독이 있다는 것과 상통하고, 그래서 나온 말이 말에 가시가 있다. 거 참 말 독하게 하네와 같은 말이 지금도 우리 곁에 남아 있는 것이다. 이러한 의식이 한자를 창제할 때 그대로 반영되었다는 것은 어렵지 않게 알 수 있는 일이다. 말씀 담談에도 같은 교훈이 담겨 있다. 이 한자는 말씀 언言+불탈 염炎이다. 말이 불탄다는 것은 말에 화禍가 미칠 수 있다는 뜻이니 말은 조심하고 또 조심해야 함을 나타내고 있다. 반대로 말을 잘하면 없던 복도 굴러온다고 했으니 불탈 염炎자가 아름다울 담炎자이기도 한 것이 그러한 것을 잘 말해 주고 있다. 이러한 것이 고대에 살았던 우리 선조들의 생활의식이다. 그런 이유로 지금은 비록 사어死語가 되어 버렸지만 산스크리트의 중요성을 간과해서는 안 되는 것이다. 산스크리트에는 전국 각 지방의 사투리, 특히 북한 지방의 사투리가 많이 남아 있다고 하니 이에 대한 연구가 적극적으로 이루어져야 한다. 이와 함께 우리 민족의 보물 같은 천부경을 늘 가까이하여 대한역사 복원과 한국어의 뿌리를 찾는 바로미터로 삼아야 할 것이다.

국내 학자에 의해 산스크리트(범어)가 우리의 문자임이 밝혀진 이상 그 속에 남아 있는 우리의 사투리를 이대로 방치할 수는 없다. 매년 "한자한글날"을 전후하여 청소년을 대상으로(차후 일반인으로 확대) 전국 사투리 경연대회를 개최하고 입상자들에게 학자금을 지급하는 등의 정책을 펴서 사투리 발굴과 보존에 힘써야 한다. 더 나아가 산스크리트와 관련된 내용을 한자와 함께 자라나는 2세들에게 가르쳐야 한다.

"퍼뜩 하라카이"

(얼른 하라니까)

−경상도 사투리−

이와 같은 우리의 사투리가 선조들이 고대에 사용하던 언어라고 하니 참으로 소중하지 아니한가. 한국어는 천지인의 원리로 창제된 천지인의 언어 문자이기 때문에 모두 3수로 귀결된다.

한자와 한글의 시초인 동그라미. 네모. 세모가 3수이고, 한국어의 특성이 1음 2체로 3수, 한국어의 구성이 한어+한자+한글로 3수이다. 그런데도 이러한 실체를 망각한 채 적극적인 연구가 뒤따르지 않는다면 위대한 언어 문자를 이 땅에 남기신 선조들에 대한 불충이고 불효이다. 강단, 재야 학자를 막론하고 한자, 한글, 한국어 연구에 적극 나서 주기를 촉구한다.

한자, 한글, 한국어를 말하다의 결론

결론부터 말하면 한자는 대한민족이 창제한 대한민족의 문자이다. 한자에는 그러한 사실이 명확히 나타나 있다. 한글만으로도 이미 극찬을 받고 있는 상황에서 세계인들이 한자와 한국어를 이해하게 되면 감탄을 금치 못할 것이다. 그런 이유로 아무리 한국어를 비하해도 한어와 한자와 한글이 결합된 한국어는 위대한 언어 문자가 될 수밖에 없다. 이제 그 여정을 시작해 보고자 한다.

필자는 '한자는 대한민족이 창제한 문자이다'라는 글을 써 놓고 한동안 의문에 휩싸여 있었다. 한자와 한글은 어떤 계기로, 어떤 원리를 통해, 어떤 재료로 창제되었는가 하는 의문이다. 그런 마음이 작용하여 답을 얻기 위해 수행에 들어갔고 그 과정에서 한자와 한글 위에 천부경과 원圓. 방方. 각角, 곧 동그라미, 네모, 세모가 존재한다는 것을 깨닫게 되었다. 한자, 한글, 한국어를 말하다는 이런 고민 속에서 쓰여진 글이다.

그런 마음으로 현 국어사전을 대할 때면 씁쓸한 마음 금할 길이 없다. 그 이유는 한국어의 시원을 밝힐 수 있는 한자가 병기되어 있지 않기 때문이다. 한자 창제의 법칙은 한 글자에 한 음, 그리고 여러 가지 뜻을 한 글자에 담는 원칙이다. 뜻이 여럿일 경우 뜻마다 한 음씩 다른 음을 붙인다. 그런 관계로 한자 한 자만 병기해 놓으면 단어를 찾아보는 재미와 함께 자연스럽게 한자를 익히고 한국어의 뿌리도 알 수 있게 된다. 지금의 국어사전은 우리 민족이 창제한 우리 문자인 한자를 중국의 문자로 인식하고 편찬한 사전이다. 그렇다 보니 반쪽짜리 국어사전이 되어 있다. 앞으로 편찬될 한국어사전에는 우리 문자인 한자가 한어와 함께 반드시 병기되어야 한다. 그렇게 되면 우리 민족의 생활어와 생활상이 한자로 옮겨져 한글로 표기되고 있는 것을 한눈에 볼 수 있어 문화재로서의 가치를 지니게 된다. 여기에다 전서篆書까지 표기해 놓으면 우리 민족의 보물을 넘어 인류의 보물이 될 수 있으니 새로운 한국어사전이 하루빨리 나와야 한다.

다듬잇돌 砧침

구김이 없이 반드러워지도록 옷감 따위를 두드릴 때 밑에 받치는 돌

−새로운 한국어사전의 예−

이런 사전의 미비로 인해 초래되는 일은 실로 크다. 그 단적인 예가 한국어를 배우는 외국인은 물론 한국인들조차도 한자어 및 한자 단어 이외의 단어들이 어디서 왔는지, 한자와는 어떤 관계가 있는지 전혀 모르고 있다. 단언컨대, 한국어에서 한자와 관계없는 단어는 존재하지 않는다. 지금 순한글, 순우리말이라고 알고 있는 고드름, 맨발, 머리띠, 쌀가루, 골목, 길거리, 찐빵, 수

제비, 선짓국, 쌀뜨물, 콩깍지, 쓰레기, 국밥, 인절미, 저녁밥, 엄마 등등 한국어에 쓰이는 모든 단어에는 한자가 존재한다. 따라서 해당되는 단어에 한자가 병기되어 있는 새로운 한국어사전이 나와야 한다.

위에 적은 단어들의 한자음은 고드름—탁, 맨발—탁, 머리띠—말, 쌀가루—간, 골목—항, 길거리—항, 찐빵—막, 수제비—박, 선짓국—감, 쌀뜨물—감, 콩깍지—매, 쓰레기—랄, 국밥—찬, 인절미—자, 저녁밥—포, 엄마—마이다. 한국어를 이해하기 위해서는 우리 민족의 고대 생활어인 한어韓語를 이해해야 한다. 고대 생활어는 한어+기존 한자(한자 단어, 한자어)이다. 이는 문자가 없던 시절 우리 선조들이 주고받았던 생활언어다. 위에 적은 단어들이 한어, 지금 한국어에서 쓰이고 있는 한자 단어 중 일부가 고대의 기존 한자어 및 한자 단어이다. 예를 들면, 1. 쇠사슬—쇄와 2. 인쇄할—쇄를 꼽을 수 있다. 이 중 1의 쇠사슬은 한어, 2의 인쇄는 기존 한자 단어이다. 이로써 한자가 없던 시절에 한자어 및 한자 단어가 이미 존재했다는 것이 드러난 셈이다. 한자 한글의 합성어도 고대로부터 쓰인 단어이다. 한국어에는 그러한 것이 잘 나타나 있다. 이를테면 문짝과 같은 단어이다. 이 중 문은 기존 한자, 짝은 한어이다. 고대에 한자 단어가 존재했다는 결정적인 단어는 또 있다. 우리에게 친근한 별 북두칠성이다. 이 별은 고대로부터 우리 선조들이 섬겨 온 신성한 별이다. 적어도 만

년, 그 이상인 점을 감안하면 문자가 없는 것은 당연한 일이다. 더욱이 한자라는 문자가 있었다면 북두칠성을 뜻하는 한자를 굳이 또 만들 이유가 없다. 북두칠성의 한자음은 괴·강·표이다. 비슷한 성격의 단어로는 도서관이 있다. 이 단어 또한 한자가 존재했다면 굳이 한자를 또 만들 이유가 없다. 도서관의 한자음은 '서'이다. 이러한 것을 바탕으로 지금의 한국어가 있기까지의 과정을 천지의 이치에 따라 정리하면,

우리 민족이 천부天符 문화와 천부경, 원圓, 방方, 각角을 모태로 처음 만든 문자는 범어, 곧 산스크리트이다. 이 문자는 지금도 일부 국가와 종교 단체에서 사용하고 있다. 이 문자가 지금까지 우리에게 잘 알려지지 않은 것은 우리 민족이 스스로 포기한 문자이기 때문이다.

문자가 없이 살아오던 우리 민족은 천부天符 문화와 마음속의 경전 천부경을 바탕으로 하늘, 땅, 사람을 뜻하는 원圓, 방方, 각角, 곧 동그라미, 네모, 세모의 도형문자를 만들어 냈다. 그리고 이것을 바탕으로 산스크리트 문자를 만들었다. 이 문자를 통해 가슴속에서 수없이 썼다 지웠던 고대 생활어인 한어韓語를 표기하기 시작했다. 그렇게 세월이 흐른 후 무언가 부족하다는 것을 깨닫고 보다 많은 뜻을 담기 위한 문자 창제에 들어간다. 그 결과 탄생한 것이 한자韓字이다. 마치 한자와 한글처럼 산스크

리트와 짝을 이루며 존재하고 있는 범어 천자문이 그것이다. 그러나 범어는 더 이상 함께 발전하지 못하고 각자의 길을 가게 된다. 그 이유는 산스크리트로는 고대 한어를 완전하게 표현하는 데 한계가 있고, 우리 민족의 정서와 문화를 다 담을 수 없다는 판단에서다. 우선 범어인 산스크리트와 범어 천자문의 조화가 잘 맞지 않는다는 것을 느꼈고, 앞으로 더 많은 한자를 창제하고 창제되는 한자를 좀 더 쉽고 편리하게 표기하고 한 글자 한 음 법칙의 한자의 음을 자유롭게 표현할 수 있는 문자, 곧 한글과 같은 글자가 필요했던 것이다. 다시 말하면, 한자를 직접 표기하지 않고 한자 음만 표기한다는 발상이다(그 당시에는 한자 및 한자 단어의 뜻을 잘 이해할 수 없다는 이유로 지금의 한국어와 같은 한글 위주의 표기는 권장되지 않았다). 그때 산스크리트가 한글만큼 기능이 뛰어났다면 지금의 한글은 이 세상에 나올 수 없었다. 이러한 한글과 같은 문자의 필요성이 한자에 남아 있다. 그 흔적의 한자음 몇 개를 적으면,

강아지 짖는 소리-함

범 우는 소리-함

문 여닫는 소리-할

코 고는 소리-한

발자국 소리-차이다.

한자가 만물의 뜻을 담기 위한 문자이다 보니 실제의 소리를 표현할 수 없는 한계를 느끼고 다른 글자, 곧 강아지 짖는 소리-함이 아닌 실제 강아지의 소리 '멍멍, 왈왈'을 표현할 수 있는 글자가 필요했던 것이다. 그런 이유로 한자 창제 과정에서 한글을 창제하여 지금과 같은 한글 표기의 원리로 음역音譯한 한자가 존재한다. 이를테면, 밤-야夜 자에 'ㅁ'을 붙여 '얌' 자로 만든다거나 클-거巨 자에 'ㄱ'을 붙여 사람이름-걱으로 만드는 경우 등이다. 이렇게 한자와 한글이 만나 조화를 이루었지만 세월의 흐름 속에 각자의 길을 가게 된다. 이유는 문자 표기의 번거로움 때문이다. 즉, '大門'이라고 쓰면 다 알아보는데 굳이 '大門대문'이라고 표기할 필요성을 못 느낀 까닭이다. 이로써 한자는 표기의 문자로, 한글은 대화의 문자로 사장되었다가 세종대왕의 재창제 작업을 통해 다시 이 땅에 나올 수 있었다. 그리고 지금은 그 역할이 바뀌어서 한글이 표기의 문자로 전면에, 한자가 대화의 문자로 후면에 위치해서 세계인들로부터 극찬을 받고 있는 한글, 곧 한국어가 되어 있는 것이다. 참으로 우리 선조들의 문자창제 정신에 뜨거운 박수를 보내지 않을 수 없다. 지금 우리가 편리하게 사용하고 있는 한국어 속에는 선조들의 이러한 정신이 깃들어 있다는 것을 결코 잊어서는 안 될 것이다.

이러한 문자 창제의 정신이 깃들어 있어서인지 한국어를 접할 때면 우리 민족의 고대 생활어의 유전자가 면면히 이어져 오고 있다는 것을 느끼게 된다. 한국어의 실제 구성은 한어+한자 (기존 한자어+한자단어)+한글이다. 이 중 한어가 핵심이다. 한국어에서 한어는 한자어 및 한자 단어를 제외한 언어이다. 한자어는 기존의 한자어와 한자 창제 후의 한자어가 있다. 한어는 이것뿐이 아닌 '여럿이 먹다' '가슴앓이하다' '머리 흔들다' '맛없다' '딴말하다' 등등의 언어도 한어이다. 이러한 언어들이 수천, 수만 년의 세월을 넘어 그대로 전해지고 있다. 이것은 한자가 만물의 형상과 함께 고대 생활어인 한어를 바탕으로 한자를 그렸기 때문이다. 아니, 대한민족의 생활상을 그대로 옮겨 놓았다는 표현이 더 정확할 것이다. 우리 민족이 포기한 산스크리트에 조선팔도의 사투리가 그대로 살아 있는 것이 오랜 세월 동안 우리 민족의 고대 생활어가 지금까지도 이어져 오고 있음을 말해 주고 있다. 이로써 1만여 년 전 환국시대의 언어 사용의 윤곽이 드러난다. 즉, 우리 민족이 주체가 되어 세운 환국 중 본환국 사람들이 사용한 언어는 한국어에 실려 있는 한어이고, 12지국, 곧 분환국 사람들이 사용한 언어는 산스크리트에 실려 있는 사투리가 주를 이룬다는 점이다. 이것은 마치 지금의 서울 경기 말과 각 지방의 사투리와 같은 이치다. 참고로 위에 적은 한어의 한자음을 적으면,

여럿이 먹는 소리-탐

가슴앓이-학

머리 흔들-삼

맛없을-자

딴말할-차이다.

　우리 문자인 한자와 한글이 우수한 것은 고대 사회에서 우리 선조들이 사용한 말이 그만큼 뛰어났기 때문이다. 즉, 사물을 보고 말한 그대로 뜻이 되고 음이 된다. 간단한 예로 물水과 나무 木를 들 수 있다. 이것은 그냥 있는 그대로 물은 물이고 나무는 나무다. 그곳이 바다이면 바닷물, 강이면 강물, 내이면 냇물이 된다. 나무도 썩어 있으면 썩은 나무, 크면 큰 나무, 작으면 작은 나무, 땔감이면 땔나무 등으로 사물의 뜻과 음이 일치한다. 이런 이유로 산스크리트를 계속 쓰지 못하고 포기하게 된 것이다. 영어와 비교하면 한어는 더욱 빛난다. 같은 예로 영어의 물과 나무는 water과 tree이다. 영어의 물 발음은 워터, 나무는 트리인데 미국인들의 실제 발음은 물은 워럴, 나무는 츄리에 가깝다. 여기에다 사물을 표현하는 알파벳과 발음이 일치하지 않아 발음기호가 따로 존재한다. 이와 같은 비교를 통해 우리말인 한어가 얼마나 뛰어난 언어인가를 알게 된다. 그런 데다가 만물의 소리를 자유롭게 표현할 수 있는 한글까지 가세했으니 지구상에서 한국어를 능가하는 언어 문자는 전무후무하리라고 본다. 이러한 것으로 볼 때 앞으로 만들어야 할 우리말사전은 국어사전이 아닌 한국어사전이 되어야 한다. 이렇게 명칭을 바꾸는 것은 큰 의미가 있다. 바로 한국어에 우리말인 한어가 실려 있기 때문이다. 한어는 인류가 동서로 갈라지기 전에 사용한 통용어이다. 그러므로 국어사전이 아닌 한국어사전이 되는 것은 국내용 사전만이 아닌 세계용 사전도 된다는 의미가 있다. 한韓은 대한민국의 국호이고 큰 빛, 광명한 사람의 뜻을 내포하고 있다는 점에서 더욱 그렇다.

한국어는 평범한 언어 문자가 아닌 모두가 평화롭게 살자고 외쳤던 우리 선조들의 홍익인간 구현을 위한 평화의 언어, 평화의 문자이다. 따라서 한자, 한글, 한국어를 대하는 의식의 변화가 있어야 한다.

이제 우리 앞엔 두 개의 과제가 놓여 있다. 그중 하나는 한국어와 한국어를 탄생시킨 천부경과 원圓. 방方. 각角을 세계문화유산으로 등재하는 것이고, 나머지 하나는 한국어를 인류공용어로 만드는 일이다. 한국어를 세계문화유산으로 등재하기 위해서는 한어, 한자에 대한 연구가 선행되어야 한다. 강단, 재야 학자는 물론 한국어와 한국 문화에 관심 있는 외국의 학자들을 초청하여 함께 연구를 진행하는 것이 바람직하다. 이는 훗날 한국어를 인류공용어로 만드는 데 도움이 될 수 있다. 인류가 좀 더 평화롭게 살아가기 위해서는 1만여 년 전 인류가 함께 사용했던 고대 한어가 실려 있는 한국어가 인류공용어로 지정되어야 한다. 이 위대한 언어 문자가 인류공용어로 지정되느냐 마느냐는 대한 민족의 자손들 개개인의 행동에 달렸다. 곧 세계인에게 한국어를 적극 알리는 일이다. 그것의 실천은 거창한 구호가 아닌 외국인 과 대화할 때 영어보다 한국어로 먼저 말하고 상대방이 알아듣지 못하면 영어로 말하는 습관이다. 이러한 행동이 하나둘 모이면 모두가 한국어로 말하며 좀 더 평화롭게 살 수 있는 세상이 오리 라 믿는다. 앞으로 만들어야 할 한국어사전의 방향을 한어인 인 절미를 통해 적으며 한자, 한글, 한국어를 말하다의 결론을 접고 자 한다.

현 국어사전의 인절미

찹쌀을 쪄서 떡메로 치거나 절구에 찧은 후 네모진 꼴로 적당 히 모나게 썰어 고물을 묻힌 떡

한국어사전의 인절미

대한민족의 생활어인 한어에서 유래한 말로 한자의 형성상 쌀의 다른 모양, 가지런한 밥, 밥의 다른 음식을 뜻한다. 한자는 '자'이고 찹쌀을 쪄서 떡메로 치거나 절구에 찧은 후 네모진 꼴로 적당히 모나게 썰어 고물을 묻힌 떡이다

※ 한국어사전을 편찬할 때 주의해야 할 점이 있다. 그것은 일러
두기를 통해 우리말에는 고대 한어와 기존 한자어 및 한자 단
어가 병존한다는 것을 명기하는 일이다. 한자가 창제되기 전
에 사용된 한자를 기존 한자, 이 한자 단어 이외의 우리말을
한어라 일컫는다는 내용이다. 간단한 예로 어제와 내일을 들
수 있다. 이 중 어제는 한어, 내일은 기존 한자 단어이다. 어
제의 한자음은 작, 내일의 한자음은 황이다. 한자가 없던 시
대에 쓰이던 한자 단어가 한자가 창제되면서 자연스럽게 현
재의 한자 단어가 되었다. '내일'이란 단어는 기존의 한자 단
어지만 한어처럼 쓰인 단어이다. 이유는 '이튿날'이라는 한어
가 어제, 오늘과는 조화가 맞지 않고 글자수도 다르기 때문이
다. 기존의 한자 단어는 우리 선조들이 평소 쓰던 한어에 기
반을 두고 있다. 곧 올래? 말래? 올 거야, 말 거야? 같은 말
이다. 이러한 말이 한자가 창제되면서 자연스럽게 올-래來가
되었다. 일도 날과 함께 쓰인 한어 같은 말이다. 우리 민족은
천손 민족이기 때문에 일찍부터 일식이나 월식 같은 천문 현
상에 눈떠 있었다. 그런 관계로 한자가 창제되면서 자연스럽
게 날-일日이 된 것이다. 내일 혹은 이튿날-황 자의 형성을
보면 우리 민족이 고대 사회에서 가지고 있던 내일에 대한 개
념이 드러난다. 즉, 드넓은 빛의 나날, 감춰진 꿈의 나날, 어
둠과 빛이 뒤섞인 나날, 절망과 희망이 공존하는 나날이다.

망할 망亡+밝을 명明으로 이루어진 내일-황 자가 그러한 것을 나타내고 있다.

말과 글에 관한 것을 정리하면,

말
감정을 표현하는 소리글자이다.

우리말
우리 민족이 사용하는 고유의 소리글자이다. 우리말에는 한어와 기존 한자말이 포함되어 있다. 즉, 한어+기존 한자(말)이다. 고대 생활어인 우리말과 한자는 정상형停象形 표현 구조와 동상형動象形 표현 구조로 이루어져 있다. 이를테면, 말씀-언言+이를-첨詹의 헛소리-섬 자는 정상형 표현이고, 말씀-언言+엄할-엄嚴의 헛소리할-섬 자는 동상형 표현이다. 이것을 한글로 정리하여 적으면 '헛소리하다'가 된다. 우리말인 고대 생활어와 우리글인 한자와의 관계는 '단글자 다의미 표현' 원칙이 적용되고 있다. 즉, 아무리 긴 말도 한자 한 글자로 표현하는 원칙이다. 이를테면, '말로 헷갈리게 하다'를 말씀-언言+부채-선扇의 말로헷갈리게 할-선, '도둑을 쫓아 잡다'를 발-족足+서녘-서西의 도둑쫓아잡을-선으로 표현하는 식이다.

우리말을 '우리나라에서 사용하는 우리 고유의 말'이라고 표기한 현 국어사전의 표현은 적절치 않다. 이는 우리 민족의 동질성을 깨는 표현이다. 우리말은 남쪽에 사는 사람들만 쓰는 말이 아니다. 북쪽도 있고, 조선족 동포도 있고, 고려인도 있고, 해외에 흩어져 살고 있는 해외 동포들도 있다. 앞으로 한국어사전을 만들 때에는 이러한 것을 잘 살펴서 편찬해야 한다.

순우리말

외래어가 섞이지 않은 우리 민족 고유의 소리글자이다.

우리글

한자, 한글, 산스크리트 문자이다.

한어韓語

지금 우리말의 모태가 되는 말로 대한민족의 생활어이다.

한자韓字

대한민족의 고대 생활어와 생활상과 만물의 형상을 바탕으로 만든 문자이다.

한자어

한자 창제의 전후로 형성된 한자말이다. 한자, 한자어, 한자 단어의 구분은 한자가 한 글자로 사물의 뜻을 나타내면 한자, 두 글자 이상으로 같은 뜻을 나타내면 한자어, 다른 뜻을 나타내면 한자 단어이다. 우리말 '콩깍지'를 예로 들면, 콩 두豆+꼬리 미尾의 콩깍지-매는 한자, 콩 두豆와 꼬투리 협莢의 결합어인 '두협豆莢'은 한자어이다. 같은 예로 콩을 뜻하는 숙두菽豆는 한자어, 콩으로 만든 식품인 두부豆腐는 한자 단어이다.

한글

대한민족의 소리기호문자이다.

한글어

한어와 한글의 결합어이다.

한국어

한어와 한자(한자어+한자단어)와 한글의 결합어이다.

한국어가 다른 나라의 언어 문자와 구별되는 것은 모든 것을 명확하게 구분하여 표현하는 점이다. 이를테면 이모, 숙모, 같은 호칭을 들 수 있다. 이와 같은 호칭은 기존 한자 단어이고 이에 대한 한자는 따로 있다. 이모-이姨, 계집-녀女+살필-심審의 숙모-심이다. 이러한 호칭을 구분하여 명확하게 표현하는 나라는 우리 민족이 유일하다. 다른 나라들은 같은 말로 표현하고 같은 문자로 표기한다. 이모는 어머니의 자매, 숙모는 작은아버지의 아내를 뜻하는 호칭으로 말과 문자가 구분되는 것이 맞다. 그런데도 세계 각국의 언어 문자가 이러한 것을 구분하지 못하고 같은 말, 같은 문자로 사용하고 있는 것은 세계 각국이 독자적으로 창제한 문자가 아닌 어디에선가 전해진 것을 토착화하여 쓰고 있다는 방증이다. 그렇지 않다면 이처럼 비합리적인 언어 문자체계를 그대로 사용할 리가 없다. 이런 이유로 한국어를 세계문화유산으로 등재하여 전 세계가 함께 연구해야 하는 것이다. 훗날 한국어를 세계문화유산으로 등재할 때 준비해야 할 근거 자료로는 2만 자 이상 수록된 한자사전과 천부경 및 원圓. 방方. 각角이면 충분하다. 그 이유는 한자사전에 실려 있는 한어와 한자 단어를 정리해서 한글로 적으면 바로 한국어가 되기 때문이다. 만약 한자의 창제 원리와 한자의 재료를 요구하면 필자가 쓴 한자, 한글, 한국어를 말하다를 제출하면 될 것이다.

한국어의 뿌리, 인류 언어의 뿌리는 한어韓語다. 한어는 천부어天符語이다. 태곳적 천부를 받들어 모셨던 천손 민족이 사용하는 생활언어다. 천지의 이치로 보면 한어는 하늘의 언어, 한자

韓字는 땅의 문자, 한글은 하늘의 언어와 땅의 문자를 표현하는 매개 문자가 된다. 그래서 한국어는 가치로 환산할 수 없는 인류의 문명사를 밝힐 수 있는 인류의 보물이다. 우리가 진정 대한민족의 자손이라면 국가와 국민이 힘을 모아 한어와 한자와 한글이 결합된 위대한 언어 문자인 한국어를 반드시 세계문화유산으로 등재시켜야 한다. 이것은 천손 민족의 자손으로 이 땅에 온 우리 모두의 사명이다.

한국어를 세계문화유산으로 등재하고 나면 한국어를 인류공용어로 만드는 일에 박차를 가해야 한다. 그러기 위해서는 한국어가 인류 언어의 뿌리라는 공감대 형성이 필요하다. 그러한 자료가 우리말인 한어韓語에 들어 있다. 우리가 영어나 기타 외국어로 알고 있는 커피, 갤런, 매트, 셔츠, 피트, 네온, 롤러, 킬로그램, 톤, 미터, 킬로미터, 센티그램, 센티미터, 암모니아, 리튬, 우라늄, 칼슘, 게르마늄, 라돈, 몰리브덴, 마그네슘, 헬륨, 펌프 등등이 모두 우리말인 한어이다. 이것의 한자음은 커피-가, 갤런-륜, 매트-류, 셔츠-혈, 피트-척, 네온-내, 롤러-곤, 킬로그램-천, 톤-톤, 미터-척, 킬로미터-리, 센티그램-리, 센티리터-리, 암모니아-안, 리튬-리, 우라늄-유, 칼슘-개, 게르마늄-일, 라돈-동, 몰리브덴-목, 마그네슘-미, 헬륨-해, 펌프-빙이다. 이것은 비교적 눈에 익은 언어로 2만 자 정도의 한자사전에서 발견한 것들이다. 한자가 5만 자가 넘는다는 점에서 그 속에는 얼마나 많은 외국어 같은 우리말이 들어 있을지 모르는 일이다. 이러한 우리말이 서양으로 흘러 들어가서 음이 조금씩 변해 있는 것을 알 수 있다. 커피-카피, 갤런-갤런즈, 매트-맷, 네온-니안, 롤러-로울러, 킬로그램-컬러그램, 톤-턴, 미터-미럴, 킬로미터-컬러미터, 센티그램-센터그램즈, 센티리터-어 센털리터, 암모니아-암모니아, 리튬-리씨엄, 우라늄-유레이니엄, 게르마늄-저메이니엄, 라돈-레이던, 몰리브덴-멀리브드넘, 마그네슘-매그니지엄, 헬륨-힐리엄, 펌프-펌프 등으로 변해 있다. 이 중 우리말과 영어가 가장 일치하는 음은 암모니아와 펌프다. 특이한 것은 알파벳은 우리말과 같거나 영어보다 더 비슷한 음을 가지고 있다는 점이다. 즉, 우리말 우라늄-알파벳 uranium: 우라니움(영어: 유레이니엄), 우리말 게르마늄-알파벳 Germanium:게르마니움(영어:저메이니엄), 우리말 라돈-알파벳 Radon: 라돈(영어: 레이던). 이러한 정황으로 볼 때 우리말이 영미권으로 흘러들어 가면서 음의 변화가 커졌다는 것을 알 수 있다.

그러나 전반적으로 금속의 원소나 방사성 원소, 액체나 기체를 표현한 특수 언어는 수많은 세월이 흘렀음에도 세계공통어로서의 기능을 어느 정도는 유지하고 있다. 그중에서 '메르캅탄'이 돋보인다. 이 언어 역시 우리말인 한어, 곧 지금의 한국어이고 한자음은 '구'이다. 메르캅탄은 알코올의 산소 원자 대신 황 원자가 들어 있는 유기화합물을 통틀어 이르는 말이다. 이런 고대 사회의 언어가 음이 크게 변하지 않고 세계 각국에서 지금까지 이어져 오고 있다는 것이 참으로 신기할 따름이다. 한자는 우리 민족의 고대 생활어와 생활상을 모태로 그렸기 때문에 메르캅탄이 대한민족의 언어인 것은 당연한 일이다. 이 언어가 인류 언어의 뿌리를 밝힐 수 있는 결정적인 단서를 가지고 있다. 이 메르캅탄을 구글 번역으로 검색해 본 결과 중국어(중국어는 임의로 음을 바꿨기 때문에 인류 언어의 뿌리와는 거리가 멀다)를 제외한 전 세계의 언어에서 음이 크게 변하지 않고 있음을 확인할 수 있었다. 참고로 검색한 국가의 언어를 적으면, 영어, 라틴어, 독일어, 러시아어, 그리스어, 프랑스어, 네덜란드어, 덴마크어. 스페인어, 노르웨이어, 불가리아어, 스웨덴어, 폴란드어, 핀란드어, 튀르키예어, 헝가리어, 포르투갈어, 루마니아어, 라트비아어, 태국어, 인도네시아어, 필리핀어, 네팔어, 일본어, 구자라트어, 아랍어, 히브리어, 힌디어 등등이다. 이것으로 지금의 한국어인 한어가 인류 언어의 뿌리라는 것이 명확히 드러났다. 이런 이유로 한국어는 전 세계가 함께 연구해야 할 인류의 보물인 것이다.

한자를 통해 우리 민족의 고대 생활상을 접할 때면 그 시대에 어떻게 방사성 원소 같은 것을 인지하고 그것을 언어로 만들어 쓸 수 있었는지 참으로 대단하다는 말밖엔 달리 할 말이 없다.

이처럼 귀중하고 편리한 한국어를 사용할 수 있다는 것을 자랑스럽게 생각하며 한자, 한글, 한국어를 창제해 주신 선조들에 대한 무한한 존경과 감사하는 마음만 더해 갈 뿐이다.

대한민족의 고대 생활어 중 특수 언어를 구글 번역으로 검색해 볼 때면 인류는 원래 한 형제이며 하나의 언어로 말했다고 알려 주고 있다. 이제 전 세계가 함께 검증해 보는 일만 남았다. 아무튼 한국어는 인류공용어가 되어야 한다. 한국어를 인류공용어로 지정하고 어릴 때부터 전 세계가 함께 배우는 것은 인류가 좀 더 편리하고 평화롭게 살기 위한 대장정이다. 더 나아가 총성을 멈추고 평화를 노래할 새로운 문명의 시작이다. 세계의 석학, 지성인, 정치지도자들의 현명한 결단으로 희망의 새날을 열었으면 한다.

※ 위의 내용 중 병기되지 못한 한자는 존한자사전, 네이버 한자 사전 등에서 찾아볼 수 있다.
네이버 한자사전을 예로 들면, 수제비-박. 가슴앓이-학. 메르캅탄-구의 한자를 찾고 싶다면 한자 검색창에서 "수제비", "가슴앓이", "메르캅탄"을 검색하면 이와 관련된 한자를 찾아볼 수 있다.

김도반의
천부경 강독

젊은 시절 문득 인간이 '불쌍한 존재'라는 생각을 한 적이 있
다. 그런 마음이 작용하여 짧은 시 형식으로 생각을 정리했다.

인간은
너나없이 가련한 존재

가진 자는
더 못 가져 가련하고

못 가진 자는
가질 게 없어 가련한

인간은
너나없이 가련한 존재

-가련한 존재 전문-

그 후 오늘날까지 필자가 정리한 생각이 틀렸다고 여겨 본 적
은 없다.

그렇게 세월이 흐른 뒤 우연히 '기차는 8시에 떠나네'라는 노
래를 듣게 되었고, 왠지 인간이 '슬픈 존재'라는 생각을 하게 되
었다.

처음엔 이룰 수 없는 연인들의 슬픈 사랑을 노래한 것으로 알
았는데, 나중에 알고 보니 독재 정권에 자유를 빼앗긴 슬픔을 노
래한 것이었다.

자유! 그 얼마나 소중한 것이었던가. 그처럼 소중한 자유를
잃어버렸으니 작곡가는 그 슬픔을 노랫말에 새겼을 것이다. 이처
럼 무언가를 잃어버린다는 것은 크나큰 슬픔을 동반한다. 부모가
자식을 잃은 슬픔, 아내가 남편을 잃은 슬픔, 국민이 국가를 잃
은 슬픔 등등.

흔히 우리 민족을 한恨의 민족이라고 한다. 숱한 외세의 침략
과 잔혹한 일제의 식민통치, 그로 인해 잃어버린 역사, 동족상잔

의 비극 6.25… 이러한 역사적 배경이 흥이 많은 우리 민족을 슬픈 민족으로 만들어 버렸다. 그러나 인간의 원초적 슬픔은 일부 국가에 국한되는 것이 아니고 지금 이 시대를 살아가는 모든 사람들에게 해당되는 일이다.

부도지의 기록에는 인간이 오미五味의 화禍로 마고성을 나온 순간부터 슬픈 존재가 되었다. 그때부터 하늘의 도道를 잃어버리고 하루의 끼니를 걱정하는 신세가 된 까닭이다. 그러나 인간이 더 슬픈 것은 지금도 자신이 무엇을 잃어버렸는지 모른 채 살아가고 있다는 것이다.

부도지의 기록으로 보면 인간은 천도天道와 신성神性을 잃어버렸다. 이처럼 소중한 것을 잃어버렸으니 인간이 얼마나 슬픈 존재인가. 이러한 기록이 아니더라도 슬픈 노래를 열정적으로 부르는 인간의 모습에서, 또는 기쁜 음악보다 슬픈 음악이 슬픔에 잠긴 인간에게 더 큰 위로가 된다는 점에서 인간이 슬픈 존재라는 것을 느낄 수 있다. 이런 이유로 인간은 수행을 해야 하는 것이고, 최소한 수행하는 마음으로 평생을 살아야 하는 것이다. 그것이 천지부모의 자식으로 이 땅에 온 인간의 도리이다. 이제 천부경을 통해 인간이 천지부모의 자식이라는 것과 선조들의 수행의 흔적을 찾아보기로 하자.

천부경 81자를 접하다 보면 본심본태양 앙명과 천일일. 지일이. 인일삼, 일적십거 무궤화삼에서 인간이 하늘의 신성을 지닌 존엄체라는 것과 수행의 흔적을 느낄 수 있다.

本心本太陽 昻明
본심본태양 앙명

이 구절은 인간이 천지부모의 자식으로서 태양처럼 밝고 맑은 신성神性을 지녔다는 것을 표현하고 있다. 인간이 타락하기 전의 모습, 곧 마음이다. 여기서 앙명昻明은 맑고 밝음만이 아닌 본성을 회복하라는 하늘의 명령, 그것을 따르고자 하는 인간의 마음이다.

이것을 직역하면 인간의 본성, 곧 본마음이 태양처럼 밝고 맑다는 뜻인데, 이것이 일상 생활에선 어질고 착한 마음으로 표출된다.

본심본태양 앙명은 천부경 81자 중 유일하게 율려의 운행형상인 숫자가 없는 구절이다. 이는 천부경이 추구하는 궁극의 목표가 본심본태양 앙명이라는 것을 암시하고 있다. 천지본음天地本音인 본래의 소리를 찾아, 천지복본天地復本, 곧 본래의 자리로 되돌아간다는 뜻을 내포하고 있다. 본래의 자리란 천부天符의 소리를 들을 수 있는 마고대성이다.

天一一 地一二 人一三
천일일 지일이 인일삼

이 구절은 하늘. 땅. 사람이 탄생된 순서를 나타냄과 동시에 천지부모와 인간의 관계를 잘 표현하고 있다.

천일天一. 지일地一. 인일人一로 하늘, 땅, 사람이 동일격이라는 것을 나타냈고, 그중에서 인간이 가장 소중하다는 것을 표현하고 있다.

인일人一은 태일太一로 표현되기도 한다.

태일은 천지부모의 자식으로서 천지의 꿈과 이상을 실현하는 큰 일꾼이라는 뜻이다.

一積十鉅 無櫃化三
일적십거 무궤화삼

이 구절은 1만여 년 전에 살았던 선인들의 수행 과정과 결과를 나타내고 있다.

천지부모의 자식으로서 하늘과 하나 되기 위해 수행을 생활화한 흔적이 역력하다.

일적십거는 하나가 쌓여 크게 열린다는 뜻으로 율려가 크게 폭발하여 큰 물질을 생성하는 과정인데, 그 이면에는 수행의 흔적이 들어 있다.

즉, 오랜 기간 꾸준히 수행하면 도道의 문이 열려 천지부모와 하나가 될 수 있음을 암시하고 있다.

무궤화삼의 무궤無櫃는 지구와 우주를 뜻한다. 이 궤櫃는 물건을 담는 네모난 궤짝이다. 이 작은 상자에 없을 무無자를 붙여 무극대도無極大道, 광활한 우주를 표현하고 있다. 한자韓字의 위대함이 다시 한번 빛나는 대목이다.

이 무궤無櫃라는 글자를 좀 더 깊이 들여다보려면 두 글자를 분리하면 된다. 분리된 결과도 하늘과 땅이다. 이때의 무無, 곧 하늘은 수행 주체, 땅인 궤櫃는 미수행 주체를 의미한다. 수행에 정진한 사람과 수행을 하지 않은 사람의 마음과 의식이 하늘과 땅 만큼 차이가 난다는 것을 나타내고 있다.

천부경 해석 및 한자와 수의 기원에서 적었듯이 하늘은 원圓 혹은 무無로, 땅은 정사각으로 표현한다. 그러므로 무궤는 하늘과 땅이 결합된 상태를 뜻한다. 따라서 화삼化三은 하늘, 땅, 사람이 하나 되는 결과를 나타내고 있다.

정리하면 일적십거一積十鉅, 곧 작은 데서 시작하여 꾸준히 수행하면 하늘길이 크게 열려 무궤화삼無櫃化三, 곧 하늘. 땅. 사람이 하나가 된다는 뜻이다. 이것이 우주광명 체험이다.

이와 같은 내용으로 볼 때 세속에 물든 마음을 씻어 인간의 본성을 되찾기가 얼마나 어려운 것인가를 절감하지 않을 수 없다.

그러나 우리 인간이 우주의 물질로 탄생된 존엄체라는 것이 과학적으로 밝혀진 이상 천지부모의 자식다운 모습을 찾는 일을 게을리해서는 안 된다. 우리 인간의 심성이 회복되지 못하면 지금 병들어 가고 있는 지구도 회복될 수 없다는 점에서 더욱 그렇다. 지구가 더 병들어 가기 전에, 우리의 몸과 마음이 더 망가지기 전에, 수행을 생활화해야 한다. 특별한 수행이 아니더라도 하루에 몇십 분씩 명상에 잠겨 자신을 돌아보는 시간을 갖게 되면 그것이 쌓이고 쌓여 잃어버린 본성을 되찾는 밑알이 된다. 또한 이러한 수행문화로 인해 갈등과 대립이 멎고 총성이 멎어 지금보다 훨씬 더 풍요롭고 평화로운 세상에서 살아갈 수 있다. 이것이 우리 인류가 잃어버린 본성을 되찾기 위한 노력을 게을리해서는 안 되는 이유다.

그런 의미에서 '기차는 8시에 떠나네'라는 곡조에 맞춰 아래의 내용을 다 함께 읊조려 보자.

이 슬픈 곡조가 기쁜 곡조로 바뀔 때까지.

이제는 떠나야 하네

잃어버린 나를 찾아서

까맣게 타 버린 날들

어둠 속에 묻어 버리고

이제는 떠나야 하네

잃어버린 본성本性을 찾아

잃어버린 천성天性을 찾아

…   …   …   …   …

오늘도 나는 저 우주를 향해 천부天符의 노래를 부른다.

一始無始一
일시무시일

析三極 無盡本
석삼극 무진본

天一一 地一二 人一三
천일일 지일이 인일삼

一積十鉅 無櫃化三

일적십거 무궤화삼

天二三 地二三 人二三

천이삼 지이삼 인이삼

大三合六 生七八九

대삼합육 생칠팔구

運三四 成環五七

운삼사 성환오칠

一妙衍萬往萬來 用變不動本

일묘연만왕만래 용변부동본

本心本太陽 昂明

본심본태양 앙명

人中天地一

인중천지일

一終無終一

일종무종일

하나가 시작하여 무無가 되고, 다시 하나로 시작하네.

하늘. 땅. 사람이 나뉘어 멀리멀리 흩어져도 근본은 변하지 않고 본래의 모습으로 되돌아오네.

하늘은 창조 운동의 뿌리로서 일一이 되고, 땅은 생명 생성 근원되어 이二가 되고, 사람은 천지의 꿈과 이상을 실현하여 삼 三이 되니,

하나가 쌓여 크게 되고 천지인의 도道 세상이 열리네.

하늘과 땅과 사람은 음양 운동으로 작용하고,

천지인 삼三수 합해 육六수 되고 무수히 많은 수를 낳는다네.

천지만물은 삼三수와 사四수로 운행하고 오五수와 칠七수로 순환하니,

하나가 오묘하게 작용하여 넓고 크게 쓰이지만 근본은 변하
지 않고 하나로 되돌아오네.

인간의 마음은 본디 어질고 착하여라.

어질고 착한 마음 천지 중심되고 존귀한 태일太一되니,

하나가 끝나서 무無가 되고 다시 하나로 끝이 나네.

一始無始一 析三極 無盡本

天一一 地一二 人一三

一積十鉅 無櫃化三

天二三 地二三 人二三

大三合六 生七八九

運三四 成環五七

一妙衍萬往萬來 用變不動本

本心本太陽 昂明

人中天地一 一終無終一

-천부경天符經 전문-

지금 당장 어떤 수행을 시작한다고 해서 잃어버린 본성本性을 완전히 회복할 수는 없다.

그러나 우리 인류가 수행을 생활화해야 하는 또 다른 이유가 있다. 그것은 이대로의 의식 수준으로는 우리 인류에게 더 이상 희망이 없다는 점이다. 그렇다면 한 차원 높은 인간으로 거듭나야 하는데, 그러려면 수행을 생활화하는 것보다 더 좋은 방법은 없다.

인류가 수행을 통해 의식이 한 단계 더 높아지면 필자가 제안한 K의료체계와 K기본소득, 한중러미 세계평화 추진 협력체 같은 기구의 설립이 쉬워져 전 세계가 함께 인류평화 사업을 펼칠 수 있다.

K의료체계로 되도록이면 병에 걸리지 않게, 병에 걸리더라도 작은 병이 큰 병이 되지 않게 하여 살아 있는 동안 저마다 건강한 삶을 영위하게 하고, K기본소득의 시행으로 매월 50~100만 원까지 지급받을 수 있게 하여 지구상에서 더 이상 굶어 죽는 사람이 없었으면 하는 바람이다. 이것이 필자가 꿈꾸는 신인류의 설계도, 새로운 세상이다.

천부경의 대중화를 위해 필자가 고안한 복합 천부경을 적으며 천부경 강독을 접고자 한다.

복합 천부경

(수원리 천부경+율려기 천부경)

복합 천부경은 천부경을 좀 더 쉽게 이해하기 위해 필자가 고안한 천부경이다.

부도지나 환단고기의 면면을 볼 때 최초의 천부경은 인간의 마음속에서 쓰여졌다. 곧 천부심경天符心經이다.

오미五味의 화禍로 마고성을 나온 뒤 잃어버린 본성을 되찾고자 하는 참회의 눈물이다. 그 후 표현 수단이 나오면서 율려기 천부경이 탄생했고, 여기에 삶의 철학을 더해 율려기律呂氣, 곧 천지인天地人 대신 숫자 1, 2, 3을 표기해 천부경을 완성한 것으로 보인다.

一始無始一
律始無始律

析三極無盡本
析氣極無盡本

天一一 地一二 人一三
天律律 地律呂 人律氣

一積十鉅 無櫃化三
律積十鉅 無櫃化氣

天二三 地二三 人二三
天呂氣 地呂氣 人呂氣

大三合六 生七八九
大氣合六 生七八九

運三四 成環五七
運氣四 成環五七

一妙衍萬往萬來 用變不動本
律妙衍萬往萬來 用變不動本

本心本太陽 昂明

人中天地一
人中天地律

一終無終一

律終無終律

一始無始一

일시무시일

律始無始律

율시무시율

두 문구 중 모호한 구절은 무無이다. 무는 영(0)이고 일(1)을 잉태한다. 두 문구의 대조로 무가 광활한 우주 공간이라는 것이 명확히 드러난다.

析三極 無盡本

석삼극 무진본

析氣極 無盡本

석기극 무진본

하늘. 땅. 사람은 각각의 개체가 아닌 하나이며 어떠한 환경에서도 분리될 수 없다.

天一一 地一二 人一三
천일일 지일이 인일삼

天律律 地律呂 人律氣
천율율 지율려 인율기

하늘. 땅. 사람이 탄생된 순서를 나타냄과 동시에 천지만물이 음양 운동으로 작용하는 것을 가리킨다.

一積十鉅 無櫃化三
일적십거 무궤화삼

律積十鉅 無櫃化氣
율적십거 무궤화기

우주의 변화로 인한 새로운 별(물질)의 탄생을 의미한다. 인간 세상에서는 일정한 경지에 오른 도인의 탄생이다.

天二三 地二三 人二三
천이삼 지이삼 인이삼

天呂氣 地呂氣 人呂氣
천여기 지여기 인여기

두 구절 모두 하늘. 땅. 사람이 음양 운동으로 작용하고 있음을 나타내고 있다.

大三合六 生七八九
대삼합육 생칠팔구

大氣合六 生七八九
대기합육 생칠팔구

태초에 율律이 나오니 양陽이오. 이것의 조화로 팔려八呂의 음이 나오니 음陰이 된다.

기氣는 음과 양의 조합체이다. 따라서 두 문구는 천지만물을 구성하는 물질의 크기가 가감승제의 원리에 따라 생성되는 것을 나타내고 있다.

運三四 成環五七

운삼사 성환오칠

運氣四 成環五七

운기사 성환오칠

전형적인 음양의 흐름과 물질의 이동을 나타내고 있다.

즉 율려기. 천지인 삼수가 사수로 작용하고 회전과 직선, 직선과 회전 운동을 반복하며 끝없이 순환하는 것을 의미한다.

一妙衍萬往萬來 用變不動本

일묘연만왕만래 용변부동본

律妙衍萬往萬來 用變不動本

율묘연만왕만래 용변부동본

율려기. 천지인이 사방팔방 수없이 작용해도 본래의 하나인 율律은 변하지 않는다는 뜻이다.

本心本太陽 昂明

본심본태양 앙명

이 문구는 복합 천부경을 통해서만 명확히 드러난다. 천부경 81자 중 유일하게 숫자가 없는 문구이다. 이는 천부경의 궁극적 목표가 본심본태양 앙명임을 나타내고 있다.

천지부모의 자식으로서 잃어버린 본성을 되찾고자 하늘을 향해 외치는 인간의 절규이다.

人中天地一

인중천지일

人中天地律

인중천지율

사람이 천지의 중심이고 가장 소중한 존재라는 것을 극명하게 나타내고 있다.

즉, 태초에 율려가 나와 천체를 탄생시켰지만 천지만물을 형성하고 운영하는 것은 기氣, 곧 사람이라는 뜻이다.

一終無終一

일종무종일

律終無終律

율종무종율

이 두 문구에서 우주 공간이 얼마나 크고 넓은가를 알 수 있다. 즉, 태초에 율려가 나와 천지만물을 끝없이 창조해냈지만 우주 공간은 여전히 텅 빈 것처럼 크고 넓기만하다.

천부경을 통해 깨달은 것을 더 적으면,

자연수 1에서 5까지는 빛으로 가득 찬 공간이다. 태초에 율律이 나와 원형 천체를 생성했다.

6에서는 2에서 비롯된 여呂가 싹트고, 8에서는 율律과 여呂가 만나 새로운 공간을 형성한다. 즉, 음양의 공간이다. 이때부터 우주 공간은 팔려八呂의 음흡으로 가득 차고 모든 물질은 양과 음으로 조화를 이룬다.

3에서 형성된 물질로 9에서 기氣가 싹트고, 8에서 잉태된 영(0), 곧 율려가 크게 폭발하여 기氣의 공간(10)이 열린다. 이때부터 천지의 물질은 01, 02, 03의 형태로 흐르고 기氣는 율려의 조화를 받아 천지만물을 형성한다(이때부터 소리에 잠식되어 존재감을 잃어버린 빛이 완전한 형태를 이룬다). 기氣가 눈에 보이지 않는 것은 빛보다 팔려음이 강하게 작용하기 때문이다. 그런 이유로 우주에는 보이는 물질보다 보이지 않는 물질이 월등히 많다. 이런 기氣의 조화로 사람을 닮은 기영체氣靈體, 곧 인간이 출현한다. 그 후 시간의 흐름 속에 골骨이 형성되고 육肉으로 완성한다. 이로써 인간을 닮은 우주의 기영체는 지구에서 인간이 되고, 동물을 닮은 기영체는 동물이 된다. 그 순환의 고리는 우주에서는 기존의 별이 지고 그 작용으로 새로운 별이 탄생하고, 지구에서는 암수가 결합하여 끝없이 새로운 생명을 탄생케 한다. 이러한 증표가 인간의 몸에 남아 있다. 바로 천골天骨이라 불리는 선골仙骨과 여성의 유방이다. 선골에 난 8개의 구멍, 여성의 유방이 팔려음의 증표다. 비록 흔적이 약하긴 하지만 남성의 가슴, 남녀의 엉덩이도 인간을 탄생시킨 팔려음의 흔적이다. 이 밖에도 두상을 포함한 눈, 코, 입, 귀, 그리고 복숭아뼈와 무릎 덮개뼈, 손목뼈에도 팔려음의 흔적이 남아 있다.

이상으로 천부의 이치에 따라 천부도天符圖를 그려 보았다. 천부天符는 율려律呂의 현현顯現이다.

천부天符의 이치로 보면 율律은 빛이고 여呂는 소리다. 이는 양陽과 음陰이 빛과 소리가 되고 기氣는 응축된 빛과 소리의 합일체가 된다. 곧 빛은 우주 만물의 씨앗이고 소리는 씨앗을 키우

한 단계 높은 대한민국 환桓의 자손 대한민국

는 핵이다. 기氣는 빛과 소리의 자식, 인간은 그 자식의 자식이다. 따라서 천지만물과 인간의 탄생은 율려. 율려기律呂氣, 음양의 조화, 빛 1과 음 8의 결합이다.

천부경이 구구 팔십일로 되어 있는 것은 이런 이유에서다. 즉 율과 여, 곧 양과 음이 아홉 번 운행하고 아홉 번 순환하는 과정을 나타낸 것이다. 그러므로 1~9까지는 음양의 공간, 10부터는 기氣의 공간이 된다. 이때의 구는 1+8이 아닌 01+8이 된다. 즉, 음이 강할 때는 8이 되고 빛이 강할 때는 9가 되는 원리다. 이러한 빛과 음의 조화로 1에서 9까지 끝없이 순환하며 보이는 물질과 보이지 않는 물질을 만들어 낸다. 지구촌 곳곳, 성스러운 장소마다 숫자 3, 8, 9가 존재하는 것은 우주의 원리가 반영된 결과이다. 즉, 3은 율려. 율려기(천지인). 8은 음 8, 곧 빛과 소리가 결합된 음양의 조화. 9는 음 8을 머금은 빛 1. 10은 율과 여의 결합으로 열린 기氣의 공간이다. 11, 12, 13, 14, 15…는 기가 물질을 형성하며 끝없이 뻗어 나가는 과정을 의미한다. 이와 같은 우주의 조화 원리가 지구에서는 천지인, 삼신 문화로 이어지고 있는 것이다. 이런 우주의 원리가 날마다 접하는 주력週曆, 곧 일주일과 복희팔괘에도 작용하고 있으니 천손 민족의 종통 자손인 우리는 천부경은 물론 주력과 복희팔괘를 늘 마음속에 새기며 살아야 한다.

위에 적은 것을 현대식으로 표현하면 "율려 우주론" 또는 "율려 천체 형성론"이 된다.

우주 공간 정중앙, 곧 동그라미 한복판에 작은 점이 생겨난다. 이것이 우주의 씨알, 태초의 빛이다. 이 희미한 빛이 점차 밝아지고 그 빛의 조화로 불안전한 형태의 원형 천체가 생성된다. 그 과정에서 음흡이 나와 빛과 결합하고 그 작용으로 팔려음八呂흡이 출현하여 사방팔방으로 퍼져 나간다. 이때부터 우주 공간에는 새로운 질서가 형성된다. 곧 음양의 질서, 음양의 공간이다. 이 음양의 조화로 기氣가 생겨나고 그 영향으로 우주 공간에는 또 다른 질서가 형성된다. 곧 음양의 조화로 생성된 우주의 물질을 기氣가 형성하는 질서이다. 즉, 우주의 물질들이 일정한 형태로 띠를 이루어 새로운 별로 탄생할 수 있게 한다. 이런 작용 때문에 우주에서의 기氣의 역할은 막중하다. 우주에서 기氣가 하는 일이 막중한 것처럼 지구에서는 기氣의 조화를 가장 많이 받은 사람의 역할이 막중하다. 사람이 천지의 중심이 되는 것은 이런 이유에서다. 우주 최초의 물질이 빛이지만 음이 나와 결합하여 크게 폭발하는 과정에서 음의 작용을 받은 물질이 월등히 많아진다. 기氣는 이런 조화의 결과물이다.

이와 같은 이치로 보면 지구도 팔려의 음으로 가득 차 있어야 한다. 과연 그럴까?… 이것은 사실이다. 음의 기본이 팔음이고, 나무, 풀, 폐플라스틱, 빨래판, 냄비, 타이어 등등 모든 것이 악기가 되는 지구는 음의 리듬으로 가득 찬 세상이다. 이것은 영구 불변의 법칙이다. 영靈은 영의 세계에서만, 육肉은 육의 세계에서만 물리적인 힘이 작용하는 것도 변치 않는 법칙이다. 이런 이치로 보면 지구는 한 단계 높은 정신세계로 가기 위한 육신肉身 단련장이다. 그릇된 길로 가지 않고 바른길로 갈 수 있도록 중심을 잡는 단련! 우리들의 원고향인 우주로 돌아가 영신靈身으로서의 삶을 좀 더 성공적으로 살기 위한 육신 단련의 무대이다.

우리 인간은 지구상에서 숨이 멎는 순간까지 이런 대의大義를 가지고 살아야 한다. 그것이 천지부모의 자식다운 삶이다.

훔옴지 수행

훔옴지 수행법의 창시는 율려 음흡에 대한 의문에서 비롯되었다. 그 의문의 음이 훔과 옴이다. 율律과 여呂, 곧 빛과 소리가 결합하여 팔려八呂의 음을 만들어 냈다면 지구상에도 그 음의 흔적이 남아 있을 것이라는 생각에서다. 이것은 율의 음이 훔이고 여의 음이 옴이라는 얘기다. 훔은 수행 단체에서는 매우 신성하게 여기는 음이다. 한자에 훔이라는 글자는 없고 입 구口+소 우牛의 소 울 후 자가 있다. 따라서 훔은 범어에서 음역된 것으로 보인다. 옴도 한자에는 없고 범어에서 음역되어 주문이나 진언에 쓰이는 신비를 간직한 음이다. 이것의 한자는 입 구口+문득.가릴 엄奄의 머금을 암이다. 이 두 음이 음의 리듬으로 가득 찬 지구상에서 어떤 특징을 가지고 있는 것일까?… 먼저 훔을 다른 자음 (ㄱ)에서 (ㅍ)까지 모음+자음(ㅜ+ㅁ)을 붙여 발음한 뒤 훔을 발음한 결과 확연한 차이가 느껴졌다. 하복부에 강한 힘이 들어간 것이다. 옆 글자인 품과 툼을 발음한 뒤 훔을 발음하면 그 차이가 또렷이 느껴진다. 옴도 같은 방식으로 발음하면 하복부에 강한 힘이 들어간다. 마찬가지로 옆 글자인 솜과 좀을 발음한 뒤 옴을 발음하면 그 차이가 확연히 드러난다.

지는 세상에 알려진 음이 아니기 때문에 찾아내기가 쉽지 않았다. 이 음 역시 자음 14개 중 유일하게 하복부에 강한 힘이 들어간다. 옆 글자인 이와 치를 발음한 뒤 지를 발음하면 그 차이가 또렷이 느껴진다. 이러한 음의 탐구는 율려기, 곧 율과 여의 결합으로 기氣가 출현했다면 같은 원리의 기의 음이 존재할 것이라는 생각에서였다. 이로써 율려기의 음을 훔옴지로 확정했다. 그러므로 훔옴지는 빛과 소리, 기가 뭉쳐 있는 결합체가 된다. 지의 한자는 지 발음 나는 한자 중에서 비슷한 성격을 지닌 입 구口+땅 지地의 주문에 쓰는 말 지로 정했다. 이것을 바탕으로 훔옴지 수행법을 창시한 것은 우리 국민들, 더 나아가 세계인들이 몸에 이롭지 않은 감기약이나 1회용 두통약을 복용하지 않고 좀더 건강한 삶을 영위했으면 하는 마음에서다.

지금이 첨단 시대이긴 하지만 여전히 감기약만 존재할 뿐 감기치료약이 없다는 점에서, 또한 감기약이나 1회용 두통약의 성분이 해열제나 소염진통제가 대부분이어서 장기 복용하면 몸에 안 좋은 것은 물론 면역력을 저하시킬 수 있다는 점에서 이러한 약은 되도록 멀리하는 것이 좋다. 대신 평소 훔옴지 수행을 생활화하여 두통이나 감기를 예방하고 감기에 걸리더라도 약 복용 없이 스스로 이겨내는 것이 중요하다. 단, 담배를 피우면서 훔옴지 수행을 하면 큰 효과를 기대할 수 없으므로 담배를 끊고 수행에 임하는 자세가 필요하다. 그러한 것을 떠나서 담배를 피우게 되면 몸을 크게 망치는 마약 복용으로까지 이어질 수 있기 때문에 담배는 배우지 말아야 하며 배웠다면 하루빨리 끊어야 한다.

훔옴지 호흡 수행으로 얻을 수 있는 것은 두통과 두중감(머리가 무거운 증세)의 완화 및 해소, 자연 면역력 증진 등이다. 그러나 이 음들의 특성상 어떤 고질병까지 치유할 수 있을지 알 수 없고, 바이러스 위험 시대에서 어떤 효과를 발휘할지 모르는 일이다. 훔옴지 호흡 수행은 아침저녁으로 30분 이상씩 하면 효과를 볼 수 있다. 단, 한 번에 3시간 이상은 피해야 하고 식후 1시간 전에는 장에 부담을 줄 수 있으므로 수행하지 않는 것이 좋다. 굳이 바닥에 앉아 양반 자세를 취할 필요는 없으며 의자나 침대에 앉아서 편하게 하면 된다. 50대 이후 면역력 저하로 발병할 수 있는 무서운 질병인 대상포진을 예방하기 위해서도 훔옴지 호흡 수행의 생활화는 매우 중요하다.

1. 눈을 지그시 감고 허리를 똑바로 펴고 앉은 상태에서 어깨의 힘을 빼고 손바닥을 펴서 하늘로 향하게 한 채 양 허벅지에 올려놓고 가볍게 심호흡을 3번 한다. 수행 중 목이 마를 수 있으므로 물을 조금 마시고 시작한다. 시간을 길게 할 때는 중간중간에 물을 마시며 해야 한다. 수행 중 침을 자주 삼키는 것은 목마름 방지를 위해 꼭 필요하다. 목마름 방지를 게을리하면 기관지가 상할 수 있으므로 주의를 요한다.

2. 하복부에 힘을 준 상태에서 코로 천천히 숨을 들이쉰다. 이때 배는 일(一)자가 되도록 하고 등 쪽으로 압력을 가하며 강하게 가슴 끝까지 밀어 올린다. 이때 등 쪽으로 압력을 가하는 것은 선골仙骨을 자극하기 위함이다. 이 자극 호흡만으로도 머리를 맑게 하는 효과가 있다고 국내의 한의학자가 밝힌 바 있다. 따라서 잠을 잘 들지 못하는 사람은 잠자리에 들기 전 훔옴지 호흡 수행을 30분 정도 한 뒤 훔옴지를 빼고 선골 자극 호흡만 20~30분 하면 마치 김 빠진 맥주 같은 호흡 수행이 되어 잠이 드는 데 도움이 된다.

3. 숨을 밀어 올린 상태에서 잠시 멈춘 뒤 훔을 소리 내어 발음

하는 것처럼 소리 내지 않고 천천히 숨을 하복부 끝까지 입으로 내쉰다. 이때에도 압력은 계속 유지하고 처음부터 호흡을 너무 길고 강하게 하면 어지러울 수 있으므로 피하는 것이 좋다. 이 과정에서 자신의 의식을 훔 속에 밀어 넣고 신비한 훔의 음이 자신의 몸속으로 스며들어 병든 곳을 치유한다고 생각한다. 훔은 예로부터 우리 선조들이 질병 퇴치를 위해 민간요법으로 활용해 왔다. 특히 학질을 물리칠 정도로 질병 퇴치에 효과가 있는 음이다. 많은 사람들이 주문 수행으로 병을 고쳤다고 하는 태을주에도 훔이 들어 있고 온갖 병마를 물리친다는 구축병마주에도 훔은 핵심 음으로 자리 잡고 있다. 곧 훔리치야도래, 훔리함리사파하이다.

옴의 호흡도 훔과 똑같은 방법으로 실시하면 된다. 다만 훔과 옴을 자신의 몸속으로 불어넣어 병든 곳을 치유하고 지는 나쁜 기운을 몸 밖으로 불어 낸다는 생각으로 호흡 수행을 진행하는 것이 중요하다. 옴은 율려 음의 씨알에 해당하므로 빛의 성질이 강한 훔보다 음이 더 강하다. 따라서 호흡 수행 과정에서 이상한 소리가 날 수 있는데 이는 옴이 지닌 특성이므로 병든 곳을 낫게 해주는 소리라 여기고 수행하면 된다.

훔옴지 호흡법은 머리를 맑게 하는 것은 물론 두통 완화와 뇌 기능 향상, 심리 안정에도 도움이 되므로 시험을 앞둔 수험생들이 적극 활용할 필요가 있다.

4. 지도 같은 방식으로 하되, 가슴까지 밀어 올린 숨을 내쉴 때 자신의 몸속에 있는 나쁜 기운을 토해낸다는 생각으로 하복부 끝까지 천천히 숨을 내쉬면 된다. 지는 받침이 없는 글자임에도 옴만큼 음이 강한 글자이다. 이는 율과 여, 곧 빛과 소리가 결합된 기氣의 음으로 부합되는 음이다. 위와 같은 식으로 훔옴지 호흡을 30분 이상 반복하고 심호흡을 가볍게 3번 한 뒤 반 주먹 쥔 두 손으로 등을 가볍게 두드리며 남아 있는 나쁜 기운을 토해내고 양쪽 손가락을 이용해 머리를 1분 정도 가볍게 두드린 후 눈을 뜨고 수행을 마무리하면 된다. 만약 호흡 수행과 주문 수행을 병행하고 싶다면 호흡 수행이 끝난 직후 또는 별도로 1. 길게 하는 "후움", "오옴", "지이". 2. 중간 또는 짧게 하는 "훔옴지", "훔옴 훔옴 훔옴지", "훔훔 훔훔 훔옴지", "훔옴지 훔옴지 훔옴 훔옴 훔옴지" 등에 자신이 좋아하는 곡을 붙여 읊조리면 된다. 주문 수행도 호흡 수행과 마찬가지로 자신의 병든 곳을 낫게 할 수 있다는 마음을 담아서 해야 한다. 지하철이나 버스 안에서, 길을 걸을 때에도, 언제 어디서나 몸이 아프고 괴로울 때면 아픈 곳을 치유할 수 있다는 믿음을 가지고 훔옴지를 읊조리는 것이 중요하다. 훔과 옴의 신비한 음이 자신의 몸 안으로 들어와 병든 곳을 치유해주고 지는 나쁜 기운을 몸 밖으로 토해내 병을 낫게 한다는 강한 믿음이다. 주문 수행은 정공보다는 동공 수행이 더 효과

를 발휘할 수 있으므로 손이나 발, 몸 전체를 가볍게 움직이며 주문을 읽는 것이 중요하다. 흄옴지 음의 특성상 마음속으로 읽어도 어느 정도 효과를 기대할 수 있으므로 언제 어디서나 남을 의식할 필요 없이 자유롭게 주문 수행을 하면 된다.

흄옴지 호흡 수행을 계속하면 대부분의 우울증은 해소된다. 그러나 우울증이 심하거나 가슴의 답답함, 화병의 증세가 있는 사람은 양발을 어깨넓이로 하여 차렷 자세로 서서 흄옴지 호흡법의 방식대로 크게 소리 내어 흄옴지를 3~5회 해 볼 것을 권한다. 단, 이들 음의 특성상 한 번에 과다하게 실시하면 몸에 해로울 수 있으므로 각별한 주의가 필요하고, 호흡이 끝나면 가볍게 심호흡을 3번 해주는 것도 잊지 말아야 한다. 또한 자신의 증상에 따라 처음에는 중간 정도의 음의 세기로 하고 점차로 강하게 시도하는 것이 중요하다.

이상으로 두통과 두중감, 감기로 고통받는 사람들을 위해 흄옴지 호흡법을 적어 보았다. 이러한 것이 계기가 되어 몸에 해롭지 않은 국민 두통약이 개발되었으면 하는 바람이다. 더불어 의학계와 과학계가 관심을 갖고 흄옴지 음에 대한 원리를 밝히고 흄옴지 호흡 수행이 인간의 건강에 얼마나 도움이 되는지를 밝혀 세계인들로부터 사랑받는 대한민국 K의료체계의 얼굴이 되었으면 한다.

필자가 확정한 율려기, 곧 우주 만물의 씨알 음은 훔옴지 호흡 수행 속에서 정해졌다. 이 3개의 음은 율려기의 성격과 너무도 닮아 있다는 생각에서다. 그 증거는 다른 음들과의 명확한 차이점이다. 훔옴지는 소리 내어 발음할 때나 소리 내지 않고 발음할 때도 명확한 차이를 드러낸다. 즉, 훔옴지 3개의 음만 호흡 수행이 가능하고 다른 음으로는 호흡 수행이 불가능하다. 훔의 옆 글자인 품과 툼, 옴의 옆 글자인 솜과 좀, 지의 옆 글자인 이와 치, 자음 14개의 어떤 음으로도 호흡 수행을 할 수가 없다. 만약 훔옴지가 우주 만물을 탄생시킨 씨알 음이 맞다면 훔옴지 호흡 수행을 통해 이들 음을 만나는 것은 크나큰 축복이 아닐 수 없다. 우주 만물은 빛과 소리의 결합으로 창조되고 기氣로 발현된다. 기氣는 곧 생명이다. 기가 빠지면 빠질수록 병이 깊어지고 수명도 줄어든다. 반대로 기가 쌓이면 쌓일수록 병은 치유되고 수명도 연장된다. 따라서 그동안 베일에 싸여 있던 기氣의 음, 곧 훔옴지의 지의 음의 비밀을 밝혀내는 것은 매우 중요하다. 세계의 의학계와 과학계가 관심을 갖고 적극 연구하여 훔옴지로 여는 좀 더 건강한 세상, 평화로운 세상이 되었으면 하는 바람이다.

훔옴지는 참으로 신비로운 음이다. 한국어를 기준으로 하단

전에 힘을 넣어 호흡 수행을 하면 이 3개의 음만 숨길이 열린다. 다른 음은 꽉 막히거나 숨을 제대로 내쉴 수가 없다. 이와 같은 현상은 구강의 구조나 과학적 논리로는 설명할 수 없는 신비로움 그 자체이다. 하단전 너머 등골 밑에 선골仙骨이 위치해 있고 선골에 난 8개의 구멍이 천음天揖, 천기天氣를 받아들이는 팔려음의 증표라 깨달은 필자의 입장에선 더욱 신비롭게 다가온다. 이것은 하단전에 힘을 넣어 호흡하면 선골이 자극되어 훔옴지 3개의 음만 숨길이 열린다는 논리가 성립한다. 그렇다면 이와 같은 현상은 무엇을 의미하는 것일까?… 이것을 천지의 이치에 따라 풀어 보면 기氣의 분출구, 빛 1 음 8의 조화로 탄생된 우주만물, 그중에서 팔려음의 조화를 가장 많이 받은 인간의 징표라는 결론에 도달하게 된다. 그러한 특성이 인간의 입을 통해 표출되는 것이다. 그런 까닭에 훔옴지 호흡은 수행 강도에 따라 각종 암을 극복하고 고혈압이나 뇌졸중, 복부비만과 같은 고질적인 증세를 개선시킬 수 있을 것으로 예상된다. 그러나 검증된 것은 머리를 맑게 하고 두통과 두중감, 우울증의 완화, 심폐기능 및 뇌기능 향상, 체력증진 등만 아침저녁 30분의 수행으로 체험했을 뿐이다. 더욱이 훔옴지 수행법을 창시한 지가 얼마 되지 않았기 때문에 무리한 수행은 자제해야 한다. 특히 심폐 기능이 현저히 떨어지는 사람은 주의가 필요하고 고혈압을 앓고 있는 사람은 수행 전후의 혈압을 체크하여 수행 후 혈압이 많이 올라가면 호흡 수행을 중단하고 주문 수행을 하는 것이 안전하다. 아무쪼록 하루 빨리 국가차원의 연구가 이루어져서 훔옴지 수행이 국민의 건강을 지키는 든든한 보호막이 되었으면 한다.

※ 지금과 같이 예방이 중심이 아닌 치료가 중심인 의료체계에서는 국민의 건강을 각자가 챙기는 것이 매우 중요하다. 그리고 자신이 외롭고 슬플 때, 괴롭고 힘들고 두려울 때, 병마에 시달려 지쳐 있을 때 실제로 도움이 되는 무언가가 곁에 있어야 한다. 그것이 훔옴지 수행이다. 이것을 자신의 건강관리에 적절히 활용하면 좀 더 건강한 삶을 영위할 수 있다. 훔옴지 수행은 필자가 제시한 방법 외에도 각자 자신에 맞게 개발하면 수십 가지로 수행을 할 수 있다. 빈부 격차와 관계없이 누구나 이용할 수 있는 훔옴지 수행을 자신의 "건강지킴이"로 만들어 잃어버린 건강을 되찾고 천부경 수행으로 천지부모의 자식다운 모습을 되찾으려 한다면 참으로 뜻깊은 삶이 될 것이다. 끝으로 훔옴지 호흡법을 하나 더 적으며 이와 관련된 글을 접고자 한다.

위에서 제시한 훔옴지 호흡 방식대로 앉거나 어깨넓이로 발을 벌리고 차렷 자세로 서서 하복부에 힘을 넣고 가슴 끝까지 숨을 들이쉰다. 그런 다음 훔의 옆 글자인 품과 툼을 체험하며 숨을 내쉰다. 꽉 막힌 두 음을 체험한 뒤 숨을 가슴 끝까지 들이쉰 후 훔을 크고 길게 내쉰다. 이때 자신이 겪고 있는 고통을 해소할 수 있다는 믿음을 가지고 하는 것이 중요하다. 이번에는 옴의 옆 글자인 솜과 좀을 체험한 뒤 옴을 같은 방식으로 호흡하고, 지의 옆 글자인 이와 치를 체험하고 같은 방식으로 지를 크고 길게 내쉬면 된다. 이런 식으로 3~5회 반복하고 각자의 증상에 따라 호흡 횟수를 늘려나가면 된다. 극심한 스트레스와 소화불량, 가슴의 답답함과 우울함, 화병으로 고통받고 있는 사람은 꼭 한 번 시도해 보기 바란다.

집필을 마치며

證理解惑 修證復本
증 리 해 혹 수 증 복 본

인류의 화禍는 의혹, 곧 의심으로부터 비롯되었다. 내가 남을 믿지 못하고 남이 나를 믿지 못하는 데서부터 불행은 시작된다. 이는 서로의 도道가 부족한 탓이다. 도가 높으면 상대방의 마음을 읽을 수 있어 의혹을 가질 필요가 없다. 의혹을 갖지 않으니 마음이 편안하고 평화로워진다. 설사 상대방이 자신을 해칠 사람일지라도 이미 알고 있으니 멀리하고 경계하면 그만이다. 그렇다면 도를 높여야 하는데, 도는 수행을 하지 않으면 높아질 수가 없다. 이것이 우리 인류가 수행을 생활화해야 하는 이유다.

부도지의 핵심 사상은 증리해혹證理解惑, 수증복본修證復本. 곧 "진리를 깨달아 의혹을 풀고, 진리를 실천하여 근본자리로 되돌아간다"이다. 이를 줄이면 해혹복본解惑復本, 곧 "의혹을 풀어 근본자리로 되돌아간다"가 된다. 근본자리란 인류가 평화롭게 살았던 부도符都를 의미한다. 천부경으로는 본심본태양本心本太陽

앙명昻明이다. 이것의 부재로 인류는 혼돈의 굴레를 벗어나지 못하고 있다. 그러나 수행은 여전히 관심이 없고 국가는 국가의 이익을 위해, 개인은 개인의 이익만을 추구한다. 다행히 의혹을 감소시킬 방법이 있지만 이 또한 관심이 없으니 무용지물이나 다름이 없다. 그것이 인류공용어의 지정이다. 세계가 합의하여 인류공용어를 지정하고 어릴 때부터 함께 배우는 것보다 더 좋은 의혹감소 방안은 없다. 세계에서 가장 간편하고 배우기 쉽고 어투가 부드러워 심성이 순해지는 한글-한국어가 존재하는데도 이를 인류평화에 활용하지 않고 방치하는 것은 어리석음의 극치다. 이러한 것을 추진할 주체는 한국과 중국, 러시아와 미국이다. 이들 4개국이 국가를 어떻게 경영하느냐에 따라 세계는 평화로울 수도 있고 전쟁의 참화 속으로 빠져들 수도 있다. 그런 의미에서 다시 한번 외쳐 본다.

증리해혹! 한중러미!
수증복본! 한중러미!

부디 현명한 판단을 내려 군사력 경쟁이 아닌 세계평화를 경쟁하는 시대를 열었으면 한다.

환국건기 9220년 개천배달 5920년
단군기원 4356년 서기 2023년

世和 김도반

한 단계 높은 대한민국

환桓의 자손 대한민국

초판 1쇄 발행 2023. 5. 26.

지은이 김도반
펴낸이 김병호
펴낸곳 주식회사 바른북스

편집진행 김재영
디자인 최유리

등록 2019년 4월 3일 제2019-000040호
주소 서울시 성동구 연무장5길 9-16, 301호 (성수동2가, 블루스톤타워)
대표전화 070-7857-9719 | **경영지원** 02-3409-9719 | **팩스** 070-7610-9820

•바른북스는 여러분의 다양한 아이디어와 원고 투고를 설레는 마음으로 기다리고 있습니다.

이메일 barunbooks21@naver.com | **원고투고** barunbooks21@naver.com
홈페이지 www.barunbooks.com | **공식 블로그** blog.naver.com/barunbooks7
공식 포스트 post.naver.com/barunbooks7 | **페이스북** facebook.com/barunbooks7

ⓒ 김도반, 2023
ISBN 979-11-93127-07-0 93910